企业高绩效人力资源管理研究

——以纺织服装企业为例

孙永生◎著

"国家一级出版社" 中国纺织出版社 "全国百佳图书出版社"

内 容 提 要

本书是一本以纺织服装行业为案例、实证与理论研究相结合的企业人力资源管理方面的著作，是高绩效人力资源管理在劳动密集型行业中的探索性研究成果。在内容安排上，第一部分概述了纺织服装企业行业特点及纺织服装企业人力资源管理特色和存在问题；第二部分综述了高绩效人力资源管理的相关理论问题及研究现状，实证分析了纺织服装企业高绩效人力资源实践对员工行为及绩效的影响；第三部分从规范人力资源管理基础工作、重视企业人力资源战略与规划、科学招聘以获取需要的人力资源、加强企业员工的培训与开发、发挥薪酬与绩效管理的激励作用、实施人性化的劳动关系管理等方面提出实务操作对策。本书适合于企业(特别是劳动密集型企业)人力资源管理人员、相关专业本专科学生及同行研究者阅读。

图书在版编目(CIP)数据

企业高绩效人力资源管理研究 ：以纺织服装企业为例 / 孙永生著. -- 北京 ：中国纺织出版社，2017.3 (2022.1重印)

ISBN 978-7-5180-3485-7

Ⅰ. ①企… Ⅱ. ①孙… Ⅲ. ①服装企业－人力资源管理－研究 Ⅳ. ①F407.866.15

中国版本图书馆 CIP 数据核字(2017)第 071337 号

责任编辑：姚　君　　　　责任印制：储志伟

中国纺织出版社出版发行

地址：北京市朝阳区百子湾东里 A407 号楼　邮政编码：100124

销售电话：010－67004422　传真：010－87155801

http://www.c-textilep.com

E-mail:faxing@c-textilep.com

中国纺织出版社天猫旗舰店

官方微博 http://www.weibo.com/2119887771

北京虎彩文化传播有限公司　各地新华书店经销

2017 年 10 月第 1 版　2022年1月第7次印刷

开本：710×1000　1/16　印张：20

字数：259 千字　定价：78.00 元

前 言

随着知识经济和网络时代的到来，技术进步正在加快，全球范围市场竞争更趋激烈，企业中人的重要性越来越突出，人力资本的战略价值日益凸显。20 世纪 80 年代，美国产业关系和人力资源学界在研究企业（特别是制造业企业）工作场所组织模式的过程中，基于科学管理实践的思考，同时受到日本管理模式的启示，他们开始探讨如何构建有效的人力资源管理模式，从而促进企业人力资源的最佳配置，高绩效人力资源管理的研究及实践应运而生，逐渐成为战略人力资源管理的一个重要方向。

尽管学者们对高绩效人力资源管理的概念表述有所不同，但基本内涵可以表述为，高绩效人力资源管理是指一整套与组织环境及各种组织资源相互协调，对员工的态度和行为产生积极影响的具体人力资源管理实践活动，这些实践活动可以提升员工及企业绩效，并对企业的持续竞争优势做出直接贡献。

受总体发展水平的制约，中国企业人力资源管理的理念及技术与西方成熟市场经济国家的企业存在较大差距。与西方企业相比，中国从农业社会直接跨入了计划经济时代，通过对计划经济体制的改革逐渐引入市场经济模式，企业人力资源管理及产业工人群体，没有经历过严格规范的工业化管理阶段，使得少数企业员工欠缺必要的职业理念和素养。相反，计划经济体制下的“铁饭碗”安排，在企业层面不存在真正意义上的人力资源管理，容易导致惰性心态和无效率行为。这种传统计划经济体制对企业人力资源管理所造成的负面影响在部分企业（特别是部分国有企业）依然存在。这种情景下高绩效人力资源管理，应当充分认识到人力资源管理面临的制度背景及战略人力资源管理基础比较薄弱的现实，需要强调企业人力资源管理实践的系统性和情景适用性，相关研究应该综合考虑社会、组织、环境、发展水平、行业性质、企业特征及员工个体等不同层面的影响因素。

当前，中国正处于经济、社会的转型时期，企业面临的环境无论在变化的速度还是广度上都要强于发达国家，企业人力资源管理也面临更多、更复杂的困难。由于中国情景在许多方面与西方国家存在差异，中国企业特别是民营企业发展历史较短，大量中小企业人力资源管理不规范，对西方成熟市场经济国家的企业有效的高绩效人力资源管理实践未必适用于现阶段的中国企业，也就是说，中国企业有效的高绩效人力资源管理实践一定要与中国情景相适应。当然，尽管中西方企业发展水平不同，面临的管理情景不同，但高绩效人力资源管理对企业发展的积极作用已得到实践与理论的验证。

纺织服装行业是我国发展历史最为悠久的产业，在我国经济发展中占有重要的地位。纺织服装行业也是典型的劳动密集型行业，人力资源管理对企业发展的重要性不言而喻。纺织服装企业大多是中小型企业，运营流程较长，分工较为复杂。目前，企业员工的重要作用还没有得到足够的重视，人员流动性大，企业发展战略、文化建设、劳动关系管理等也存在缺失的问题，许多企业的人力资源管理制度仍不够健全。探讨纺织服装企业高绩效人力资源管理具有重要的理论和实践意义。

本书以纺织服装企业为案例，探讨了中国情景下企业高绩效人力资源管理问题。具体内容分为三大部分：第一部分概述了纺织服装企业行业特点及纺织服装企业人力资源管理特色和存在问题；第二部分从理论上综述了高绩效人力资源管理的内涵、构成维度、结果效应、作用机制、影响因素、测量量表及对中国情景的思考和不同的理论解释，实证分析了纺织服装企业高绩效人力资源实践对员工行为及绩效的影响；第三部分提出实务操作对策，主要包括规范人力资源管理基础工作、重视企业人力资源战略与规划、科学招聘以获取需要的人力资源、加强企业员工的培训与开发、发挥薪酬与绩效管理的激励作用、实施人性化的劳动关系管理等。

本书呈现的成果还比较粗糙，更多的理论与实证问题仍有待进一步探讨，希望本书能够起到抛砖引玉的作用，推动更多学者及企业管理者关注中国纺织服装企业高绩效人力资源管理问题，提升中国纺织服装企业的核心竞争力。

本书中难免存在一些不足之处，敬请广大读者批评指正。

作 者

2016年12月20日

目　录

第一部分　行业概况

第二部分　理论与实证研究

第三部分 管理实务

1　纺织服装企业人力资源管理概况

纺织服装产业在我国经济发展中占有重要的地位，也是我国发展历史最为悠久的产业。纺织服装行业是典型的劳动力密集型行业，人力资源管理压力较大。因此，对于人力资源管理来说，工作的困难也比较多。要解决这些困难，首先就需要了解纺织服装行业及其人力资源管理的特点及存在问题。

1.1　纺织服装企业行业特点

要了解纺织服装企业的特点，就必须先了解纺织服装企业所生产的产品——纺织服装的特点。纺织服装产品的独有特征决定了纺织服装企业的行业特色。

1.1.1　纺织服装产品的特点

人们的基本生活需要可以概括为衣、食、住、行四个方面。纺织服装是人们基本生活需要的一个方面。佛里克·吉尔说过："人与其他动物的本质区别不在于人穿衣服，其他动物不穿衣服，而在于人能脱掉衣服，其他动物则做不到这一点。"人能脱掉衣服，就能够选择衣服。根据自己在生活实践中的需要，人们会选择不同材料和不同设计的衣物。纺织服装能够满足人们在物质和精神方面的需要。随着时间的推移，人的精神方面的需要相对越来越突出。因此在现代社会，人们对纺织服装的选择更加侧重个性化。纺织服装满足人的精神需要是从人与人的角度去思考的。人们利用纺织服装主要是需要将其作为一个纽带推进人与人之间的交流。服装的样式和色彩在不同的人身上往往体现为一定的社会性、标识性、文化性、道德感和审美性。随着生产力水平的不断提高,纺织服装可以利用的材料在深度与广度上不断扩展,纺织服装本身造型与加工工艺也随着技术进步而不断成熟。相对来说,人们可以较为容易地获取更加多样化的材料。然而,人们的精神需要则是越来越难以满足。在这种环境下,人们对于纺织服装的精神性需求也会越来越主动和迫切。总体上说,进入现代社会,纺织服装产品的功能越来越超越了其早期最基本的御寒蔽体的功能,更多地成了人们展示个性,追求自我的一种体现。纺织服装产品的这种功能决定了以下几个方面的特点。

(1)消费需求个性化

一般的日用工业产品具有一定的通用性,能够满足大多数人的需要,受年龄、性别、职业等方面的影响较小。而纺织服装产品却是例外,不同生活背景和观念的人对纺织服装具有不一样的消费需求。人们在纺织服装产品的颜色、面料、款式、质量、规格等方面都有着不一样的要求。随着生活水平的提高,人们的要求还正在走向更加多样化的一面。人们对于纺织服装产品的质量与品位要求越来越高,消费者对服饰个性化需求也越来越关注。这对纺织服装企业提出了一定挑战的同时也给纺织服装企业带来了较大的机遇。纺织服装企业不得不关注人们的需要,根据具体的需求进行小批量生产,单位产品的成本不断提高。同时,由于纺织服装企业可以推出更多个性化设计的纺织服装产品,使得纺织服装行业有了更大的发展空间。

(2)消费小批量、多款式、多规格

对于纺织服装企业来说,人们需求的多样化与个性化导致了纺织服装生产的批量逐渐变小,而纺织服装的款式则变得越来越多。从工艺上，纺织服装可以大体上分为梭织和针织两类，然而从款式上却是有千百万种。同样是一件衣服，人们可以从不同的设计款式、使用颜色、尺码与面料四个方面进行描述。其复杂程度远超普通的工业产品。

(3)生产工艺技术标准化

对于企业加工来说，纺织服装产业的批量性生产不同于个体手工业的生产方式。纺织服装产品的工业化生产，一般要求在尺寸规格、面料材质、款式颜色等方面达到标准化与统一化，从而提高了大批量生产效率。但是这同当下消费者个性化需求却是矛盾的。这一矛盾往往导致了消费者不能买到自己满意的纺织服装产品，而纺织服装产品却面临着大量的库存。

(4)纺织服装走向高附加值和高利润

个性化需求提升的结果就是纺织服装产品的商业价值、文化价值、审美价值、社会价值在不断提升，单品为经营者创造的利润越来越高。这一趋势使得纺织服装企业决策者需要合理判断纺织服装产品的多重价值，并将多个方面完美结合起来，而结合的最有效手段就是依靠对消费者的研究。

随着生活水平的提高，消费者的消费观念已从以物为中心转向重视物的附加值。消费者更加注重纺织服装产品的文化价值与审美价值，以彰显其与众不同的品位和社会地位。针对于此，纺织服装企业必须重视，从消费者喜好中挖掘企业经营的财富。

从产品的角度出发，纺织服装企业的竞争力在于产品的质量差异和设计差异。较高的产品质量和设计水平正是企业不断创造财富的根源。随着产品质量的不断提高以及产品设计的不断完善，企业可以采用的经营手段也就越来越多，在市场竞争中也能处于有利地位。人们也越来越愿意为优秀的产品支付较高的价格，企业也就能获得越来越多的利润。与其他产品相比，纺织服装产品具有较高的利润和附加值。特别是知名品牌纺织服装，其新产品的毛利润率可达百分之几百。

(5)纺织服装的流行周期短

人们对纺织服装产品的需求决定了纺织服装产品具有较强的时尚性,流行周期较短,多为一个或者两个季度。一般来说,同样款式的衣服往往不会在两个季度都搬上卖家的柜台。不同的季节服装会在面料、色彩、款式和其他方面都有变化。这种变化不仅给纺织服装企业带来更多的创业机会,还给纺织服装企业带来一定的风险。

纺织服装行业的时尚性特征造就了纺织服装市场上的多样化市场细分。纺织服装行业的经营方式必须更加灵活,其策划与设计要互相渗透。生产经营中,设计师、生产商、销售商需要融为一体,以快速应对市场的变化,把握整个行业的发展机会。

(6)积压产品不容易处理

在纺织服装产品时尚性特征的影响下,纺织服装企业的库存非常容易产生积压,而且一旦积压就很难消化。实际经营中,多数纺织服装生产企业提供分销商一定的退货比例,从而构建了生产商与分销商共同承担积压风险的机制。但是,对于整个行业来说,积压产品确实会拖累参与企业的发展,给库存积压的企业带来一定的经营风险和财务风险。

纺织服装产品的自身特点使得企业产品销售具有相当的不稳定性。只要产品销售没有实现,任何人都难以判定产品的销量。如果产品大量滞销,产品积压将会成为一个现实。纺织服装使用和销售的季节性,形成了纺织服装生产的淡旺季。这样,纺织服装企业经常会面临压货的风险,同样纺织服装企业的生产管理也存在一定的挑战。

1.1.2 纺织服装企业的特点

(1)我国纺织服装企业以中小型企业为主

纺织服装产品的特征决定纺织服装企业的经营特点。从投入来说,纺织服装生产需要较少的初始投入和较低的固定资产投入,行业的准入门槛较低。纺织服装的加工过程相对来说是独立而且分散的,不能形成一条有序的产线。因此,纺织服装行业的规模经济效应不够明显。另外,由于纺织服装产品本身具有的特性,生命周期越来越短,生产形成规模的可能性更小。对一些中小企业来说,可以较快适应这种变化,而一些大型企业在这种发展变化之前却显得有些措手不及。纺织服装产品的这个特性也刚好是我国纺织企业所需要的。因为我国纺织服装企业本身就是以中小型企业为主,企业的集中程度不够高。当然,我国纺织服装企业规模较小的特点也有明显的弱势,就是这类企业的议价能力较差,而且难以抵御行业环境的剧烈变化。当生产成本上升时,企业很难通过终端产品的优良质量从客户处获得更多利润。中小企业也由于自身实力限制,不能及时掌握国内外市场变化情况,对于潮流和政策的把握能力较差。在这个现象面前,中小企业难以及时进行调整,避免自身损失。近些年来,我国纺织服装行业环境的首要特点就是多变,两次剧烈的金融危机给我国纺织服装行业的发展带来严重的打击。我国中小企业曾经在2010年出现过一次数量的巨额缩水就是明证。

(2)纺织服装行业属于劳动密集型

由于纺织服装产品的特点,纺织服装在加工和组织过程中必须要投入大量的人力。也就是说,纺织服装行业可以减少资本投入、场地投入,但是很难减少人力投入。近些年来,虽然许多高新技术和先进的生产组织方式不断产生并投入使用,但是一些关键环节的人力投入仍不能缺少。我国纺织服装行业的特点就是雇佣工人的学历、素质水平较低，生产效率不高，多个环节容易受到一个人的拖累。因此一部分纺织服装企业不得不雇佣较多的员工，甚至将一个岗位分拆由几个员工一起去完成，使得企业对人力的需求数量更大。同时，受人员素质限制，一部分企业经常出现不恰当的因人设岗、因人拆岗的做法，给纺织服装企业的人力资源管理带来了更多的困难。

(3)企业内部要求良好的协作性

在纺织服装行业出现大量拆岗现象之后，企业内部必须提高自己的协同性，以提高生产的效率。另外，在生产技术进步的帮助下，纺织服装企业也需要提高内部的协同效率，以适应越来越高的机器工作效率，这是传统手工业生产所无法比拟的。同时，生产技术的进步使得纺织服装企业的管理面临越来越多的新的难题，核心是针对生产过程广泛的协同性如何提升管理的有效性。企业必须考虑到部门之间、工序之间、工人之间的良好协作关系，以达到效率提高的目的。

在现代纺织服装生产的影响下，我国纺织服装生产仍旧是劳动密集型行业。将所有的工人紧密协同起来，就犹如一个复杂的系统工程。企业必须要考虑建立一个工位矩阵的管理模式，加强每一行每一列的相互关系，从而提升工人生产的整体效率。然而，对于企业来说这种管理模式的有效实施，需要在不同部门之间进行相互协调、监督和检查。广泛协作不仅限于企业内部，还包括供应商、销售商等多个单位的协同。企业必须要同供应商、销售商建立起有序的合作关系，同时要进行供应商、销售商关系的管理，使得整个服装生产对企业最为有利。

(4)企业运营的流程长

纺织服装行业的产品推出需要经历多个环节。一个产品要投放市场，一般均要经历设计、纺纱、织造、印染、裁剪、缝纫、销售等多个环节。而销售的实现，又要经历运输、库存、推销、提货等几个环节。总之，一个产品的销售要经过多个部门之间的协调。这实际上给纺织服装企业提出了一个很大的难题，就是如何高效管理这些人员，以提升产品销售的效率，增加企业的营业收入。

(5)纺织服装行业的专业化程度较高

纺织服装行业的产品销售过程中，消费者需要经过多个款式、面料等方面的选择以后，才最终确定自己所需要的产品。消费者有多个选择，然而对于厂商来说，却没有这类选择。因为，企业面对的是消费者，如果把所有资源都放在一个产品上，一旦出现供给与需求错位就会导致大量产品积压。因此，企业必须要生产多种产品。

纺织服装行业的品种有很多，以性别划分可以分为男装和女装，以用途划分则可以分为休闲装、正装与工作服。这些纺织服装产品的生产要用流水作业，还应配备各类专用设备。对于工人来说，由于工人的分工较细、生产工人的技术单一，专业性强，在一个生产线上很少有工人能够操作所有设备。这种情况实际上就给企业人力资源管理提出了问题，即如何在纺织服装行业生产过程中既注意到工人的专业性，又注意到工人的全面性。

(6)纺织服装行业的品牌化发展趋势

纺织服装市场的特点决定了纺织服装企业在经营的过程中必须树立品牌理念。纺织服装的精神性需求是品牌经营的重要前提。从上文的论述可以看出，纺织服装的实际意义已经远远超出了人们对服装温暖的基本需求，已经有了多个方面的延伸。这些延伸的综合就是服装的品牌。LV、CHANEL、Armani 这些品牌之所以会有较高的价值，就是因为他们在审美、质量、做工等方面体现了产品消费者的独特社会地位和品位。品牌作为一种无形资产早已被企业和市场所接受，强化品牌经营的理念也根植于越来越多的企业经营者的脑海。与其他有形的资产相比，品牌不是静态的，要盘活并增值从而保持旺盛的生命力，就需要在市场中不断运作。

纺织服装品牌运营是一种风险较高的活动。品牌运营需要投入大量的资本，进行广泛的宣传，而且牵涉到多个方面。从总体上看，纺织服装品牌的发展通常经历四个阶段，即工业化阶段、自然品牌阶段、品牌经营阶段和品牌多元化阶段。对于我国大部分纺织服装企业来说，其品牌经营正处于第二阶段，部分先行的企业则处于向品牌经营转化的阶段。可以说，我国纺织服装企业品牌化经营的情况正属于千军万马争过独木桥。在品牌经营急速发展的阶段，我国品牌发展需要进行大量的品牌经营投资，以加强品牌宣传、强化品牌形象、提高品牌的感知力。因此，对于每一个企业来说，品牌经营需要经历一个较长的时间和过程。

(7)粗放式经营转向精细化运作

当前纺织服装行业发展的趋势显示我国一些大型纺织服装集团已经呈现出疲态，经营中出现了一些问题。因此，很多企业试图向其他领域拓展，以求得持续发展。一方面，进行多品牌化运作是许多企业的现实选择，一般通过收购、控股或参股的形式建立多个品牌发展体系，希望以品牌多元化的形式实现盈利的提升。另一方面，也有一部分企业试图向房地产等其他产业拓展，寻找更广泛的赢利点。然而这两种决策对于多数企业来说，仍然存在明显的问题。原因很明确，隔行如隔山，多品牌化的运作方式对于管理者来说也是一个巨大的挑战。对于纺织服装企业来说，只有顺应行业发展方向，才可实现企业规模和实力的进一步提升。因此，对于大多数企业来说，要从过去的粗放式经营转向精细化运作。所谓精细化运作，主要是指管理精细化，在生产管理、营销管理上下功夫。

1.1.3 当前纺织服装企业的运营类型

在纺织服装行业中，不同的企业有不同的发展优势，因此就会产生不同的经营形态。从目前的市场情况来看，纺织服装企业可以划分为以下几种类型。

(1)生产加工型企业

生产加工型企业也称来料加工型企业，俗称贴牌（OEM）企业。这类企业的实力不强，经营活动主要以为其他纺织服装企业产品进行加工为主。当前，我国有近半数以上的纺织服装企业特别是中小型企业在进行贴牌加工。事实上，我国近半数以上的纺织服装企业特别是中小型企业都是通过替国外一些知名品牌做OEM起家的。这些纺织服装企业利用自身大量的廉价工人，做服装加工，迅速完成了资本的原始积累。贴牌加工可以帮助企业做到市场风险规避，行业准入的门槛也较低，投入障碍也较小，各方面见效也较快，而且还可以学习到国外品牌的先进管理方式和生产制造技术。但是这种方式的缺点也非常明显。对于企业来说，这种方式经营模式单一，一旦贴牌厂家出现问题，自身也容易遭殃。而且这种方式的利润也较低，纯粹的OEM生产品牌的知名度积累也较慢。

(2)产供销实业型企业

一般而言，产供销实业型企业的经营实力较强，通常拥有独立生产加工能力，而且还有自主品牌，可以进行零售管理。这种企业拥有较强的资本优势，但主要精力投在生产中，品牌管理方面往往较为欠缺。从以往的发展经验看，产供销实业企业在品牌经营方面的成功，很大程度上受益于中国市场发展初期的特定环境。如果后期不能持续投入，这种品牌建立的效果就不能够持久。

(3)虚拟经营型企业

虚拟经营型企业实际上是纺织服装行业的龙头。虚拟经营型企业往往是因为一些部门的效率较低，而主动将一些部门从企业中去掉，只保留一些关键的功能，提高企业的盈利效率。在这种情况下，虚拟型企业可以在资源有限的情况下，通过资源集中的方式提高企业核心部门的效率。因此，虚拟经营型企业的模式可以说是中心—卫星型。中心就是企业的核心部门，卫星就是企业整合的外部资源。这些外部资源包括多个方面，包括生产、设计和销售等。而核心部门则是企业根据自身资源特征确定的，或是品牌，或是设计，或是专利，不一而足。

(4)单一销售型企业

单一销售型企业往往处在纺织服装全行业的下游，一般是通过代理或者加盟的方式与生产企业取得合作。这类企业经营的实力和资金充裕程度相对较小，多是中小型的地方企业，经营的区域也多限定于某些地方。

(5)品牌资源经营型企业

品牌资源经营型企业是指将品牌委托给其他企业进行生产，自身做好质量监督、品牌价值提升和销售渠道管理等。这类企业多为国际大企业。他们经常将品牌转向一些贴牌企业，支付一定加工费，之后进行品牌营销和管理。

1.2 纺织服装企业人力资源管理特色

1.2.1 人力资源与人力资源管理

(1)人力资源

企业要从事经营管理活动以实现其既定目的，就必须使用各种资源作为投入。这些基本资源通常可分为五类，即人、财、物、信息与时间。其中财、物、信息、时间可归入物这一大类，它们是被动的、理性的；而人是感性的、具有能动性的，由人所构成的人力资源是企业生存的关键资源。

人力资源的概念由当代著名的管理学家彼得·德鲁克提出。经过多年的管理实践之后，学界普遍认为，人力资源是指具有一定劳动能力（或者潜在劳动能力）的人口的综合。人力资源与其他资源具有明显的不同。总体上看，其特点包括以下几个方面。

①能动性。人力资源与其他资源相区别的根本特点是能动性。人力资源的本质首先是人，人是具有一定思想、情感和思维的动物，处在一定的社会关系中，能够发挥自身的主观能动性，从而推动社会和经济的发展。受经济和社会发展的驱动，人力资源具有主动和被动的双重性质。在承受一定压力的情况下，人力资源能够将这种压力释放，并最终转化为动力，从压力承受的被动转化成为动力运行的主动。相对于其他资源，人力资源具有一定的创造性。人力资源的本质是人。人是能够思考的动物，能够运用工具，积极发挥自身思维的能动性作用。人的能动性作用体现在两个方面，一方面是在社会和经济发展中，面对各种各样的问题，人能够能动性地提出具体问题的解决方法，推动社会的进步与发展；另一方面是在组织中，人通过进取与创新活动，适应环境的变化与要求，从而使组织更加充满活力。

②两重性。人力资源一方面是投资的结果，另一方面又是投资的前提。也就是说，人力资源是产品的生产者，要进行产品生产，必须对其进行投资。人力资源又是产品的消费者，产品生产的目的就是供其消费，因此是产品投资的前提。依据舒尔茨的人力资本理论，人力资本投资主要包括个人和社会，体现在教育、卫生、迁移等多个方面。人力资本的质量决定于人力资本投资的程度。人的知识是后天获得的，其获得的多少反映了人力资本的质量。而获得知识必须要在时间和金钱上进行投入，帮助人们进行教育和培训。从这个环节来看，人力资本投入的多少直接决定了人们获得知识的多少，决定了人力资源的质量。人力资本投入的

目的是要利用人力资源的知识创造更多的价值。人力资源创造的价值最终将远远超过人力资本的投入。从生产和消费的角度看,人力资本投资同时也是一种消费行为,而且这种必需的消费行为要先于人力资本获取收益,即没有消费行为就不可能产生后期的收益。

③时效性。人力资源的形成、开发与利用要受到时间的限制,其根本原因是人力资源存在于人的生命之中,是一种具有生命特征的资源。教育学规律揭示,人掌握知识的最佳时期是幼儿期和青少年时期。生物学规律则揭示,人创造价值的最佳时期是青壮年时期。这两个方面的规律就说明在不同的时期,人的需要不同,输出也不相同。因此,对于人力资源来说,人力资源具有明显的时效性特征。人在每一个时期都有不同的特征。这是从人的宏观发展特点来看。细化来说,员工在进入一个行业以后,也要经过接受培训、参与工作、达到最佳使用期、进入淘汰期的过程。实际上,就整个社会而言,科学技术在不断发展和进步,人的知识水平最终将会呈现出老化的现象。人力资源必须要注意到员工知识水平的变化,注意人力的时效性特征。

④再生性。与其他资源的使用过程相似,人力资源在使用中也会存在有形磨损和无形磨损。有形磨损人人无法抗拒,是人在生理上的自然疲劳与衰老过程。而无形磨损指的是个人的知识与技能和科学技术的发展水平不匹配的过程。通过人的主观能动性,人们能够利用合理的方式减少这种有形和无形磨损。与物质资源不同的是,人力资源可以开发和再生,从而有效降低了人力资源的无形损耗。人在工作实践中,通过工作本身及不断学习,自身的知识和技能可得到提高,即人力资源可以实现自我补偿、自我更新、自我丰富和自我持续开发。知识经济时代,人力资源的开发与管理需要注重终生教育,企业应重视员工的培训与开发,以不断提高员工的技能和知识水平。

⑤社会性。每个社会的文化环境都会有所不同,所产生的人也会呈现出明显的不同。人是一种社会动物,知识和技能的生成

受当时社会文化环境和科技环境的影响。伟大先师孔子从过去的两千五百年穿越到现在,唯一合适的工作就是去做一个国学老师,甚至这个工作也未必能够做好,因为当代的文化环境与孔子的时代有明显的不同。在文化的影响下,人的行为会产生明显的不同,一个人的行为准则可能会与其他人产生明显的冲突。对于人力资源管理来说,必须要进行文化管理活动,实现人与人之间文化准则的融合,从而促进整个团队的有效活动。

人力资源的社会性直接影响到企业的人力资源管理过程。人力资源的社会数量和质量供给决定了企业人力资源数量和素质构成。人力资源所受的社会文化准则决定了企业的人力资源管理制度。企业的人力资源管理工作,一定要深刻考察当前社会的文化与人力资源特征,制定适合于社会和企业的人力资源管理制度。

(2)人力资源管理

人力资源管理是指企业或者某一组织为了实现当前的目标而进行的人力资源取得、开发、保持和利用等方面的计划、组织、指挥、控制、监督和激励等一系列活动的总称。这一系列活动要包含人与人、人与事关系的配合与调整,以充分开发人力资源,挖掘组织内员工的潜力,提高他们的工作积极性和工作效率。企业或者组织这一系列活动的目的是要实现组织的目标,因此企业或者组织所有的活动都是围绕自身战略开展的。

企业人力资源管理的基本活动也可称为人力资源管理的基本职能。这些职能是在企业总体战略的作用下,以人力资源规划为起点,对企业进行工作分析,运用科学的方法对组织进行人力资源招聘、培训和开发,对员工进行绩效、薪酬、劳动关系和职业生涯的管理,实现企业目标的同时也拓展员工的价值。人力资源的职能可以用图 1-1 来表示。

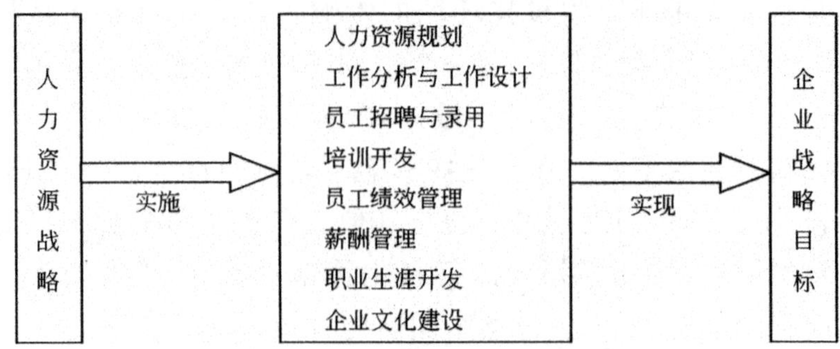

图 1-1 人力资源管理的基本活动框架

(3)企业各部门人力资源管理的职责

企业人力资源管理的实施不只是由人力资源部门来单独完成的,必须要在其他部门的配合下才能成功实施。特别是对于运营流程长,人力资源管理实施复杂,涉及部门多的企业来说更是如此。企业的人力资源管理主要是由直线管理部门和人力资源管理部门共同实施的。

企业直线管理部门的职责

企业直线部门主要是就人力资源管理活动做出决策,并运用人力资源来完成企业的基本目标。其主要职责有如下几个方面。

第一,在企业内把合适的人配置到适当的工作岗位上去,即根据工作人员的不同才能安排适当的职位。

第二,引导、帮助新员工了解和适应工作环境、企业制度及相关要求,使新员工尽快融入企业,进入工作角色。

第三,实施员工培训和开发。通过培训改善员工的工作态度,提高其知识水平和操作技能,使新员工能够胜任本职工作。

第四,建立有效的激励机制,提高企业员工的工作绩效。主要是建立有效的激励措施,提高员工的工作绩效,如选拔机制、精神奖励和物质奖励计划等。

第五,协调、处理好各种工作关系。企业人力资源的最直接使用者就是直线管理部门,因而直线管理人员有责任帮助员工处理好各种工作关系,消除工作中潜在的障碍。

第六，帮助员工了解企业内部的各项规章制度。通过解释企业的政策和工作程序，使员工清楚自己的工作程序，适应岗位的要求。

第七，为员工提供健康舒适的工作环境。直线管理部门需要做好员工的健康管理，采取各种措施为员工提供一个良好的工作环境。

第八，控制劳动力成本。降低成本是任何企业提高经济效益的关键。有效控制劳动力成本，在当前劳动力价格不断上涨的形势下，对提升企业产品的市场竞争力至关重要。劳动力成本的合理控制，一方面要求企业内员工和工作岗位的合理配置，做好定编、定员和定额工作，从而使得企业内员工的工作变得更加充实高效，另一方面由于产品成本得到有效的控制，增强了企业产品在市场上的竞争力，使企业的投入能够获得更多的回报。

企业人力资源部门的职责

企业人力资源部门的职责主要是就人力资源管理方面向企业直线管理部门提供专业的帮助，以支持直线管理部门实现企业的基本目标。企业人力资源部门的职责主要有以下几个方面。

第一，制定有效的企业人员招聘计划，为用人部门搜集合格的求职者并开展招聘活动。

第二，通过搜寻并审查与企业工作职责有关的详细信息，如岗位与职务的内容、职责、工作特征、关键业绩目标、劳动条件及任职资格等，为编写企业工作说明书做好准备。

第三，拟定薪资计划，管理、制定企业内不同员工的福利计划。

第四，开发各种适合于企业员工工作绩效评价的工具并对工作绩效考评的结果进行记录保存。

第五，负责企业员工培训活动的计划、组织、指挥等工作，拟定培训文件，准备培训材料等。

第六，制定企业内员工职业发展计划和晋升制度，并对员工的进步进行跟踪记录。

第七，就企业内劳资有关的所有问题向出资方提出建议。

1.2.2 纺织服装企业人力资源管理的特点

(1)纺织服装企业人力资源的特点

纺织服装企业的人力资源具有如下几个方面的特点。

①人员数量庞大，岗位多。在纺织服装产品离散性生产和季节性销售的基本前提下，纺织服装企业是劳动密集型产业的特征已经确定。企业需要增加一定的劳动力数量和进行劳动协同实现整个企业的生产效率提高。因此，任何一个纺织服装企业都面临着员工多、岗位多的工作现实。

②企业生产专业性较强。纺织服装是一种专业性极强的生产，需要大量的熟练技术工人。普通员工进入企业以后往往需要一到两年才能成长为一个熟手。技术工人在进入企业以后也需要较长的时间进行专门性知识的学习，不断提高自己的技能，从而使自己适应工作岗位的要求。在这种环境下，纺织服装企业在招聘的过程中需要尽量招聘熟练的技术工人，以提高本企业产品生产的效率。

③人力资源素质不高。从员工比例的角度看，纺织服装企业人数比例最多的就是一线产业工人。这一部分工人的来源大多是初中和高中毕业生，他们的理解能力、接受能力以及一些基本素质方面参差不齐，使企业人员整体素质不够高。

④工作岗位呈三大类。纺织服装企业的工作岗位基本上可以划分为三类，分别是管理岗、行政岗、操作工人岗。这三类岗位在纺织服装企业的生产过程中执行着不同类型的工作职能。他们的岗位分别有不同的性质以及差异化的工作内容。因此，三类员工在分布上依次构成纺织服装企业人力资源的金字塔。

⑤人员流动性大。作为一种劳动力密集型企业，企业人力资

源面临的第一个问题就是人员流动问题。人员流动问题给纺织服装企业带来了很多困扰，对企业的生产管理影响较大。当前我国许多纺织服装企业都在不同程度上存在用工缺口的现象，企业相互竞争致使用工流动性明显增强。

纺织服装出现人员流动性大的原因主要有以下几个方面。

第一，同行之间用工竞争。纺织服装熟练工人和技术人员培养时间较长，同行业企业都认识到这一点，在用工上都希望使用熟练的技术工人。对于员工来说，他们也希望在收入、福利和工作环境上有明显的改善。这就造成了员工流动的主要原因。

第二，工作的季节性因素。纺织服装企业的用工大多数是农村劳动力，也就是人们常说的农民工。农民工存在一个典型的特征就是工作呈现明显的季节性特征，农忙时会出现大量的回流现象。

第三，纺织服装企业工作的劳动强度较大，在岗时间较长。

第四，纺织服装企业普通工人的工资待遇较低。

(2)纺织服装企业人力资源管理的内容

纺织服装企业的人力资源管理是指纺织服装企业为了实现既定的目标，针对纺织服装企业的人力资源战略规划、招聘配置、培训开发、保持和利用等方面做的工作，是纺织服装企业人力资源管理在计划、组织、指挥、控制、监督等方面活动的总称。纺织服装企业人力资源管理的内容主要体现在以下几个方面。

①人力资源战略与规划。在企业的宏观战略制定出以后，企业的人力资源部门必须要据此做出人力资源方面的战略，展开人力资源的战略规划工作。企业人力资源战略和规划是建立在企业的整体经营战略基础上的。对企业战略进行分析，明确企业战略执行所需要的基本人员以及这些人员所具备的素质和能力。再对企业人力资源管理现状以及发展趋势进行有效评估，收集与人力资源供给和需求方面相关的信息和资料，利用科学的方法对人力资源供给与需求进行趋势预测。对市场上的人力资源供给

进行有效分析，确定市场人力资源的供给状况，并适时向市场发布自身的人力资源需求。做出企业的人力资源制度设计，对于员工的薪酬、绩效、劳动关系、企业文化等方面都要有明确的分析。在分析的基础上，制定人力资源的招聘、甄选、培训以及发展方面的必要措施，实现纺织服装企业人力资源工作能够支持企业战略的发展。

②工作分析和工作设计。工作分析与设计是人力资源管理部门根据纺织服装企业的结构特点所作出的职位说明和工作要求。工作分析和设计还包括根据纺织服装行业的特点对纺织服装企业进行激励制度设计。工作分析与设计是人力资源其他工作的前提。

③人力招聘与开发。招聘与开发是依据人力资源规划展开的。围绕企业制定的人力资源规划战略，HR 会确定所要招聘人员的素质和技能水平，确定招聘人员在数量和质量上的具体需求。在具体招聘问题上，人力资源部门会根据企业人力资源工作的供需特点，在一个特定的时段进行人员招聘。纺织服装企业招聘工作要保证企业人力资源的供应充足，实现人力资源的高效配置。在招聘工作完成以后，企业要进行必要的培训工作，使招聘的人员更加适合企业的需要，同时也是为帮助员工在以后工作过程中提高自己的绩效水平。

④员工绩效管理。为了实现企业的战略，确保员工的活动以及生产的成果能够和企业的目标保持一致。企业就必须对员工的绩效进行管理，实现员工工作总体上是对企业有利的，同时也能够提升员工的积极性，充分发挥员工工作的潜力。绩效评价包含两个方面，一是针对员工，根据员工的工作表现和工作成绩，对员工的工作态度、技能水平、工作成果进行集中的评价，并出具直接管理者、人力资源部门两个部门签字的工作评价。另一个是针对企业的，员工有权力对工作过程中的具体内容进行相关评价，以帮助企业改善工作环境与工作内容。

⑤薪酬管理。纺织服装企业的薪酬管理是为了发挥纺织服

装企业员工的积极性并且实现其在企业的发展。企业员工的薪酬要和纺织服装企业的一系列管理活动结合起来，尤其是要和员工的绩效结合起来。因此，纺织服装企业的人力资源管理工作要从员工的知识、技能、资历、职级、岗位以及实际表现和工作绩效等方面为员工制定相应的工资福利标准。

⑥员工培训与职业生涯规划。纺织服装企业员工培训与职业生涯规划，是指纺织服装企业的人力资源管理者从人力资源行业以及本企业的实际需要出发，为员工制定培训与发展计划，并及时对其进行监督和考察。这种做法对于企业来说，能够为企业培养高素质的人才；对于员工来说，则为员工形成一种文化，为员工构建一种归属感和尊重的需要，从而不断提升员工在企业的工作绩效。因此，员工培训与职业生涯规划对于企业和员工来说都是非常必要的。

⑦劳动关系管理。劳动关系是生产关系的一种，本质上是权益的关系。企业的劳动关系管理是企业管理中的重要内容，涉及企业与员工，员工与员工，管理者与被管理者等多方关系主体，关注的核心是员工安全、健康及相关权益保障问题。当今时代企业的竞争归根结底是人才的竞争，企业必须清楚地认识到员工是企业最重要的资产，必须重视劳动关系管理。

(3)纺织服装企业人力资源管理的特点

鉴于纺织服装企业的固有属性和特征，纺织服装企业的人力资源管理目前呈现出以下几个方面的特点。

①纺织服装企业大多是中小型企业，企业人力资源管理制度方面不够健全。我国许多小型纺织服装企业员工人数只有几十人甚至更少。对于这类小型企业，内部职能部门划分不像大型企业那么详细，人力资源管理工作甚至是由其他部门兼任。在这种情况下，这类企业的人力资源管理工作必然十分混乱，各项工作在制度和执行层面都会存在各种各样的问题。这就造成了纺织服装企业人员流动性较大的特点。

②纺织服装企业的运营流程较长，分工较为复杂。随着组织创新形式在纺织服装企业的运用，以及纺织服装企业的不断分化与细化。纺织服装企业的人力资源管理变得越来越复杂，其人力资源管理也会产生许多不同的协调需求。另外，由于纺织服装企业的分工不断细化，企业岗位设置会更加繁杂，甚至出现岗位重合的现象。在这种情况下，人力资源管理的压力会不断增大。因为每一个岗位都有不同的人力资源管理要求，HR 必须要有针对性地进行工作。这两个方面的要求，最终造成了我国纺织服装企业人力资源管理的难度。

③“以人为本”的管理意识淡薄。我国一些纺织服装企业比较重视创始人的领导力，甚至认为他们是企业人力资本的唯一资源，但对企业其他雇员的重要作用不够重视，很少考虑他们的职业生涯发展。无论企业发展好坏，这类员工的发展都很难有所突破。对人才的尊重和信任不够，在实际使用过程中忽视了人才对工作挑战性和成就感需求，从而导致人才的流失。缺乏战略人力资源管理理念，忽视以人为本，严重影响了员工的士气及整个组织的团队氛围和良好企业文化的形成。企业对这类员工采用的唯一有效的激励手段就是薪酬，在这种情况下，员工的积极性很难充分调动起来。

④缺乏人力资源战略规划。多数纺织服装企业特别是中小企业对人力资源管理认知不足，缺乏现代企业经营的战略眼光及人力资源管理的知识和技能。往往缺少自身的发展战略和规划，自然很少有切实可行的人力资源战略与规划，多把人力资源管理当作简单的辅助性的行政工作，工作内容仍停滞在诸如档案管理、工资和福利等简单的事务性管理方面。纺织服装企业的决策者对于企业的未来发展战略决策重视不足。我国纺织服装企业很多都是从小作坊发展起来的，企业领导者自身的眼光较为狭隘。他们对企业的未来发展及价值取向盲目判断和决策，缺乏科学的定性与定量分析。这一部分企业在市场经济的大潮中往往只是昙花一现，快速成长，快速消亡。对于企业未来战略决策考

虑不足另外一方面也是由当前的经济环境限制的。当前我国纺织服装企业正处于行业的寒冬，企业领导者首先关注的是生存，是员工的“吃饭问题”。对于未来，他们还来不及考虑。人无远虑，必有近忧，越是这样，这类企业在发展中越容易陷入被动。

⑤纺织服装企业在文化建设方面较为欠缺。许多纺织服装企业的人力资源管理缺乏企业文化这种软战略的辅助。任何人都是文化人，一个人一旦不接受一种文化，就会排斥这种文化。对于一个组织来说，如果不能够创造一种文化去影响员工，员工必定会创造另外一种文化去反向影响企业。人作为一种群体性动物，抱团是其天然属性。当企业不能创造文化去团结人，人就会自动抱团最终影响到企业。因此，在文化方面，企业必须要主动。对于我国纺织服装企业来说，他们缺少这方面的认识，大多是依靠传统的乡土文化去团结或者分离一部分员工。这对于员工来说是极为不公平的，而对于企业来说也是极为有害的。

⑥人力资源管理理念落后。许多中小纺织企业中，缺乏现代人力资源管理的理念，对员工的管理强调控制与服从，目的是实现人与事相适应，而忽视人的才能的发挥。多看重人的现实教育文化程度、现实工作能力，强调纪律、制度，通过制定各种规章制度来约束人的行为，对员工的真正需要考虑较少。管理实践中，注意力多集中在如何节约成本上。忽视员工培训开发，把人看作成本，没有当作可供开发的资源。

⑦缺乏有效的绩效评估与薪酬激励机制。许多纺织服装企业员工报酬的发放形式多采用基薪加奖金或基薪加提成，这种薪酬模式对一般员工可能效果比较好，但对核心员工，很难满足他们自我价值实现的需要。单一的薪酬体系已难以满足企业员工的多样化需求，纺织服装企业的薪酬体系也需要创新。大多中小纺织服装企业在员工的绩效评估方面缺乏完备的绩效考评指标体系和操作规程，主要是基于企业既定的目标，以分解下达的任务完成情况来衡量，比较明显地体现出员工对上司命令的执行和服从，缺乏必要的员工参与。考评结果的应用方面，多用于晋升、

加薪和奖金发放,不能对员工产生全方位的激励,难以充分发挥员工的积极性、主动性和创造性。有效的绩效评估与激励机制的缺乏,导致员工缺乏工作积极性和归属感。

⑧管理人员的素质有待提高。纺织服装行业的竞争不仅仅是产品的竞争,更是各方面人才的竞争。就管理人员而言,需要具有丰富的管理经验和敏锐的市场洞察力,对市场发展趋势要有良好的把握能力。我国很多纺织服装业以家族式管理为主,缺少专业的高素质的管理人才。管理团队整体素质不高,企业科学管理制度的缺失,导致企业竞争力不强。

⑨企业劳动关系管理欠缺,政府的劳动监察也存在缺失。纺织服装企业为职工投入的社会养老保险参保率较低。这一方面是纺织服装企业工人的现状决定的,另一方面则是纺织服装企业人力资源管理存在明显问题。

1.3 纺织服装企业人力资源管理存在问题

从总体现状看,纺织服装企业在人力资源管理方面存在问题可归纳为:招工难、留人难和发展难。

1.3.1 招工难:我国劳动力用工环境的逼迫

自20世纪末期以来,我国劳动力用工环境就开始走向转型。全社会从过去低附加值产业逐渐转变向高附加值、高成长行业。以电子电力为龙头的一批新型行业在我国逐渐发展起来。这一部分行业用工量大,是纺织服装行业在用工方面的首要竞争对手。表1-1是最近几年纺织服装行业用工情况分析。

表 1-1 纺织服装行业用工情况分析 单位:千人[①]

年份	制造业年末用工总量	纺织业	纺织服装、鞋、帽制造业	纺织服装行业用工比例(%)
2005	30508	2655	1671	14.18
2006	32109	2803	1776	14.26
2007	33516	2849	1985	14.42
2008	34654	2649	2045	13.54
2009	34343	2529	2062	13.37
2010	34919	2334	2065	12.60
2011	36372	2329	2029	11.98
2012	40883	2428	2128	11.14

从表 1-1 可知,纺织服装行业用工占制造业用工总量的比例在 2008 年开始出现转折。2008 年之后这一数字就一直呈现递减状态。而 2009 年以来的我国纺织服装企业数量如图 1-2 所示。

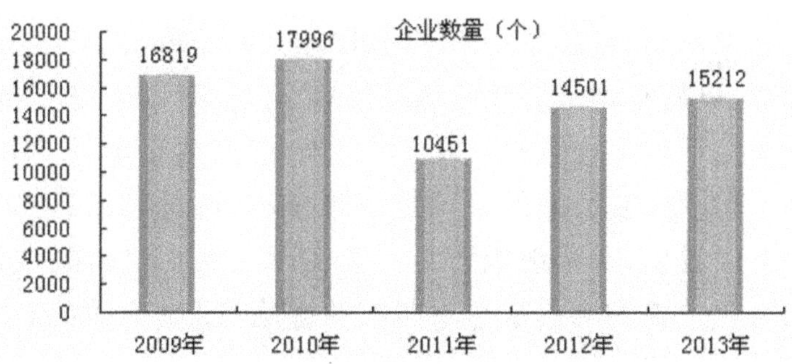

图 1-2 2009 年以来的我国纺织服装企业数量[②]

从这两个数据相结合来看,我国纺织服装企业实际面临着招工越来越难的境地。一些熟练的技术工人在各种因素的作用下开始转行,新的技术工人(80 后、90 后)又难以适应紧张的工作

① 数据来源于中华人民共和国人力资源和社会保障部网站[DB/OL]. http://www.mohrss.gov.cn/SYrlzyhshbzb/zwgk/szrs/tongjinianjian/.

② 2009—2013 年中国纺织服装制造行业企业数量增长趋势监测[EB/OL].中商情报网:http://www.askci.com/news/201402/25/2515821150993.shtml.

环境。

导致纺织服装行业用工难的原因是多方面的。2008年以来一个最重要的关键词就是金融危机，而且在5年内接连出现两次影响全球的大型金融危机。对于出口导向型发展的纺织服装行业，这无疑是一个重要的考验。许多企业熬不过去就开始倒闭。在表1-1中也可以看出两次金融危机对我国纺织服装行业的打击力量。而在国内，十多年来我国用工的一个重要主题就是涨工资。近些年我国工人平均工资不断上涨，给企业的运营带来了一定的资金压力。2012年，我国工人年度平均工资总额是41799元，纺织服装行业的年度平均工资总额是27931.91元。在2008年，我国工人年度平均工资总额是24721元，纺织服装行业的年度平均工资总额是15255.82元[①]。对比2012年和2008年数据可以发现，我国工人年度平均工资总额在5年间上涨了69.08%，纺织服装行业的年度平均工资上涨了83.09%，但是仍然落后于全国平均工资。

再从学历结构上看纺织服装企业用工问题。从学历结构上看，纺织服装企业用工学历水平要求为初中学历水平。这个阶段工人2008年的平均工资水平为14664元，稍稍低于2008年纺织服装行业的平均工资水平。在2012年，这个数字则为24840元，稍稍高于纺织服装行业的平均工资水平(黄海林，2012)。从这些数据上可以看出，我国纺织服装行业实际上面临着薪酬增长水平与用工对象的薪酬增长水平不匹配的尴尬情况。

1.3.2 留人难：纺织服装行业员工流失比例较大

我国纺织服装企业的构成情况比较复杂，各个企业的性质不一，不同的企业应对员工需求的水平不一。当前社会在各个方面信息都越来越透明的情况下，员工的素质水平已经成为企业竞争

① 数据来源于中华人民共和国人力资源和社会保障部网站[DB/OL]. http://www.mohrss.gov.cn/SYrlzyhshbzb/zwgk/szrs/tongjinianjian/.

的一个关键要素。因此，留住关键员工，维持企业员工队伍的发展壮大是每一个企业都要解决的问题。然而，对于纺织服装企业来说，企业管理者的素质水平不一，造成他们在员工队伍建设方面存在各种各样的问题。这些问题给企业留住熟练技工带来了一定的困难。

曹丽君在研究纺织服装行业员工离职情况的时候，对一家南京纺织服装公司进行了典型研究。他的数据表明南京这家纺织服装公司在2011—2013年的员工离职率保持在30%左右，并且呈现逐年上升的趋势。曹丽君经过调查分析后列出离职的五项原因，分别是薪酬水平低(61.7%)、工作生活环境不满意(37.1%)、个人发展原因(35.4)、管理方式不合适(20.4%)、家庭原因(15.6%)、其他(3%)(曹丽君，2014)。从以上原因分析可以看出，薪酬水平和工作生活环境是导致员工离职的两个最重要因素。而对于纺织服装行业来说，这两项因素的改善需要投入大量的资金，最终会提高纺织服装行业的运行成本，对已经处于寒冬时期的纺织服装行业来说显然是不可能的。

1.3.3 发展难：纺织服装行业缺乏长远的战略规划

缺乏长远战略规划是纺织服装行业面临的一个通病。从前文的分析可以看出，我国大部分纺织服装企业都是贴牌生产的生产加工型企业和低端品牌服装生产企业，具有一定实力能够开展产销一体化和塑造品牌的企业少之又少。换句话说，我国大部分纺织服装都是中小型企业，自身实力不足，在企业管理和公司治理结构上有明显的欠缺。这一部分企业限于管理者的素质，对公司人力资源发展的长远规划认识不足。在这些企业看来，企业经营的第一要素是生存，其次才是发展，并没有将生存与发展放在同样重要的位置。这些现象不仅仅存在于行业寒冬时期，在行业发展机遇期，多数管理者也没有认识到这一点。即便是偶尔的认识到这一问题，也大多是临时抱佛脚，向相关管理咨询机构咨询以后就完事,具体执行起来则又束之高阁。

企业发展难,相应地员工发展就更难。在前文提到的员工认为企业生活工作环境较差,针对员工的职业生涯规划更是欠缺。对于员工的发展,大多数企业基本上只能做到普工到管理这一个层次,而进一步的设计和销售则很少有所涉及。对于正处于年轻上升阶段的员工来说,很难接受这一现实。他们当然会自己去谋发展。

本章小结

人力资源管理是纺织服装企业全部工作的一个重要方面。从本章的论述中可以看出,人力资源管理对于纺织服装企业的发展具有重要的支撑性作用。在企业不断转型的今天,纺织服装企业要加强人力资源管理,留住熟练的技术工人,为企业的下一步发展奠定人力资源基础。同时,纺织服装企业要注重员工知识技能的培养,利用知识型员工为企业的发展创造更多的财富。因此,当前纺织服装企业人力资源管理面临着两个急切的任务,一是留住需要的员工,二是培养知识型、技能型员工,从而推动企业转型升级和可持续发展。

2 高绩效人力资源管理理论概述

20 世纪 80 年代以来，随着技术进步的加快和全球范围市场竞争更趋激烈，人力资本的战略价值日益凸显。基于科学管理实践的思考，同时受到日本管理模式的启示，最早是美国产业关系和人力资源学界在研究企业（特别是制造业企业）工作场所组织模式的过程中，开始探讨如何构建有效的人力资源管理模式，从而促进企业人力资源的最佳配置，高绩效人力资源管理的研究应运而生。西方学者提出，企业员工并不是科学管理理念下具有完全可替代性的商品，而是推动企业发展的重要力量，为了使企业拥有长期的核心竞争力，必须从战略高度构建人力资源管理系统（Schuler et al.，1984），高绩效人力资源管理便成为战略人力资源管理的一个重要方向。

2.1 高绩效人力资源管理的内涵

国内外学者在该领域的相关研究中先后提出了许多不同的概念，如 high-performance work system（高绩效工作系统、高绩效人力资源管理）（Huselid，1994；May，2002）、high-performance work practices（高绩效工作实践）、high-involvement work system（高参与工作系统）（Lawler，1992；Edwards et al.，2001）、high-Commitment work system（高承诺工作系统）（Wood，1996；Baird，2002）、best human resource practices（最佳人力资源实践）（Pfeffer，1996）以及 flexible work systems（弹性工作系统）（Wan

Buren et al.，1996)等。张一弛等(2004)认为，“best practices(最佳人力资源实践)”是企业界经理人员的习惯表达，而“high-performance work systems(高绩效人力资源管理)”是学术界的习惯表达。上述概念不论冠以何种称谓，所包含的实质内容都是一整套的人力资源管理活动，因此本研究采用高绩效人力资源管理这一概念。

关于什么是高绩效人力资源管理西方学者给出了不同的概念表述，比较有代表性的观点认为，高绩效人力资源管理是企业为实现战略目标而采取的一系列有计划的人力资源管理活动(Wright et al.，1992)；是一种既定的人力资源管理模式，这种模式由一系列人力资源管理实践构成，并以逐项可加的方式有助于提高企业的经营绩效(Pfeffer，1995)；是指对公司绩效有高度影响的一套人力资源管理系统(Appelbaum et al.，1994)；是公司内部高度一致的、确保人力资源管理服务于企业战略目标的一系列政策和活动(Huselid et al.，1997)；是通过培养有才能和高组织承诺的员工队伍来提高企业绩效的一组人力资源管理实践(Becker et al.，1998)；是能够改善员工能力、动机和参与机会的人力资源管理实践(Appelbaum et al.，2000)；是指公司内部确保人力资源管理服务于企业战略目标的一系列政策和活动(Cappelli et al.，2001)；高绩效人力资源管理的核心内涵是人力资源管理实践在效果上对企业绩效的贡献(张徽燕等，2012)。

尽管学者们对高绩效人力资源管理的概念表述有所不同，但这些表述中所包含的高绩效人力资源管理的内涵是一致的。基本认识是，高绩效人力资源管理是由一整套具体的人力资源管理实践活动组成，这些实践活动与组织环境及各种组织资源相互协调，对员工的态度和行为产生积极影响，从而提升员工及企业绩效，并对企业的持续竞争优势做出直接贡献。这一内涵所强调的是，人力资源管理的质量是企业获取持续竞争优势的关键，是战略人力资源管理的核心内容。Ling 和 Nasurdin(2010)归纳总结了四种高绩效人力资源管理类型，分别是最佳实践视角(Best

Practice)、战略人力资源管理视角(Strategic HRM)、权变视角(Contingency)和结构视角(Configuration),最佳实践视角侧重于考察各人力资源实践的细分维度对结果变量的影响(Colvin et al., 2001; 徐国华和杨东涛, 2005),而其他视角则更多将人力资源实践看作一个系统来研究(Collins et al., 2006; Sun et al., 2007)。

事实上,在高绩效人力资源管理的早期研究中,更多是从单个实践的研究视角探讨人力资源管理的结果效应,突出了单个人力资源管理活动的最佳实践作用。这种思路的逻辑是,人力资源最佳实践的结果效应具有可加性,只要找出各人力资源实践的最佳做法,便能影响员工的积极行为,增加组织绩效。但这种观点首先在方法论上受到了质疑,研究发现,单个人力资源实践之间存在高度相关性,单个人力资源实践与公司绩效的简单关系夸大了它们的贡献,易于高估它们对企业绩效的实际影响(Delaney et al., 1996)。同时,从资源基础理论的视角看,单个人力资源实践通常容易被模仿,对于构建和保持企业的持续竞争优势贡献也不大(Barney, 1995)。显然,该领域早期的研究视角没有充分地认识到企业人力资源管理系统的复杂性,研究结论在一定程度上存在局限性。因此,后来的相关研究逐渐将高绩效人力资源管理的内涵由单个人力资源实践演变为系统化的人力资源实践,不但强调单项人力资源管理活动的质量,更强调人力资源管理活动的系统性和整体结构。也就是只有人力资源管理活动整合成为一个有效的系统,促成人力资源管理实践与公司目标的契合,才能给企业带来好的绩效,也才能获得高附加值、稀缺的、难以模仿和不可替代的竞争优势(Barney, 1995)。

2.2 高绩效人力资源管理的构成维度

现有文献有关高绩效人力资源管理的构成维度及具体实践

内容并未达成一致的认识。(王林等, 2011; Collins et al., 2006; Datta et al., 2005; Delaney et al., 1996)。Becker et al. (1996)回顾了20世纪90年代中期美国高绩效人力资源管理主要的研究文献,发现在高绩效人力资源管理应该包括哪些人力资源管理实践的问题上,不同学者得出明显不同的结论。如有学者认为内部晋升是一种高绩效人力资源管理实践(Huselid, 1995),但也有学者认为内部晋升不是一种高绩效人力资源管理实践(Arthur, 1994)。

企业实践中,人力资源管理呈现不同特色,形成了不同的人力资源管理类型。Arthur(1992, 1994)的研究把人力资源管理系统划分为“承诺型”和“控制型”两大类型,所谓“承诺型”人力资源管理系统,是指通过目标一致化的管理来塑造员工的积极态度和行为,以提高员工的组织承诺,从而提升组织绩效;“控制型”人力资源管理系统则指组织通过绩效考核等制度规则措施来控制员工,以降低直接成本或提高员工效率,最终提升企业的绩效。实证研究发现,相对于控制型人力资源实践,承诺型人力资源实践对员工行为及组织绩效会带来更积极的影响。

Huselid(1995)提出,企业人力资源管理实践通过三个方面影响员工进而影响企业的绩效:一是提高雇员的知识、技能和能力;二是激励员工运用他们的知识、技能和能力,为公司的利益努力工作;三是对员工进行合理的授权。Appelbaum et al. (2000)进一步发展了这一观点,提出人力资源管理系统的AMO模型(能力—动机—机会模型),该模型认为,人力资源管理系统通过提高员工履职的能力(ability)、动机(motivation)和机会(opportunity)3个维度的实践组合来影响组织绩效。因此,高绩效人力资源管理(High-performance Work System)可以理解为,是一种通过提高员工的能力、动机及工作机会来提升组织绩效的人力资源管理实践的动态组合,这种组合能够对组织的各类绩效结果产生相互协同的促进作用(Jiang et al., 2012)。按照AMO模型,高绩效人力资源管理影响组织绩效的作用机制,体现在三个方面人力资源管理实践的动态组合中。首先，人力资源管理实践直接影响员工完成工作任务所必需的知识、技能和经验，即完成工作所需的能力，高绩效人力资源管理实践一定有助于员工工作能力的提升。其次，人力资源管理实践影响员工完成工作任务的动机，高绩效人力资源管理实践提供的报酬、激励对员工工作动机的方向、强度及努力时机会产生积极影响，将有助于引导员工做出组织所期望和支持的行为。最后，人力资源管理实践影响员工的工作机会，工作机会是工作场所中组织为促进任务绩效而提供的各种资源配置的结果，高绩效人力资源管理实践可以为员工提供工作的机会，以满足员工能力的提升和动机的发挥。

AMO 模型涵盖了高绩效人力资源管理的核心内容，成为后来许多学者普遍采用的高绩效人力资源管理实践分析框架。AMO 模型将员工与组织绩效看作是员工能力、工作动机和工作机会三者作用的结果，高绩效人力资源管理应该围绕提高员工能力、提升工作动机、增强工作机会来设计。

Lepak et al.(2006)的研究将 AMO 模型进一步细化，其中 A 表示技能增强型人力资源管理实践，是指保障企业获得和拥有高技能员工的人力资源管理活动，主要包括员工招聘、甄选及培训与开发；M 表示动机增强型人力资源管理实践，是指可以提升员工工作动机的人力资源管理活动，主要包括有效的绩效管理、激励性的薪酬、员工福利和奖励政策、职业发展等。O 表示机会增强型人力资源管理实践，是指可以提升员工工作机会的人力资源管理活动，主要指员工参与、决策授权、团队建设、工作设计等，能够提供机会使员工发挥自身能力和主观能动性并达成组织目标的人力资源管理活动。

Dyer(1988)将人力资源管理系统区分为投资型(investment)和诱引型(inducement)两种类型。投资型人力资源管理系统下，企业与员工建立长期的雇佣关系，人力资源管理策略注重员工的长期发展，通过对员工忠诚度的培育，使员工对企业产生长期的贡献。而诱引型人力资源管理系统以短期交易的观点来看待雇佣关系，人力资源管理策略建立在劳资关系是相互利用、各取所需的基础上。

在人力资源管理实践中，投资型和诱引型人力资源管理系统存在明显的策略差异。如在员工招聘方面，投资型强调应聘者的特征和发展潜能，诱引型则强调技能；在员工培训方面，投资型应用范围广泛的知识和技巧，诱引型应用的知识和技巧范围比较有限；在绩效评估方面，投资型以行为为导向，关注员工的长期发展，诱引型以结果为导向，强调对员工的控制；在薪酬激励方面，投资型强调以绩效为基础，重视内部公平，坚持权变策略，诱引型强调以工作或年资为基础，重视外部公平，坚持固定不变的策略；在员工晋升方面，投资型注重内部劳动力市场，体现出广泛性和灵活性，诱引型注重外在劳动力市场，体现出狭窄和不易转换性；另外，投资型提供较高的工作保障，注重员工参与和自我管理团队，诱引型则提供较低的工作保障，注重个人工作，员工参与较低。

Lepak 和 Snell(2002)根据员工能力和技能的不同，提出基于承诺(commitment-based)、基于市场(market-based)、基于控制(compliance-based)和基于合作(collaborative)四种人力资源管理系统类型。还有研究者把人力资源管理实践分为交易型和承诺型两大类(Arthur, 1992)。交易型人力资源管理系统主要强调组织和员工之间的短期交换关系，承诺型人力资源管理系统则试图发展组织与员工之间的长期依存关系。已有文献认为，承诺型人力资源管理实践强调内部市场，注重员工与组织的匹配，以组织或者团队的绩效作为薪酬政策的基础，把员工的长期发展以及开发组织专有知识作为培训和绩效评估的目标(Delery et al., 1996; Tsui et al., 1997)。员工招聘中更强调价值观与组织文化的匹配，注重员工的职业生涯发展，通过内部轮岗、系列化培训等方式，为员工提供内部发展机会(Youndt, 1996)。研究发现，承诺型人力资源管理系统中，各单项人力资源管理实践之间存在内部一致性(Combs, 2006)。

刘善仕等(2008)区分了以资源为基础(resourced-based)的人力资源管理系统和以控制为基础(control-based)的人力资源管理系统。以资源为基础的人力资源管理系统着眼于通过开发企业内部员工的能力以获得企业竞争力,其特征表现为工作保障、广泛培训、内部晋升、基于员工发展的绩效考核、基于能力的薪酬体系;而以控制为基础的人力资源管理系统,着眼于通过外部劳动力市场获取符合企业要求的员工,这种人力资源管理系统下,员工的工作保障较少,提供的培训也较少,其薪酬体系以市场为基础,强调员工行为的规范性。以控制为基础(control-based)的人力资源管理系统可进一步分为过程导向型(process-oriented)和结果导向型(outcome-oriented)两种类型。过程导向型的人力资源管理系统注重固定而明确的工作设计,绩效评估基于控制,薪酬体系以效率为基础;结果导向型的人力资源管理系统注重长期激励和高度的员工参与。

国内外许多学者都探讨了高绩效人力资源管理的构成维度,提出了不同观点,涉及雇用安全、员工关系、员工甄选、广泛培训、绩效评估、薪酬激励、利润分享、工作任务、团队组织、交流沟通、信息共享、员工参与管理等许多方面(如表 2-1 所示)。在具体的高绩效人力资源管理实践探讨方面,学者们的研究结论和表述也不尽相同(如表 2-2 所示)。

表 2-1　高绩效人力资源管理的结构维度

高绩效人力资源管理维度	代表学者
就业保障、促进交流、团队活动、共享信息反馈、目标激励、书面政策和沟通战略	Ahmad and Schroeder (2003)
人力资源流动、工作系统、报偿系统和员工影响	Bae et al.(2003)
内部职业机会、培训系统、结果导向评估、利润分享计划、雇用安全、员工参与和工作描述	Delery & Doty(1996)
提供内部职业机会、正规培训、系统评价方法、利益共享、就业安全、申诉机制和工作定义	Delanney(1996)
人员挑选、绩效评估、激励系统、工作分析、晋升系统、就业安全、信息共享、态度调查和员工参与管理	Huselid(1995)

续表

高绩效人力资源管理维度	代表学者
诱因薪酬、严格甄选、工作团队、雇佣安全、工作轮换、技能培训、员工沟通、员工关系	Ichniowski(1997)
招募与录用、新进员工训练、熟练员工训练、情境式薪酬、工作团队、问题解决团队、员工提案、工作轮调、分权化、差异化激励	MacDuffie(1995)
结构系统、任务系统、信息系统、人员系统和激励系统	Noe et al. (2004)
雇佣安全、选拔式招聘、自主管理团队和分散化决策、基于业绩的权变式高工资体系、广泛培训、缩小管理级别之间的距离、信息共享	Pfeffer(1998)
员工甄选、培训、内部晋升、职业安全、工作描述、以结果为导向的评估、激励性报酬、参与机制	Sun et al. (2007)
员工招聘方式、以团队为基础的业绩报酬、薪酬水平、工作轮换、自我管理的团队、正式培训、员工参与	Sean A. Way(2002)
选择性招聘、广泛训练、技能本位薪资、群体奖励、薪酬外部公平、行为导向绩效	Youndt et al. (2004)
结果评估、广泛培训、沟通分享、员工福利、工作团队、雇佣安全、权变薪酬和严格甄选	王虹(2010，2011)
系统培训、内部劳动力市场、以绩效为基础的薪酬、正式的招聘程序、人力资源计划	蒋春燕、赵曙明(2004)
基础管理、员工参与、程序公平、管理重点、人际沟通、资历作用、人才来源和录用标准	张一驰、黄涛和李琦(2004)
广泛培训、员工竞争流动和纪律管理、信息分享、严格招聘、基于结果的考核、薪酬管理、内部劳动力市场、员工参与管理	苏中兴(2010b)
严格规范的招聘、系统培训、结果和行为双导向的绩效考核、员工激励、人力资源流动、人力资源规划、沟通交流、团队合作	张传庆等(2013)

表 2-2 西方文献高绩效人力资源管理实践项目

维度	实践项目	文献
员工参与	构建员工参与机制/建议系统	Arthur (1994)、Huselid (1995)、MacDufie (1995)、Becker & Huselid (1998)、Youndt et al. (1996)、Sun et al. (2007)
	成立员工参与管理小组(质量/成本/技术)	Arthur (1994)、Huselid (1995)、MacDufie(1995)、Ichniowski(1993, 1997)、Applebaum(2000)、Datta(2003)、Becker & Huselid(1998)、Wright et al. (2003)
	实行信息分享制度	Huselid (1995)、Ichniowski (1993, 1997)、Applebaum (2000)、Datta(2003)、Becker & Huselid(1998)、Youndt et al. (1996)、Zacharatos, Barling & Iverson (2005)、Peter Berg (1999)、Mendelson et al. (2011)
	员工与管理者之间讨论问题的频率	Ichniowski (1997)、Applebaum (2000)
	工作决策分权/自主性	Arthur(1994)、Delery & Doty(1996)、Applebaum(2000)、Peter Berg(1999)、Mendelson et al. (2011)
	员工参与管理委员会	Arthur(1994)、Huselid(1995)
招聘选拔	严格的选拔流程	Huselid (1995)、Ichniowski (1997)、Huselid et al. (1997)、Datta (2003)、Becker & Huselid (1998)、Youndt et al. (1996)、Wright et al. (2003)、Mendelson et al. (2011)
	严格的招聘标准	MacDufie(1995)、Ichniowski(1993)、Youndt et al. (1996)、Sun et al. (2007)、Mendelson et al. (2011)
	广泛选拔人才/选拔比例	Huselid(1995)、Delery & Huselid(1996)、Datta(2003)

续表

维度	实践项目	文献
培训开发	员工的培训时间	Huselid(1995)、MacDufie(1995)、Kallegerg & Moody(1994)、Becker & Huselid(1998)、Wright et al. (2003)
	正式的培训体系	Delery & Huselid(1996)、Delery & Doty(1996)、Applebaum(2000)、Huselid et al. (1997)、Ichniowski(1990, 1993)、Kallegerg & Moody(1994)
	进行广泛培训	Arthur(1994)、Ichniowski(1993)、Datta(2003)、Becker & Huselid(1998)、Youndt et al. (1996)、Sun et al. (2007)、Mendelson et al. (2011)
	进行培训效果评估	Delery & Huselid(1996)、Kallegerg & Moody(1994)
	实施工作轮换制度	MacDufie(1995)、Ichniowski(1997)、Ichniowski(1993)
	有内部晋升/职业发展制度	Huselid(1995)、Delery & Doty(1996)、Delery & Huselid(1996)、Applebaum(2000)、Ichniowski(1990)、Datta(2003)、Becker & Huselid(1998)、Wright et al. (2003)、Zheng, Morrison and O'Nem(2006)、Sun et al. (2007)
绩效考核	进行结果导向的绩效考核	Huselid(1995, 1997)、Becker & Huselid(1998)、Smith(1996)、Galang(1999)、Pfeffer(1998)、Wright et al. (2003)、Sun et al. (2007)
	正式的绩效反馈	Datta(2003)、Smith(1996)
	进行评价/开发性绩效考核	Delery & Doty(1996)、Smith(1996)、Youndt et al. (1996)
薪酬激励	较高的人均劳动力成本/薪酬水平	Arthur(1994)、Applebaum(2000)
	基于绩效的薪酬制度	Arthur(1994)、Huselid(1995)、MacDufie(1995)、Delery & Doty(1996)、Delery & Huselid(1996)、Ichniowski(1997)、Applebaum(2000)、Becker & Huselid(1998)、Smith(1996)、Wright et al. (2003)

续表

维度	实践项目	文献
薪酬激励	实施利润分享制度	Huselid(1995)、MacDufie(1995)、Delery & Doty(1996)、Ichniowski(1997)、Applebaum(2000)
	基于团队的报酬制度	Applebaum (2000)、Kallegerg & Moody (1994)、Datta (2003)、Youndt et al. (1996)
	实施激励性薪酬	Delaney & Huselid(1996)、Peter Berg(1999)、Sun et al. (2007)、Mendelson et al. (2011)
	存在薪酬等级差异	Varma, Beatt & Ulrich(1999)
员工关系	有申诉和争议解决机制	Arthur(1994)、Huselid(1995)、Delery & Doty(1996)、Delery & Huselid (1996)、Ichniowski (1990, 1993)、Datta (2003)、Becker & Huselid(1998)、Wright et al. (2003)
	职业安全得到保障	Delery & Doty(1996)、Ichniowski(1993, 1997)、Applebaum(2000)、Horgan & Muhlau(2006)、Peter Berg(1999)、Sun et al. (2007)、Mendelson et al. (2011)
	有正式的态度/意见调查	Huselid(1995, 1997)、Datta(2003)、Becker & Huselid (1998)
规划与工作组织	制定人力资源规划	Oundt, Snell, Dean 和 Lepak(1996)
	进行工作分析/工作描述	Huselid (1995)、Ichniowski (1990)、Becker & Huselid (1998)、Delery & Doty(1996)、Sun et al. (2007)
	构建基于团队的工作组织	MacDufie(1995)、Ichniowski(1997)、Applebaum(2000)、Wan, Ong & Kok(2002)
	实行柔性工作制	Guthrie(2001)、Way(2002)

事实上，高绩效人力资源管理中具体实践内容也在随着情景因素的变化而变化，如转换型领导(Zacharatos et al., 2005)、人际关系发展(Thompson et al., 2005)、雇佣关系(Ordiz et al., 2005)等也是学者们研究提出的高绩效人力资源管理实践。

王雪莉等(2015)基于“能力—动机—机会”理论框架，以中国10家行业领先企业为对象，通过多案例人力资源管理中的共性特征分析，构建了适合中国情景的高绩效人力资源管理实践模型。该研究结果表明，我国优秀企业人力资源管理实践的基本用人模型属于承诺型，强调培养人，以形成企业与组织成员共同发展的心理契约为特征。①在技能增强型人力资源管理实践方面：强调甄选过程的人岗匹配，德重于才；提倡内部招聘；高度重视员工培训。②在动机增强型人力资源管理实践方面：主要是通过高薪酬待遇、高绩效激励、多发展机会来提高员工工作动机，具体而言，在薪酬福利上，采取以岗定薪、密薪制，提供较有竞争力的薪酬水平和形式多样的福利待遇调动员工工作积极性；在职业发展上，搭建晋升通道，提供成长机会，建立岗位后备计划，以完善员工职业发展梯队建设，增强员工工作主动性；在绩效管理上，既要看重业绩考核，还需看重行为能力素质的考核。(3)在机会增强型人力资源管理实践方面：为员工提供机会，让其有发挥才干的平台，具体是多培养、多锻炼员工，根据能力特长，将合适的人放在适合的岗位上；加强团队建设，促进信息共享与交流，为员工发挥才干提供良好的环境支撑。

彭剑锋等(2012)以可口可乐公司为个案，通过质性研究提炼出饮料行业世界级企业最佳人力资源实践内容包括四个维度，分别是雇主品牌建设的人力资源吸引实践、以内部人培养为核心的开发实践、以人性化为核心的运营实践以及绩效导向的流动和退出实践。

在不同实证研究中，出现频率较高的高绩效人力资源管理实践包括：严格的员工选拔流程、广泛培训、绩效薪酬、利润分享、员工参与、内部晋升、工作自主性、决策分权、正式的信息分享制度、申诉和争议解决机制、就业保障等等。施杨等(2011)高绩效人力资源管理构成要素的元分析结果显示，被采用次数较高的人力资源管理实践有激励薪酬、薪酬等级、内部晋升、绩效评估、甄选、培训、员工参与、柔性工作制、团队、申诉程序、信息共享、人力资源规划、职业安全等。总体而言，对于高绩效人力资源管理的具体实践内容还没有达成共识，一个相对被普遍接受的看法是，高绩效人力资源管理应该包括员工的职业保障、授权、尊重员工、利益分享、严格录用、全面培训和按照业绩支付报酬等方面（Pfeffer，1998）。

2.3 高绩效人力资源管理的结果效应

2.3.1 高绩效人力资源管理对企业绩效的影响

高绩效人力资源管理与企业绩效的关系研究是该领域探讨的关键问题，目前，国内外学者的研究结论不尽相同。

人力资源管理实践会影响员工行为与组织绩效。MacDuffie（1995）对16个国家的62家汽车装配厂的研究表明，采用“创新型人力资源管理实践”能提高装配效率和质量。Schneider和Bowen（1985）运用服务行业的调查数据研究发现，员工感知的人力资源政策水平与顾客感知的服务质量显著相关。

20世纪90年代以来国外大量实证研究表明，高绩效工作系统与企业绩效之间存在显著正相关关系（Arthur，1994；Huselid，1995；MacDuffie，1995；Delery et al.，1996；Ichniowski et al.，1999；Batt，1999，2002；Collins et al.，2006）。

Arthur（1994）以30家美国钢铁企业为样本，探讨了高绩效人力资源管理与组织绩效的关系，研究结果表明，高绩效人力资源管理（承诺型）有更高的生产率、更低的离职率和废品率。

Bae et al.（2003）对韩国、泰国、中国台湾和新加坡680家企业的高绩效人力资源管理作了调查研究，结果发现，高绩效人力资源管理对企业的财务绩效具有显著的积极影响。

Benson et al.（2006）以1000家企业为调研对象，研究了高绩效人力资源管理对员工态度、行为及企业绩效的影响，研究结果发现，员工参与度的提高能够改善员工的工作满意度、工作效率和整体产品质量，且高绩效人力资源管理与公司财务绩效显著相关。

Guthrie(2001)以新西兰164家企业为对象，研究了高绩效人力资源管理的结果效应，发现高绩效人力资源管理与员工保留以及生产率之间存在显著的正相关关系。

Gil A. Preuss(2003)研究了医院的高绩效人力资源管理，结果发现，医院的高绩效工作系统有助于减少护理过程中出现的差错，而这一结果是通过改善医护人员工作过程中的信息质量实现的。

Harmon(2003)也研究了高绩效人力资源管理对医护人员及护理工作效果的影响，调研以146家退伍军人健康疗养机构为对象，研究发现，高绩效人力资源管理有利于提高医疗服务质量，降低医疗服务成本，对经济效益和社会效益都能产生积极的作用。其原因是，高绩效人力资源管理有效改善了医护人员的信息沟通渠道，减少了护理过程中可能出现的差错，使得员工满意度和客户满意度都得到提高。

Harley等(2007)以养老机构员工为样本，实证分析了服务行业的高绩效人力资源管理与员工绩效的关系，结果显示，高绩效人力资源管理对员工绩效会产生积极的影响。并发现在某些情况下，与高技能护理人员相比，高绩效人力资源管理对低技能起居看管人员绩效的影响会更大。

Huselid(1995)通过对1000家公司的高绩效人力资源管理的研究，发现高绩效人力资源管理对员工的个人绩效(以营业额和产量表示)和长、短期的团体财务绩效都有着显著的正向影响。

Ichniowski et al.(1997)以美国17家钢铁企业的36个钢铁生产线为研究对象，探讨了高绩效人力资源管理对组织绩效的影响，研究发现，高绩效人力资源管理有助于提升员工的工作意愿、合作精神和组织公民行为，从而有助于提高组织产出率，也有助于改善公司的财务绩效。

Kiniana et al.(2006)通过对西班牙965家制造型企业的调查

发现，在高技术密集型行业中，高绩效人力资源管理与企业运营绩效之间的关系更加紧密，这种关系受到技术密集度、技术先进性的影响。

Chadwick(2007)研究分析了3167个组织的高绩效人力资源管理，结果表明，承诺型人力资源管理模式更能显著提高组织绩效，其原因是，承诺型人力资源管理模式有助于员工技能的培养和员工能力的自由发挥，有助于提高员工的工作积极性。因此，基于承诺的人力资源管理模式实质上就是一种高绩效人力资源管理。

Shih et al.(2010)探讨了跨国公司高绩效人力资源管理对外派员工绩效的影响，研究发现，感知到的高绩效人力资源管理对外派员工满意感和工作绩效都存在显著的正向影响。

2000年以来，以中国企业为背景的实证研究开始大量出现，许多研究结论也表明高绩效人力资源管理和企业绩效之间存在正相关关系（范秀成等，2003；徐国华等，2005；张弘等，2006；程德俊等，2006；Zheng et al.，2006；Sun et al.，2007；Bjorkman et al.，2002；苏中兴，2010；张一驰等，2008）。

张弘和赵曙明(2006)以我国沪深两市56家生产制造企业为对象，研究了高绩效人力资源管理实践和企业绩效的关系，实证分析结果表明，激励性工作设计、职业生涯发展规划、发展评估、员工参与等高绩效人力资源管理实践与企业绩效之间均存在积极的关系，即在每一个层面上，高绩效人力资源管理实践与企业绩效之间都存在着积极的关系。

程德俊、赵曙明(2006)的研究发现，高绩效人力资源管理对企业市场绩效和人力资源绩效均具有积极存在影响。

张一弛、李书玲(2008)以我国医药行业企业为样本，研究发现高绩效人力资源管理对企业绩效具有显著影响。

赵延昇等(2010)以长三角地区的96家金融企业为样本，研究结果表明，高绩效人力资源管理对金融企业的非财务绩效指标具有显著的正向影响。

刘善仕等(2008a)研究发现,高绩效人力资源管理与企业战略的交互作用对企业利润和销售额增长率会有显著影响。

刘善仕等(2008b)研究发现,多样化培训和基于绩效的薪酬政策与企业绩效有非常密切的关系,而内部招聘、绩效评估和员工参与等策略的实践效果没有得到证实。同时指出,关注人力资源战略整合比关注人力资源系统的内部一致性更有效。

苏中兴(2010a, 2010b, 2010c)的研究表明,中国企业高绩效人力资源管理与企业绩效之间存在显著正相关关系,他认为,中国企业的高绩效人力资源管理既包含一些以承诺为导向的西方高绩效工作实践,也包含一些以控制为导向的本土人力资源实践,承诺和控制相结合是中国企业高绩效人力资源管理的特点。研究结果还表明,员工竞争流动和纪律管理、结果导向的考核、严格的员工招聘等方面的人力资源实践对中国企业绩效的影响非常显著,而员工参与管理、广泛培训、内部劳动力市场、信息分享等典型的西方高绩效工作实践对中国企业绩效的影响相对较弱。

王虹(2011)研究发现,高绩效人力资源管理对企业内部绩效和外部绩效均有显著正向影响,与外部绩效相比,高绩效工作系统对内部绩效的预测作用更大。

田立法等(2012)采用结构方程模型检验了高绩效人力资源管理对企业绩效的影响,结果显示,高绩效人力资源管理对企业绩效的影响属于内生效应。

张徽燕等(2012)元分析结果发现,高绩效人力资源管理对企业绩效存在显著正向影响,并且它对非财务类绩效的影响大于对财务类绩效的影响,而且高绩效人力资源管理与企业绩效的相关性在中国情境下比在西方情境下更大。

也有研究发现,高绩效人力资源管理对组织能力与组织创新存在影响。Becker 等(1996)认为,高绩效人力资源管理是组织的战略资产,嵌入到组织以后能够提高组织的能力。Collins 和 Smith(2006)以 136 家高技术企业为对象研究发现,基于承诺的高绩效人力资源管理显著影响新产品开发利润和销售额增长。

Susana et al.(2006)和 Thite(2004) 研究发现,高绩效人力资源管理正向影响组织学习能力。Daniel et al.(2008)以 173 家西班牙企业的数据为样本,采用结构方程分析发现,高绩效人力资源管理对产品创新有显著的正向影响。Gittell et al.(2008)认为,员工参与、信息沟通及工作设计等高绩效人力资源管理实践可以加速知识的内部交流组合,从而促进了组织创新。Inmaculada et al.(2008)认为,高绩效人力资源管理影响人力资源柔性,从而提高企业的柔性制造能力。Andriopoulos et al.(2009)认为,利润分享及职位竞聘等高绩效人力资源管理,可以开发创造性人才的激情,从而促使其产生较强的创新动因。阎海峰等(2010)对 124 家知识密集型企业的调查研究发现,承诺型人力资源管理实践正向影响组织创新。

有许多学者以发达国家企业为对象,研究发现高绩效人力资源管理对新产品成功存在显著正向影响(Laursen et al., 2003; Daniel et al., 2005, 2008; Chen et al., 2009)。

现有文献探讨了高绩效人力资源管理对组织资本、组织学习及组织创新的影响效应。发现高绩效人力资源管理有助于提升企业的可持续竞争优势(Way, 2002),能够促成智力资本的全面发展,高绩效工作系统的内部匹配会对人力资本和客户资本具有显著的正向影响(傅升等, 2011)。Schneider et al.(2005)认为,工作设计和严格甄选标准中包含的对员工为顾客满意做出贡献的内容,将促进客户资本的形成。Wright(2002) 等指出,企业知识的存量、流量以及更新是企业获得核心竞争力的来源之一。高绩效人力资源管理通过扩大员工的工作自主权,调动了员工参与决策的工作积极性,促进员工的工作参与,提升了员工参与的有效性,拓展了成员间的信息沟通渠道,推动成员间的信息共享与整合,从而促进团队互动成果最大化。不仅有利于促进单个员工知识和技能的不断更新,也有利于促进团队知识的共享、转移和集成,从而推动整个企业的知识创造。

也有研究探讨了高绩效人力资源管理对劳资关系的影响,有学者指出，高绩效人力资源管理对企业形成互利共赢的新型劳动关系具有重要意义（Osterman, 2000）。

Sun et al.（2007）也认为，组织通过高绩效人力资源管理，如提供工作保障、广泛的技能培训、内部晋升、结果导向的评估等，向员工提供了良好的制度环境，传递了组织想与员工建立长期合作关系的愿望，从而有助于和谐劳动关系的构建。但现有研究成果，仍没有得出高绩效人力资源管理与劳资互利共赢之间存在正向关系的肯定结论（Black, et al., 2004；Handel and Gittleman, 2004）。

也有学者研究发现高绩效人力资源管理与企业绩效的相关性并不显著，甚至是负相关关系（Wright et al., 2005；Tsai, 2006；蒋春燕等，2004；刘善仕等，2005；张弘等，2006；张正堂，2006），或者是有条件的（张一弛等，2004）。

Harley（2002）采用澳大利亚 1995 年工业关系调查数据，研究发现高绩效人力资源管理对组织绩效没有显著的影响。Cappelli et al.（2001）实证结果表明，高绩效人力资源管理对企业总体劳动生产率没有影响。Combs et al.（2006）的研究发现，信息分享与沟通、绩效考核等高绩效人力资源管理实践与企业绩效的相关性不显著。Guerrero（2004）以 180 家法国大企业的人力资源管理者为对象，研究了高绩效人力资源管理与企业绩效的关系，发现薪酬与企业绩效之间、其他人力资源实践与企业财务绩效之间不存在显著的相关关系。Tsai（2006）和 Wright et al.（2005）的研究也认为高绩效人力资源管理与企业绩效之间没有显著相关性。Way（2002）采用美国统计局的全国雇主普查第二阶段调查数据，研究结果发现，高绩效人力资源管理和劳动生产率没有关系。刘善仕等（2005）采用中国 83 家连锁企业的人力资源实践状况的最新调查数据，研究结论发现，高绩效人力资源管理没有能够显著提高企业绩效。蒋春燕和赵曙明（2004）、张正堂（2006）的研究也没有发现高绩效人力资源管理与企业绩效的正相关关系。苏中兴等（2007, 2010b）的研究认为，信息分享、员工参与、培训等这类高绩效人力资源管理是西方企业所强调的，对现阶段中国企业的贡献不大。

而 Ferris et al.（1988）研究表明，高绩效人力资源管理与企业绩效呈负相关关系。刘善仕等（2008）以广东省 116 家电信运营企业的人力资源实践为对象，分析了高绩效人力资源管理实践与组织绩效的关系。研究发现激励性薪酬和基于工作级别的薪酬分配实践活动在某种程度上削弱了组织绩效。蒋春燕和赵曙明（2004）解释了高绩效人力资源管理与组织绩效呈现不同关系的可能原因，他们认为，高绩效人力资源管理与组织绩效不相关和负相关的原因可能是人力资源管理实践对企业绩效的影响是非线性的、滞后的和互为因果的。

事实上，由于研究者采用的绩效指标不同，有关高绩效人力资源管理与组织绩效关系的实证研究结论也不尽相同，但大多数证实了高绩效人力资源管理与组织绩效的正相关关系。

如 Arthur（1994）关于小型钢铁企业的研究，绩效指标选取绩效系统、劳动时间、废品率及产量，得出的研究结论是，人力资源管理的不同组合能有效预测组织绩效，高绩效人力资源管理带来较高的生产率、较低的废品率和产量。Lawler、Mohrman 和 Ledford （1995）对 3 个时间段《财富》100 强的调查研究中，采用的绩效指标是员工参与和全面质量管理，得出的研究结论是，高绩效人力资源管理显著改善财务绩效。Huselid（1995）对 968 家美国贸易公司的研究中，绩效指标采用人均销售额、利润/市场价值，研究结论是高绩效人力资源管理在统计上对人均销售额、公司绩效有显著影响。MacDuffie（1995）针对汽车行业的研究中，绩效指标选取劳动生产率、质量、生产体系及公司战略，得出的研究结论是，创新的人力资源管理实践对组织成功产生显著影响，即高绩效人力资源管理对组织绩效产生显著影响。Delanney 和 Huselid（1996）对 590 个营利和非营利组织的调查研究中，绩效指标采用主观的组织绩效指标和相对行业竞争对手的组织绩效指标，研究结论是，先进的人力资源管理活动与组织绩效正相关，但结果不支持人力资源管理活动的关联性会改善公司绩效。Verma、Beatty、Schneier 和 Ulrich(1999)对 39 家服务公司的研究中，采用的绩效指标包括财务绩效、运营绩效、工作文化变革、人力资源管理实践及团队建设，研究结论是高绩效人力资源管理显著改善了组织财务绩效，但团队对产出无显著影响。Berg(1999)针对钢铁行业的调查研究中，绩效指标采用工作满意度，研究结论是融洽的员工—管理层关系导致工作满意感。Barnard 和 Rodgers(2000)对 105 家新加坡公司的研究中，绩效指标采用员工稳定性、人员配备状况及员工发展，研究发现高绩效人力资源管理与员工发展显著相关。Guthrie(2000)对 164 家新西兰公司的调查研究中，绩效指标采用员工保持率和生产率，研究发现，高绩效人力资源管理与员工保持率和生产率均存在正相关关系。

总体而言，目前该领域大多研究集中于普适理论下的高绩效人力资源管理与企业绩效的关系探讨。由于对高绩效人力资源管理的内涵、结构维度、情景适用性以及研究工具、变量选取的理解不同，得出的研究结论存在相当大的差异，甚至是完全矛盾的结果(Edwards et al.，2001)。

2.3.2 高绩效人力资源管理对员工态度及行为的影响

有关高绩效人力资源管理的结果效应研究，过分关注了组织产出，忽略了员工对人力资源管理实践的反应，即该领域对员工态度及行为的影响研究不足(Grant et al.，2002；Macky et al.，2007)。基于战略人力资源管理理论，员工态度和行为在很大程度上是由组织人力资源管理实践塑造的，企业人力资源管理实践通过营造信任感和强化互惠规范，构成了员工和组织之间特定的心理联系(Arthur，1994)。已有文献研究认为，人力资源管理实践是组织和员工基于互惠和社会交换关系的相互投资(Tsui et al.，1997；Tsui et al.，2005)。企业管理实践中，组织针对员工提供物质回报之外，通过系统培训、职业生涯规划、广泛参与等有利于员工成长和发展的人力资源活动，员工会将这些活动看作是组织对自己的承诺，进而基于互惠原则与组织相交换，从而增加了对组织的承诺感（Whitener，2001）。

综合社会交换理论及行为科学理论，企业通过高绩效人力资源管理可以激发符合企业需要的员工态度和行为，有助于创造更多的组织期望的价值（Laursen et al.，2003；Youndt et al.，1996）。张一弛和张正堂（2004）研究发现，高绩效人力资源管理的影响机制，主要是通过影响员工的工作态度，从而促进员工提高工作努力水平，最终使产品和服务的质量与劳动生产率受到积极的影响，突出了高绩效人力资源管理影响员工态度及行为的积极作用。一些学者的研究也发现，高绩效人力资源管理与员工工作满意度（Godard，2001；Macky et al.，2007；Mohr et al.，2008；Wu et al.，2009；李丽林等，2012）、组织承诺（Wright，2002；Macky et al.，2007）、情感承诺（Wu et al.，2009；王震等，2011）、对管理层的信任感（Macky et al.，2007）、组织认同（王震等，2011）、组织公民行为及留职意愿（Rebecca，2013）等存在显著正向相关关系。高绩效人力资源管理使员工充分体验到被重视的内在感觉（Mohr et al.，2008），降低了离职意愿（Arthur，1994），提高了员工技能和能力（Delaney et al.，1996），通过影响员工的行为产生核心能力，从而形成企业的竞争优势（Wright et al.，2001）。高绩效人力资源管理可以促使员工对支持性组织环境形成一种共同感受，使员工将组织与自我紧密地联系在一起，员工会相信在很大程度上自己的命运与组织命运息息相关（Epitropaki et al.，2005）。也有学者提出相反的观点，Barker（1993）、Ramsay et al.，（2000）认为高绩效人力资源管理能够带来员工工作压力感的上升，对员工工作满意感有很大的负面影响。

尽管现有文献在研究高绩效人力资源管理时，或者采用不同的人力资源管理实践和组织绩效，或者采用不同的测量方法，但得出的基本结论是，高绩效人力资源管理影响员工态度和行为，从而影响企业绩效。而高绩效人力资源管理与企业绩效之间是否存在显著的正向相关关系,已有研究得出的结论不一致,反映了企业绩效影响因素的复杂性。一方面,企业绩效是企业内外部诸多主客观因素综合作用的结果,在分析高绩效人力资源管理与企业绩效之间关系时,其他许多因素都是很难控制的。另一方面,同任何企业管理实践一样,高绩效人力资源管理实践的结果效应也会受到情景因素的影响,在不同的情景条件下,采用不同的人力资源管理实践会带来不同的回报(Arthur, 1994)。

2.4 高绩效人力资源管理结果效应的作用机制

随着高绩效人力资源管理对企业绩效的影响得到许多研究的支持,西方战略人力资源管理研究的重点,开始转向高绩效人力资源管理影响企业绩效的作用机制,即高绩效人力资源管理是如何提高企业绩效的,对这一问题的探讨,从实证研究的角度看就是一个探索确认中介变量的过程。

Dyer 和 Reeves(1995)提出的人力资源价值链模型认为,人力资源管理实践会直接影响员工的态度和行为,而员工态度和行为的变化会进一步影响产品质量、生产率指标等组织绩效,进而引起费用、收入、利润率等组织的市场绩效的变动。

Huselid(1995)和 Batt(2002)的研究都发现,员工离职率在高绩效人力资源管理与企业绩效的关系中具有一定的中介作用。

Youndt 等(1996)对 97 家制造企业的调查研究也表明,战略对高绩效人力资源管理与企业绩效的相关关系起到了明显的调节作用。

Collins 和 Clark(2003)运用美国高科技企业样本,发现管理人员的社会网络关系在高绩效人力资源管理与企业绩效之间的关系中具有中介作用。

Wright 和 Gardner(2003)对同一食品企业集团内部 50 个独

立的经营单位的研究表明，高绩效人力资源管理能够影响员工对组织的承诺，而组织承诺和企业绩效之间存在正相关，即组织承诺在高绩效人力资源管理和企业绩效的关系中起到中介作用。

Yongdt and Snell(2004)把智力资本(包括人力资本、组织资本和社会资本)作为高绩效人力资源管理与企业绩效的中介变量，结果证实智力资本在高绩效人力资源管理与企业绩效的关系中存在中介作用。

Collins and Smith(2006)对高科技企业人力资源管理的研究表明，基于承诺的人力资源管理实践能够培养企业内部相互信任和合作的社会氛围，这种氛围促进了企业知识交换和整合能力的提高，从而提高了企业销售增长和新产品开发，最终增加了企业的利润。

Sun et al. (2007)探讨了中国酒店行业高绩效人力资源管理影响组织绩效的作用机制，研究发现，服务导向性组织公民行为在高绩效人力资源管理对组织绩效的影响关系中存在部分中介作用。

Wu et al. (2009)研究发现，高绩效人力资源管理与员工态度(affective commitment and job satisfaction)显著相关，他们的研究同时发现，程序公平在高绩效人力资源管理实践影响员工态度的关系中存在中介作用，而权力距离在这一关系中存在调节作用。

Takeuchi et al. (2009)以日本企业的 324 名管理者和 522 名员工为样本，探讨了高绩效人力资源管理对员工绩效的影响机制，跨层分析结果显示，组织关心员工氛围在组织层面的高绩效人力资源管理对员工工作满意感和情感承诺的影响关系中存在完全中介作用。

Kuvaas 和 Dysvik(2010)以挪威服务型组织 838 名员工为样本，探讨了高绩效人力资源管理与员工绩效的关系，研究结果发现，内在动机在员工感知到的授权、信息分享对员工绩效的影响中存在调节作用。

Rebecca(2013)探讨了大型多元化食品服务公司高绩效人力资源管理与员工态度及行为的关系，实证研究结果显示，员工感知的工作团队中高绩效人力资源管理及员工旷工、留职意愿及组织公民行为存在正向相关关系，在高绩效人力资源管理与组织公民行为的相关关系中存在情感承诺的部分中介作用，而在高绩效人力资源管理与留职意愿的相关关系中存在情感承诺的完全中介作用。

国内学者在这一领域也做了有益的探讨。

张一弛和李书玲(2008)以我国医药企业为样本，研究发现企业的战略实施能力在高绩效人力资源管理与企业绩效的关系中起到中介作用。

陈云云、方芳、张一弛(2009)基于战略人力资源管理理论和人力资本理论，探讨了高绩效人力资源管理实践、员工的人力资本投资意愿及员工绩效的关系，实证结果发现，专用性人力资本投资意愿在员工感知的高绩效人力资源政策水平和员工绩效之间存在中介作用。在企业层面上已有研究也发现，人力资本在高绩效人力资源管理与公司绩效之间存在中介作用(Becker et al.，1997；Youndt et al.，2004)。

孙健敏等(2009)研究证实，企业所有制性质在高绩效人力资源管理与员工满意度的影响关系中存在调节作用。

阎海峰等(2010)研究发现，知识分享在承诺型人力资源管理实践和组织创新之间起到部分中介作用。

李燚和魏峰(2011)采用 42 家企业的人力资源负责人与其 402 名员工的配对数据，通过多层分析方法，对高绩效人力资源管理、心理契约破裂和互动公正影响组织认同的被中介的调节作用模型进行了检验。结果发现，人力资源实践中的内部流动和激励性薪酬正向显著影响组织认同，人员甄选和广泛培训显著负面影响组织认同；互动公正在内部流动或激励性薪酬对组织认同的影响关系中起到调节作用，即在互动公正较低的组织中，内部流动或激励性薪酬对组织认同的影响作用较互动公正高的组织强；互动公正对内部流动或激励性薪酬与组织认同关系的调节效应以心理契约破裂为完全中介。

王林等(2011)实证研究了新兴市场企业高绩效人力资源管理对新产品成功的影响机制,发现动态能力在高绩效人力资源管理影响新产品成功的关系中起到部分中介作用;环境动态性对高绩效人力资源管理与新产品成功直接和间接关系以及总的关系中均存在显著负向调节作用。

秦剑(2012)考察了高绩效工作实践系统和知识扩散对跨国公司在华突破性产品创新的影响关系,实证结果揭示了高绩效工作系统的三种实践:工作轮换、员工培训和跨部门沟通对突破性产品创新的前置效应以及知识扩散对突破性产品创新与企业绩效的传导机制。

周非等(2012)实证研究表明,在高绩效人力资源管理对员工工作行为的影响中心理资本起到部分中介作用。

程德俊等(2011a, 2011b, 2006a, 2006b)的系列研究发现,探讨了组织信任、认知信任、情感信任、所有制形式、环境动态性及人力资源专用性在高绩效人力资源管理与企业绩效关系中的作用,从而探讨了高绩效人力资源管理影响组织绩效的作用机制。他们的研究发现,高绩效人力资源管理在国有企业和民营企业中的表现形式以及发挥的作用是不同的,这一结论说明,所有制形式是高绩效人力资源管理和企业绩效之间关系的重要调节变量;高参与工作系统通过人力资源专用性对企业绩效产生影响,环境动态性对高参与工作系统和企业绩效关系具有调节作用;高绩效工作系统通过认知信任和情感信任对组织公民行为产生积极影响,同时,分配公平感在认知信任和情感信任与组织公民行为之间的相关关系中存在调节作用;高绩效人力资源管理对企业绩效具有正向影响作用,组织信任在高绩效人力资源管理与企业绩效之间的关系中起到一定程度的中介作用,而利用式学习战略也在高绩效人力资源管理与组织信任之间的关系中起到正向调节作用。

2.5 高绩效人力资源管理结果效应的影响因素

MacDuffie(1995)认为人力资源管理系统要能改善组织绩效，必须具备三个要素：员工必须具备相当的知识和技能；人力资源管理实践活动必须能激励员工充分发挥他们的知识和技能；必须能让员工自主地帮助组织实现目标。

张一驰和张正堂(2004)也认为，笼统地讨论高绩效人力资源管理对企业绩效有何影响是没有实质性价值的，也就是高绩效人力资源管理对企业绩效的影响是有条件的。他们认为，只有人力资源管理、技术及经济三个方面的条件同时具备，高绩效人力资源管理体系才能通过提高员工工作的意愿，最终对企业的财务绩效产生积极影响。

战略人力资源管理的几种基础理论解释了高绩效人力资源管理对企业绩效的影响效应及作用机制，权变观明确强调了高绩效人力资源管理结果效应的情景适用性，现有文献已发现不少情景因素对高绩效人力资源管理的结果效应会产生影响，如法律、政治、工会、劳动力市场、产业特征和国家文化等外部环境因素以及竞争战略、生产技术、组织结构、规模和发展阶段等内部因素均会显著影响高绩效人力资源管理的结果效应(Jackson,1995)。

2.5.1 企业发展战略

按照战略人力资源管理理论的观点，只有人力资源管理系统与企业战略相匹配，才能对企业绩效产生积极影响。Porter(1985)将企业战略的类型划分为三种，即成本领先战略(cost leadership)、差异化战略(differentiation)和聚焦战略(focus)。参考Porter的战略分类，Schuler和Jackson(1987)采用与Porter不同的分类标准，将企业战略分为成本型(cost reduction)、创新型

(innovation)和质量型(quality enhancement)三种战略。他们的研究构建了与这三种战略类型相匹配的人力资源管理系统。其中,成本型战略与控制型的人力资源管理系统相匹配,因为采用成本型战略的企业为追求成本最小化,倾向于以严密的控制和规章制度来规范员工的行为,采用控制型的人力资源管理系统与之相适应;创新型战略与承诺型的人力资源管理系统相匹配,原因是采用创新型战略的企业必须能够迅速地对市场需求做出反应,员工需要具备创新能力和应变能力,而承诺型的人力资源管理系统,强调多样化的员工培训和发展机会,注重员工参与企业管理,不断强化员工对企业的承诺,可以满足这种战略的要求;质量型战略与以团队为基础人力资源管理系统相匹配,因为采取质量型战略的企业需要员工的互相合作和信息共享,其人力资源管理系统必须以团队为基础。

不同的企业战略对人力资源管理会提出不同的要求。创新战略要求企业给员工更多的工作保障、采取长期导向的雇佣政策(Schuler et al., 1987);差异化战略要求企业招聘高技能的员工、进行大量的培训(Youndt et al., 1996);而采用成本领先战略,企业倾向于采用与标准化流程相关的管理实践,高投入的人力资源管理实践、员工参与管理、信息分享、工作保障等都会大幅减少(Youndt et al., 1996)。实证研究表明,战略对人力资源管理系统与企业绩效的相关性起到了明显的调节作用。当企业采用强调质量的制造战略时,人力资本提升型的人力资源管理系统与企业的运作效率存在显著正相关关系(Youndt et al, 1996),而高绩效人力资源管理实践及其与企业战略整合的程度会对组织绩效产生积极的影响(范秀成和比约克曼, 2003)。徐国华等(2005)以上海、江苏和广东三地 122 家制造企业为样本,实证检验了中国情景下制造企业的支持性人力资源实践与企业绩效的关系,以及不同柔性战略对这种关系的调节作用。他们的研究结果表明,支持性人力资源实践与企业绩效有普遍的联系,新产品柔性战略对这种关系没有表现出调节作用,而市场调整柔性战略则表现出较明显的调节作用。

2.5.2 行业特征、企业规模及发展阶段

蒋春燕和赵曙明(2004)通过对248家香港企业的调查,分析了非西方环境下企业特征、人力资源管理实践与企业绩效的关系。他们的研究结果表明,行业性质和企业规模是人力资源管理实践的重要决定因素。Batt(2002)对呼叫中心的研究也得出,高投入工作系统的效果和员工所服务的客户类型有关。行业的成长性、产品的差异性以及资本密集程度对高绩效人力资源管理的效果起到明显的调节作用(Datta et al., 2005)。规模大的企业更倾向于采用员工参与管理(Lawler, 1992),也倾向于更多的培训和更为发达的内部劳动力市场(Saari et al., 1988)。企业发展阶段也是影响高绩效人力资源管理结果效应的重要变量,在企业快速发展阶段,员工招聘和选拔被认为是最重要的人力资源职能(Buller et al., 1993),而步入成熟期后,企业则更关注内部劳动力市场建设(Jackson et al., 1995)。Datta, Guthrie and Wright(2005)将资源基础观融合到情景理论中,认为在高绩效人力资源管理与员工生产率两者的关系中,行业特征存在重要的影响作用。

事实上,中小企业高绩效人力资源管理面临更多阻力。首先是路径依赖性,所谓路径依赖,就是过去的事情继续影响或约束着当前的决策和行动,任何企业的人力资源管理在发展过程中均会受到方方面面的影响,这些因企业的历史而形成的特色构成了当前变革的阻力。高绩效人力资源管理的显著特征是绩效标准与企业战略的关联,在中小企业传统的人力资源管理中,虽然也会强调高绩效,但缺乏战略关联性,脱离企业战略的所谓的高绩效人力资源管理一定是徒有虚名的。另外,人力资源管理策略存在情景适用性,需要策略间不同类型的匹配,高绩效人力资源管理是一个系统,单个人力资源实践只有在其他人力资源实践的配

合下才能发挥作用(Guest，1997)，而中小企业普遍缺乏系统性的人力资源管理策略设计。

王雪莉等(2015)以中国10家行业领先企业为对象的多案例研究发现，中国优秀企业人力资源管理工作和人力资源管理部门的角色大体经历过3个阶段：①经验化、简单粗放的人事管理阶段。这一阶段一般为企业创立之初的1～5年，表现为人事行政职能的履行。企业还没有系统的人力资源规划、绩效管理、培训开发等职能，人力资源管理主要是凭借高管的经验和个人判断进行。②人力资源管理的系统化阶段。随着企业资产及经营规模逐步扩大，人力资源管理开始向系统化、规范化、专业化发展。这一阶段因各个企业的不同发展状况经历的时间长短不等，一般为5～20年。在人力资源管理发展的这一阶段，企业着重构建科学合理的岗位体系和各项规章制度，明确各部门职能及岗位工作标准，健全包含员工招聘甄选、培训开发、薪酬与绩效等职能活动的人力资源管理系统，为各项工作顺利开展奠定基础。(3)战略人力资源管理阶段。经过人力资源管理的系统化阶段后，企业逐渐开始强调人力资源管理部门的战略地位，将人力资源管理体系与企业战略相结合，根据企业发展战略来制定相应的人力资源战略与规划，并从政策措施及人力资源管理实践等层面进一步具体化，反映了与战略相匹配的人力资源管理实践发展路径。这一阶段的人力资源管理部门已经上升为战略合作部门，成为企业战略实施的重要支撑力量。该阶段的人力资源管理工作，首先是企业内部特别是管理层要认识到人力资源对企业的关键作用，其次是进一步将人力资源管理工作精细化、专业化、标准化、流程化、信息化及系统化。显然，企业发展的不同阶段所采用的人力资源管理实践是不同的。企业在发展初期往往只关注动机增强型人力资源管理实践，通常的做法是用有竞争力的薪酬、奖金、福利以及晋升空间来吸引和留住人才。随着企业的发展，企业管理者逐步意识到技能增强型和机会增强型人力资源管理实践的重要作用，企业人力资源部门及人力资源管理实践除了提高员工工作动机外，还需加强员工技能的提升并为其提供机会平台。

2.5.3 人力资源管理水平

苏中兴(2010)的实证研究发现，员工竞争流动和纪律管理、结果导向的考核、严格的员工招聘等方面的人力资源实践对中国企业绩效的影响非常显著，而员工参与管理、广泛培训、内部劳动力市场、信息分享等典型的西方高绩效人力资源管理对中国企业绩效的影响相对较弱。他认为，中国企业的高绩效人力资源管理既包含一些以承诺为导向的西方高绩效工作实践，也包含一些以控制为导向的本土人力资源实践，即承诺与控制相结合。这一研究结论说明，高绩效人力资源管理的有效性不能脱离特定的管理情境和经济社会发展阶段。张正堂(2006)结合自己的实证研究结果，认为中国企业的管理水平比较低，因此，人力资源管理活动对企业绩效没有产生显著的影响。说明企业管理水平是高绩效人力资源管理结果效应的重要影响因素。刘善仕等(2005)对中国华南地区 83 家连锁店的人力资源管理实践与组织绩效进行了调查分析。结果显示，各项人力资源实践对利润率、市场份额和销售增长均没有显著影响，而信息共享和参与对利润率产生了显著的负面影响。他们认为，没有相关性的一个可能的原因是中国连锁行业目前的人力资源管理还停留在早期阶段，人力资源仅仅扮演着低价值的附加活动的管理角色。同样说明，企业人力资源管理水平是高绩效人力资源管理能否给企业带来高绩效的重要影响因素。

2.5.4 人力资本的重要性

张一驰等(2004)研究认为，高绩效人力资源管理能否对企业绩效产生积极的作用，首先要考虑人力资本在企业价值创造中的潜在贡献度。Marchington et al. (2000)认为，如果企业的价值创造主要来源于人力资本,那么高绩效人力资源管理更有可能对企业绩效产生积极影响。相反,在以低价格和标准化为竞争元素的劳动密集型产业中,传统的以控制为导向的人力资源管理模式更有存在的合理性。

2.5.5 个体差异

企业实践中,即使是相同的人力资源管理政策,不同员工也可能会有不同的感受和理解,即企业实施的相同的人力资源管理实践可能因为员工的感知而呈现差异,因此,探讨高绩效人力资源管理的结果效应,就应该关注员工个人对企业中人力资源管理实践感知的个体差异(Gerhart et al., 2000)。张一驰等(2004)认为,高绩效人力资源管理对企业绩效的影响,首先表现在人力资源效率上,而人力资源效率的改变通常是员工工作态度即努力程度改变的结果。Tsui et al.(1997)研究认为,高绩效人力资源管理对企业核心员工绩效的提升更为重要。有学者也建议,研究者应从员工个体的层次来分析高绩效人力资源管理对员工及企业绩效的影响(Wright et al., 2002),其理由正是因为高绩效人力资源管理的结果效应存在个体差异性。因此,在研究高绩效人力资源管理对员工及企业绩效的影响时,认识到组织宣称的与实际执行的人力资源政策的不一致性是非常重要的(Wright et al., 2002)。

2.6 高绩效人力资源管理测量研究

国内外学者针对高绩效人力资源管理的测量也作了许多研究,开发了不同的量表。国外学者以 Huselid(1995)、Deler 和 Doty(1996)、Ichniowski 和 Shaw(1997)开发的量表最具代表性。Delery 和 Doty(1996)的“七种人力资源管理最佳实践”即工作分析、全面培训、绩效考核、内部晋升、利润分享、员工参与和雇佣安全,已被国内研究者普遍接受,成为许多国内学者开发高绩效人力资源管理测量量表的基本维度参考(王林等, 2011)。国内学者在高绩效人力资源管理测量方面也做了大量探讨,但提出的高绩效人力资源管理结构维度与测量题项存在较大差异。

王虹(2010)研究得出的高绩效人力资源管理测量量表由8个维度构成:①结果评估。具体题项包括:有规范的员工绩效考核和业绩管理办法;绩效考核至少每年一次;引入目标管理、KPI等方法进行绩效考核;绩效考核主要以量化、客观标准为依据。②广泛培训。具体题项包括:为员工提供岗位技能培训课程;为员工提供多样化的培训课程;为适应不同员工需要,提供针对性培训;重视新进员工的岗前培训。③沟通分享。具体题项包括:管理层与基层员工定期会晤;公司有正式的抱怨和申诉程序;员工对公司的建议意见能顺畅向上反映;员工能在需要时得到所需的信息。④员工福利。具体题项包括:为员工提供了较好福利如带薪假等;在员工福利方面保持持续、稳定的投入;赞助员工的外部活动如问题活动等;在改善员工生活设施上投入较大的成本。⑤团队工作。具体题项包括:员工个人的绩效与团队绩效挂钩;鼓励员工以团队方式工作;公司非常重视对团队绩效的考核。⑥雇佣安全。具体题项包括:如果遇到经济困难,裁员是最后的手段;公司一般不轻易解雇员工;如果员工愿在公司继续工作想待多久就待多久;愿意与员工签订长期劳动合同。⑦权变薪酬。具体题项包括:采取灵活多样的奖励方式留住优秀员工;采用基于业绩拉大奖金差距的激励方法;绩效表现是决定加薪或奖金的重要依据。⑧严格甄选。具体题项包括:求职者要通过公司的招聘不太容易;广泛采用面试、心理测试等评价技术;求职录用决策需要经过多部门共同参与。

张传庆等(2013)开发了知识密集型服务企业高绩效人力资源管理的测量量表。该量表由8个维度构成:①严格规范的招聘。题项包括:大量候选人选拔员工;招聘标准界定清晰;注重应聘者的价值观认同;招聘时广泛采用评价技术;录用决策需多部门参与等。②系统培训。题项包括:整套的培训计划;完整的制度体系;花费很多时间培训员工;提供针对性培训;系统的培训内容;重视服务知识和技能培训等。③结果和行为双导向的绩效考核。题项包括:结果和行为双导向考核;根据考核结果实施奖惩;及时反馈绩效考核结果;具体明确的考核指标;规范的绩效考核管理办法等。④人力资源流动。题项包括:提供员工工作轮换的机会;注重公司内部选拔晋升;帮助员工制定职业生涯规划等。⑤员工激励。题项包括绩效是决定加薪依据;采用业绩激励的方法;重视对员工的荣誉激励;给予物质奖励;大力宣传等。⑥人力资源规划。题项包括高层支持人力资源管理;做出长远人力资源规划;人力资源提升到战略高度;制定人力资源规划书等。⑦沟通交流。题项包括重视员工态度和意见调查;员工意见向上反映顺畅;给予员工信任和授权;及时向员工反馈业绩等。⑧团队合作。题项包括采用攻关小组解决难题;个人绩效与团队绩效挂钩;团队合作的工作精神;鼓励团队工作方式等。

Sun et al.(2007)开发了 18 个题项的高绩效人力资源管理量表,其中人员甄选 4 个题项,广泛培训 4 个题项,内部流动 5 个题项,结果导向评估 3 个题项,激励性薪酬 2 个题项。

张一弛等(2004)以国外的 30 项高绩效人力资源管理实践为基础,根据这些实践在中国企业中实际应用的程度对它们进行了归类。通过探索性因了分析,结果发现高绩效人力资源管理相对集中地体现在人力资源的基础管理、员工参与、程序公平和人力资源管理重点这 4 个因了上。他们分析认为,最佳实践的人力资源管理理念的核心是员工参与、程序公平和分配公平这 3 个基本元素。

事实上,高绩效人力资源管理的测量是一项相当困难的事情,已有文献中相关研究开发及采用的量表都不相同,即便是同一学者在不同研究中得出的结论也不尽相同。

刘善仕等(2008)在“企业战略、人力资源管理系统与企业绩效的关系研究”中得出，高绩效人力资源管理由四个子系统构成：①承诺系统。包括公司有正式的员工培训计划、公司有针对提高新员工工作技能的系统培训计划、公司为管理人员提供除岗位技能以外的广泛的培训项目、培训项目主要关注长期目标而非短期目标、公司员工的晋升阶梯是多样化的而非单一的、绝大多数技术管理人员有正式的职业发展规划、公司的绩效评估非常注重将员工行为引导向符合公司战略的方向 7 个测量题项。②市场系统。包括公司管理人员的薪酬水平处于行业水平的 75 分位以上、所有员工的奖励工资都与工作绩效挂钩、公司为管理人员提供灵活的薪酬组合而非标准的薪酬组合、中高层管理人员的奖励工资与公司利润等财务指标挂钩的程度很大、管理人员中，同一岗位的高绩效员工和低绩效员工在奖励工资上的差别很大 5 个测量题项。③控制系统。包括绩效评估的重点是鼓励员工发展而非员工奖惩、绩效评估使用长期而非短期的衡量标准、公司有正式的员工参与计划、公司在经营管理决策上的分权程度很高、公司能够有效地接纳和反馈员工的意见、公司有定期的员工满意度调查，并依据结果进行相关改进、公司经常举行各种活动促进员工之间的情感交流 7 个测量题项。④合作系统。包括管理人员经常参加跨职能培训或工作轮换、公司为绝大多数员工提供包括员工持股和利润分享等在内的团队分配计划、绝大部分员工可以参与到自我管理团队及跨部门团队和项目团队的工作中、员工可以完全自主安排自己的工作、公司战略及市场和客户反馈等信息与绝大部分员工共享、公司通过简报和网站等方式实现与员下的信息共享 6 个测量题项。

刘善仕等(2008)关于“投资型人力资源管理系统与企业绩效的关系研究”中，又提出投资型人力资源管理系统的内容结构，具体由 5 个维度构成：①多样化培训。题项包括：公司有针对提高新员工工作技能的系统培训计划；公司为管理人员提供除岗位技能以外的广泛的培训项目；培训项目主要关注长期目标而非短期目标；管理人员经常参加跨职能培训或工作轮换等。②内部招聘。题项包括:招聘中使用了包括宣传、挑选、录用和评估在内的正式招聘程序;公司的雇佣保障程度很高;招聘中使用了包括笔试、心理测评和结构化面试在内的标准化测试方法;关键岗位出现空缺时公司主要从内部进行填补而非外部招聘等。③基于绩效的薪酬。题项包括:管理人员中同一岗位的高绩效员工和低绩效员工在奖励工资上的差别很大;管理人员的奖励工资与团队绩效挂钩的程度很大;中高层管理人员的奖励工资与公司利润等财务指标挂钩的程度很大;公司强调报酬的内部公平等。④基于员工发展的绩效评估。题项包括:绩效评估使用长期而非短期的衡量标准;绩效评估的重点是鼓励员工发展而非员工奖惩;公司的绩效评估非常注重将员工行为引导向符合公司战略的方向等。⑤员工参与。题项包括:员工高度参与绩效标准的设置;员工可以完全自主安排自己的工作;上级主管经常邀请员工参与生产运营决策等。

苏中兴(2010)在"中国情境下人力资源管理与企业绩效的中介机制研究——激励员工的角色外行为还是规范员工的角色内行为"研究中,高绩效人力资源管理量表由规范的招聘、结果导向的考核、基于绩效的薪酬、人才的竞争流动、严格的劳动纪律五个方面的管理实践组成。①规范的招聘。通过规范的招聘流程、招聘中重视候选人的基本素质、从大量候选人中择优录取三个题项测量。②结果导向的考核。通过考核以工作结果为导向、量化的客观指标为主、根据考核结果兑现奖惩三个题项测量。③基于绩效的薪酬。通过薪酬向关键人才倾斜、薪酬和个人考核结果挂钩、薪酬和部门考核结果挂钩三个题项测量。④人才的竞争流动。通过业绩差的员工可以被淘汰、业绩差的管理人员可以被降职、重要岗位实行竞争上岗三个题项测量。⑤严格的劳动纪律。通过坚决处罚违纪员工、严格督促员工遵守规章制度、实行比竞争对手更严格的劳动纪律管理三个题项测量。

而苏中兴(2010)的另一项研究中,高绩效人力资源管理量表由 8 个维度构成:①广泛培训。题项包括:系统的培训内容;比竞争对手投入更多的培训时间和金钱;规范的培训流程等。②员工竞争流动和纪律管理。题项包括:坚决处罚违纪员工;实行末位淘汰;比竞争对手更严格的纪律管理;管理人员根据业绩能上能下;重要岗位实行竞争上岗等。③信息分享。题项包括:向员工反馈企业的生产和财务信息;员工能及时了解部门的工作目标和进度;经常宣传企业的发展战略等。④严格招聘。题项包括:招聘中注重考察员工对企业价值观的认可;与技能相比,招聘中更重视员工的基本素质;严格的选拔流程;从大量候选人中选拔优秀员工等。⑤基于结果的考核。题项包括:考核以结果为导向;严格根据考核结果实施奖惩;收入和考核结果挂钩;具体明确的考核指标等。⑥薪酬管理。题项包括:短期激励性薪酬;为关键人才提供优厚待遇;有竞争力的整体薪酬水平等。⑦内部劳动力市场。题项包括:员工职业发展规划;内部晋升;内部工作调动等。⑧员工参与管理。题项包括:员工建议系统;员工参与管理小组;员工态度和意见调查等。

2.7 高绩效人力资源管理结果效应的理论解释

2.7.1 普适观和权变观的解释

普适观认为,不管企业采用何种竞争战略、处在何种情景下,人力资源管理系统中总是存在一些能给企业带来更好绩效的最佳实践(Huselid, 1995),即高绩效人力资源管理是客观存在的,只要实施高绩效人力资源管理,就一定给企业带来高绩效。而权变观(contingency theory)认为,人力资源管理系统能否带来企业绩效的提升,即人力资源管理实践与企业绩效之间是否存在正相关关系,关键在于人力资源管理系统与企业战略等情景因素之间是否匹配(Youndt, 1996),人力资源管理系统与企业战略等情景因素如果匹配，人力资源管理系统就能带来企业绩效的提升，否则人力资源管理实践与企业绩效之间就不存在正相关关系。这一观点的基本逻辑是，不存在适应各种情景的高绩效人力资源管理，人力资源实践与企业战略的最佳契合，才是高绩效人力资源管理促进企业绩效提高的关键所在(Delery，1998)。考虑企业特定目标的需要，保持高绩效人力资源管理的内部契合以及与组织战略的外部契合非常重要，这是确保高绩效人力资源管理有效性的客观要求。实际上，权变观和普适观在本质上并不矛盾，任何管理实践要取得应有的成效就必须考虑情景因素。张正堂等(2011)认为，不能简单地将普适观理解为存在“放之四海而皆准”的高绩效人力资源管理实践，要看到普适观在强调一般性和普遍适用性的同时，并没有否定人力资源管理实践对组织的贡献大小一定受到企业特征、行业范围等情景因素的影响。因此，权变观和普适观强调的侧重点不同，但对高绩效人力资源管理结果效应的本质认识并不矛盾。

学者们对起源于美国的高绩效工作系统相关模型在美国以外地区的适用性也作了探索。一种观点认为，高绩效工作系统普遍适用于不同国度，来自韩国(Bae et al.，2000)、新西兰(Guthrie，2001)、欧洲(Horgan et al.，2006)、日本(Takeuchi et al.，2007)等不同国家的研究验证了高绩效工作系统和企业绩效的正相关关系。另一种观点认为，情境变量会显著影响这些人力资源管理系统的效果，这些源自西方情景的模型不具有跨国适应性(Lowe et al.，1997；Kirkman et al.，2001)。形态观(configuration theory)不同于普适观和传统的权变观，它强调的是人力资源管理活动的整体性和系统性，以整体探求原则为指导，以能产生最大绩效的“理想型”人力资源管理系统为基础(Meyer et al.，1993)，认为高绩效人力资源管理必须达到内部契合(horizontal fit)和外部契合(vertical fit)，内部契合是指企业的人力资源实践活动之间达到内部一致性，外部契合是指人力资源管理系统与企业战略等企业特征的契合。

2.7.2 不同理论视角的解释

社会交换理论、资源基础理论、一般系统理论及角色行为理论是战略人力资源管理研究的主要理论基础(Wright et al., 1992; Jackson et al.,1995),这些理论从不同角度解释了高绩效人力资源管理对企业绩效的影响效应及作用机制。

按照社会交换理论的解释,高绩效人力资源管理隐含着特定的交换关系,员工从这种交换关系中会获得更多的利益与回报,如更高的薪酬、更多被尊重、更融洽的人际关系、更自由的工作参与、更好的工作环境以及更多的培训和发展机会等,所有这些都会影响员工的态度和行为,员工会更加努力地工作,企业就会得到更好的回报,由此提高了企业绩效。

基于资源基础理论,高质量的人力资源是企业可持续发展的重要基础,高绩效人力资源管理之所以能够提高企业绩效,是因为可以吸引、辨认和保留高质量的员工,实现了企业的人力资本储备(Wright et al., 2001)。高绩效人力资源管理实践有助于人力资源质量的提高,而高质量的人力资源可以提高企业产品和服务质量,最终对企业绩效一定产生积极影响。实证研究也表明,员工的人力资本和组织绩效之间存在正向相关关系(Wright et al., 1995; Hitt et al., 2001)。Alvaro et al.(2009)认为,高绩效人力资源管理解释了企业如何获得价值性和独特性的异质性资源,以及如何为企业带来创新和高绩效。

一般系统理论认为,高绩效人力资源管理是由一系列相互补充、相互支持、相互联系和相互依赖的人力资源管理实践所构成(Wright et al., 2001),作为整体的高绩效人力资源管理,会给企业绩效带来协同作用(Huselid, 1995)。大量研究证明了这一协同作用,发现整体的高绩效人力资源管理其作用效果要大于单个人力资源管理实践对企业绩效的效果之和(Arthur, 1994; Huselid, 1995; Delery et al., 1996; 苏中兴, 2010)。其原因主要是，单个的人力资源实践活动容易被复制，而高绩效人力资源管理是一种整合性的人力资源管理系统，具有特质性、复杂性、难以模仿和路径依赖的特点（Delaney et al.，1996）。

按照行为理论（Behavior Perspective），激励诱因影响人的态度，进而影响人的行为，最终影响到绩效。高绩效人力资源管理可以诱导或控制员工态度和行为，使其扮演企业期望的有价值的、稀缺的、竞争对手难以模仿的员工行为。实践中企业高绩效人力资源管理实践所诱导的态度和行为，更多集中在员工对组织的信任、组织承诺、角色外行为等方面。已有文献研究结论也支持了这一普遍事实，研究发现，高绩效人力资源管理提升了员工对组织的情感承诺，促使员工做出更多的角色外行为，如自主性工作努力（Discretionary Work Effort）、组织公民行为等，员工态度与行为的这些变化自然会对企业绩效带来积极影响（Koys，2001）。就现阶段的中国企业而言，其人力资源管理水平还比较落后，影响企业绩效的主要因素也许不是员工的角色外行为。苏中兴（2010）的研究认为，通过高绩效人力资源管理提升企业绩效的关键，首先是规范员工的角色内行为，而不是激励员工的角色外行为。

2.8 高绩效人力资源管理研究的中国情景思考

中国情景下的高绩效人力资源管理研究实际上主要探讨了三个方面的问题：一是高绩效人力资源管理的内涵、结构维度、测量及中国情景的适用性等问题；二是高绩效人力资源管理与企业绩效的关系，及二者关系的普适性与权变性解释等问题；三是高绩效人力资源管理与企业绩效的作用机制探讨（张徽燕等，2012）。

企业人力资源管理的有效性会受到社会、组织、员工个体等不同层面变量的综合影响(Ferris et al., 1998)。Tsui(2006)强调,在中国开展管理研究情境化(Contextualizing)至关重要,她认为不但要考虑组织环境因素,而且要考虑政治、经济、法律、地理、文化、社会、历史等因素的影响。高绩效人力资源管理的理论研究和实践应用源自西方,与西方文化相比,中国的传统文化更加强调等级和权力距离。刘善仕和符洁莹(2006)通过对 31 家中国企业的深度访谈,对比西方企业高绩效人力资源管理的实践内容,发现员工参与、内部晋升在中国高权力距离文化背景下并没有得到广泛应用。因此,中国的文化和价值观可能在一定程度上会削弱高绩效人力资源管理在中国情景下的应用效果。

受总体发展水平的制约,中国企业人力资源管理的理念及技术与西方成熟市场经济国家的企业存在较大差距。目前,西方成熟市场经济国家很多企业的人力资源管理已提升到战略层面,在人力资源规划、工作场所管理及信息分享、员工参与、人员素质评价等基础性管理实践方面已做得比较规范,而中国企业在这些方面总体上管理基础还相当薄弱。在美国,特定的法律政治环境、产业结构特点、劳动力市场状况、劳资关系、企业文化以及企业竞争战略和生产方式,促使企业采用一种强调决策分权、工作自主,重视员工技能、情感承诺和参与管理的人力资源管理系统。许多研究也表明,这种新型的人力资源管理系统比传统的控制型人力资源管理系统更有利于提高企业的绩效,是高绩效的人力资源管理系统(Arthur, 1994; Delery, 1996; Batt, 1999)。

与西方企业相比,中国从农业社会直接跨入了计划经济时代,企业人力资源管理及产业工人群体,没有经历过真正的工业社会及严格的工业化管理阶段,使得中国企业员工真正的职业素养并没有形成。相反,计划经济体制形成了过度承诺型的雇佣模式(Tsui et al., 1997),可形象地称为“铁饭碗”,企业层面真正意义上的人力资源管理实际上不存在。“铁饭碗”这种制度安排使员工拥有了高度的就业保障,但同时抑制了员工的工作积极性,所带来的是企业员工普遍的惰性心态和无效率行为。传统计划经济体制对企业人力资源管理所造成的影响在部分企业依然存在。

当前,中国是典型的新兴市场,又正处于经济、社会的转型时期,企业面临的环境无论在变化的速度还是广度上都要强于发达国家(Peng, 2003)。外部环境动态性已经成为新兴市场的一个重要特征(Kim et al., 2010)。显然,转型背景下,企业人力资源管理将面临更多、更复杂的困难。

可以看出,中国情景在许多方面与西方国家存在差异,对西方成熟市场经济国家的企业有效的高绩效人力资源管理实践未必适用于现阶段的中国企业,显然,能对中国企业有效的高绩效人力资源管理实践一定要与中国情景相适应的。企业人力资源管理实践也充分地反映了这一点,如西方成熟市场经济国家的企业开始转向为员工提供长期就业保障,培养员工的组织承诺,目的是减少人才流失以应对无情的市场竞争,而中国企业则为了实现人力资源的优化配置和充分利用,强调人力资源管理中实施末位淘汰,推动人才流动等;另外,西方成熟市场经济国家的企业为了提高员工的角色外绩效,更多强调管理授权、信息分享、工作自主、员工参与等管理策略,而中国企业更多的是通过严格的绩效考核和劳动纪律管理,以规范工作行为,提高员工的职业素养,督促员工认真完成本职工作,为的是提高员工的角色内绩效。

与西方成熟市场经济国家企业实行的自我管理小组相比,中国员工在能人领导下的等级环境中工作效率反而更高(Kirkman et al., 2001)。事实上,中国文化体现出明显的集体取向,研究证实,在集体取向文化中,仁慈威权式的管理方式往往比民主参与式的方式更为有效(刘善仕, 2004)。苏中兴(2010b)的研究也表明,中国情景下高绩效人力资源管理并非等同于西方的高承诺、高参与工作系统,而是同时包含了承诺导向和控制导向的管理实践。西方成熟市场经济国家企业的高绩效人力资源管理可能会在我国某些行业和某类企业中有效,他们提出有必要在我国开展更多的针对特定行业的高绩效人力资源管理的研究。由此,西方成熟市场经济国家企业采用的高绩效人力资源管理实践在中国情景下并不具有一般适用性。

西方高绩效人力资源管理的研究，几乎都是以成熟市场积极条件下的大中型企业为样本，这些企业所处的市场条件是受到相对单纯的规则支配，它们的人力资源管理已从严格的工业化管理模式向高承诺、高参与管理模式即高绩效人力资源管理转变。许多研究发现，高绩效人力资源管理对提高企业绩效十分有利，这一实证结论正好支持了企业管理实践转变的合理性。

中国企业特别是民营企业发展历史较短，大量中小企业人力资源管理很不规范。在西方市场经济国家企业正从严格的工业化管理模式向高绩效人力资源管理模式转变的时候，中国企业更需要的是建立与工业化相适应的规范的人力资源管理制度。当前，中国企业处在一个经济社会全面转型的时期，所面临的管理情景在很多方面与西方国家均存在较大差异。尽管中西方企业发展水平不同，面临的管理情景不同，但高绩效人力资源管理对企业发展的积极作用已得到中外学者的验证。国内高绩效人力资源管理方面的实证研究比西方大约晚十多年，近些年，我国国内学界大量涌现的关于高绩效人力资源管理的实证研究中，大部分研究发现，高绩效人力资源管理对中国企业的绩效具有显著促进作用（程德俊，2006；张一弛，2008）。

刘善仕等（2008）从招募选拔、培训开发、绩效评估、薪酬激励、员工参与、员工关系、工作组织等方面，对比分析了中西方企业高绩效人力资源管理中最佳人力资源实践的异同点。在招募选拔方面，西方企业有严格的招聘程序，关注应聘者的内在特征和发展潜能，大多数关键岗位采用内部提拔的方式；中国企业也有严格的招聘程序，关注应聘者的内在特征和发展潜能，但多数关键岗位采用外部招募的方式。在培训开发方面，西方企业应用范围广泛的知识、技能培训和开发；中国企业也是应用范围广泛的知识、技能培训和开发。在绩效评估方面，西方企业着眼于员工的发展，采用行为与结果导向相结合的方式对员工进行评估，使用长期而非短期的衡量标准，侧重于团队的考核；中国企业注重团队的考核，采用短期的绩效衡量标准，考核结果主要运用于奖金分配、调薪及晋升。在薪酬激励方面，西方企业采用权变的以绩效为基础的、长期的、有竞争力的激励性薪酬体系；中国企业采用以绩效为基础的、有竞争力的激励性薪酬体系，以短期激励为主，较少使用长期激励措施。工作组织方面，西方企业是宽广的工作定义以及自我管理团队工作，强调权责统一；中国企业强调团队管理的工作方式，注重岗位分析及其结果的应用，强调权责统一，但是权力在一定程度上受到约束。员工参与方面，西方企业注重授权、员工参与以及信息共享；中国企业则不太注重授权以及有限的员工参与和有限的信息共享。员工关系方面，西方企业为员工提供广泛的工作保障，注重有效地接纳和反馈员工的意见，同时管理人员定期与员工沟通交流；中国企业的雇佣保障程度低，有限地接纳和反馈员工意见，有限地与员工沟通和交流。

王雪莉等(2015)基于中国10家行业领先企业的多案例研究表明，中国优秀企业人力资源管理实践的基本用人模型属于承诺型，强调培养人，以构建企业与组织成员共同发展的心理契约为特征。相比国外已有研究成果，我国企业在招聘甄选环节，更强调人员的品德，更重视机会增强型人力资源管理实践；从权变视角看，我国企业正从发展初期只关注动机增强型人力资源管理实践，逐步转向更多技能和机会增强型人力资源管理实践活动，更加凸显以培养人为核心理念的承诺型心理契约的特征。

高绩效人力资源管理的核心功能，是通过影响员工的态度和行为以提升员工及企业绩效。但受到组织环境及组织特征等诸多情景因素的约束，不存在适用于所有企业的“放之四海而皆准”的高绩效人力资源管理标准模板，人力资源管理系统的有效性不能脱离特定的管理情景和经济社会发展阶段。对转型期的中国企业而言，迫切需要完善基础管理，强化人力资源管理的基本职能建设，规范员工的角色内行为，而不是照搬西方的高绩效人力资源管理。西方成熟市场经济国家企业高绩效人力资源管理强调的决策分权、信息分享、工作自主性、参与管理、内部劳动力市场、申诉机制、就业保障等方面的具体实践,并不一定适合中国情景下的企业。相对而言,在现阶段中国情景下的企业高绩效人力资源管理,需要更加重视以下这些方面的人力资源管理实践,如结果导向的绩效考核体系、规范的员工招聘选拔体系、人员竞争流动机制、绩效导向的薪酬体系以及严格的劳动纪律管理。

高绩效人力资源管理强调了企业人力资源管理实践的系统性和情景适用性,为战略人力资源管理提供了有效的结构范式。基于资源基础论的研究视角,高绩效人力资源管理研究需要考虑行业性质、企业特征及环境因素的影响。其中高绩效人力资源管理的行业适用性是一个重要的研究方向,应当关注更加精细的行业领域,深入挖掘行业内部高绩效人力资源管理及其运行特征(Wright et al., 2002; 赵延昇等, 2010)。在中国情景下的某些行业,由于企业人力资源管理扮演着低价值的附加活动的角色,内部导向、高投入的高绩效人力资源管理在中国不一定适用(刘善仕等, 2005)。中国情景下探讨高绩效人力资源管理,应当充分认识到人力资源管理面临的制度背景及战略人力资源管理基础比较薄弱的现实。借鉴西方学者已有的研究成果,在综合考虑社会、组织、发展水平及员工个体等不同层面影响因素的前提下,探讨和验证特定情景下高绩效人力资源管理的结构维度、实践内容、结果效应及作用机制仍是未来研究的重点。

2.9 高绩效人力资源管理研究展望

通过以上综述和理论分析,可以看出,高绩效人力资源管理的核心功能是通过影响员工的态度和行为以提升员工及企业绩效,但受到组织环境及组织特征等诸多情景因素的约束,不存在适用于所有企业的“放之四海而皆准”的高绩效人力资源管理标准模板,人力资源管理系统的有效性不能脱离特定的企业特征、管理情量和外部环境因素。对转型期的中国企业而言，迫切需要的是完善基础管理，强化人力资源管理的基本职能建设，规范员工的角色内行为，而不是照搬西方的高绩效人力资源管理。

高绩效人力资源管理强调了企业人力资源管理实践的系统性和情景适用性，为战略人力资源管理提供了有效的结构范式，但该领域研究还有许多值得进一步探讨的内容。

①研究方法有待创新。现有文献多采用标准量表以问卷调查的方法探讨企业人力资源管理实践与员工态度、行为及企业绩效的关系，忽略了企业实践中情景因素的动态影响，未来研究有必要将问卷调查与典型案例剖析及纵向追踪研究相结合。

②重视高绩效人力资源管理与企业绩效关系的作用机制研究。在高绩效人力资源管理与企业绩效的相关性得出定论后，该领域的研究重点应转向作用机制研究。在研究高绩效人力资源管理与企业绩效的作用机制时，有必要深入探讨高绩效人力资源管理是否通过非财务绩效作用于财务绩效，并显著提升企业绩效等问题（施杨等，2011）。

③重视高绩效人力资源管理的行业适用性研究。Becker（1996）指出，高绩效人力资源管理研究，已由之前的重视人力资源系统和战略的匹配，转向目前的更加注重情景研究，即从十分广泛的战略匹配研究转向了特殊行业或企业情景的研究。高绩效人力资源管理研究需要考虑行业性质、企业特征及环境因素的影响，特别应当关注更加精细的行业领域，深入探讨行业内部高绩效人力资源管理及其运行特征。

④情景因素的整合性探讨。高绩效人力资源管理结果效应的有效性受到情景因素的影响，现有文献对情景因素的关注还较为零散，缺乏系统性的整合探讨，从系统整合的层面探讨高绩效人力资源管理与情景因素的匹配效应也是未来研究的重点。基于资源基础论的研究视角，考虑行业特征（行业成长性、行业资本或技术密集程度等）、企业特征（企业发展阶段、企业规模、组织战略等）及企业所处环境（地域文化、环境动态性等）等影响因素，来

探讨高绩效人力资源管理与企业绩效的关系是未来研究的重点。

⑤在中国情景下探讨高绩效人力资源管理，应当充分认识到人力资源管理面临的制度背景及战略人力资源管理基础比较薄弱的现实。借鉴西方学者已有的研究成果，在综合考虑社会、组织及员工个体等不同层面影响因素的前提下，需进一步探讨和验证特定情景下高绩效人力资源管理的实践内容、结果效应及作用机制。针对中国情景，有必要以中国高绩效人力资源管理企业为对象，通过规范的实证研究，归纳提炼出真正适用于中国企业的高绩效人力资源管理实践，并参考西方高绩效人力资源管理量表，开发中国情景下的高绩效人力资源管理测量量表。

本章小结

高绩效人力资源管理是战略人力资源管理的一个重要方向。近年来，围绕什么是高绩效人力资源管理、高绩效人力资源管理包含哪些具体实践活动、高绩效人力资源管理对员工及企业绩效有何影响、如何构建高绩效人力资源管理等，国内外众多学者进行了大量探索，取得了广泛的研究成果。本章从高绩效人力资源管理的内涵、构成维度、结果效应、作用机制、影响因素、测量研究及高绩效人力资源管理结果效应的理论解释、高绩效人力资源管理研究的中国情景思考、高绩效人力资源管理研究展望等几个方面做了理论概述。总体上这一领域的研究结论存在不同的观点，到底哪些人力资源管理的政策措施构成高绩效人力资源管理是有很大争议的(孔繁敏，2004)。中国情景下高绩效人力资源管理的研究如何借鉴西方学者的研究结论，如何推动企业实践中高绩效人力资源管理的构建，仍然是一个有待深入探讨的重要课题。

3 高绩效人力资源管理实证研究

战略人力资源管理理论认为，员工是企业发展不可替代的重要力量，从战略高度构建人力资源管理系统是企业拥有长期核心竞争力的关键。20 世纪 80 年代以来，随着技术进步的加快和全球范围市场竞争更趋激烈，企业发展中人力资本的战略价值日益凸显。受到管理实践问题的驱使，美国产业关系和人力资源学界最早在研究企业工作场所组织模式的过程中，为实现人力资源的高效配置开始探讨如何构建有效的人力资源管埋模式，高绩效人力资源管理的研究应运而生，也成为战略人力资源管理的一个重要方向。近年来，围绕高绩效人力资源管理的内涵、具体实践内容、高绩效人力资源管理对员工及企业绩效的影响等，国内外众多学者进行了大量探索，取得了广泛的研究成果。一方面，这一领域的研究结论仍存在不同的观点，鲜有中国情景下特定行业的高绩效人力资源管理影响员工绩效的作用机制研究；另一方面，尽管人力资源管理学派主张，劳动关系问题的根源在于管理不善，解决的最好方法就是有效的人力资源管理实践（John W. Budd, 2013），但已有文献针对高绩效人力资源管理及劳动关系问题的研究基本是各自为政，缺乏必要的融合与借鉴。本研究以中国纺织服装企业为样本，实证分析高绩效人力资源管理对员工绩效及离职倾向的影响机制，探讨劳动关系氛围在其中的影响效应，也为和谐劳动关系构建探讨企业内部人力资源管理的策略。

3.1 理论综述与假设提出

3.1.1 高绩效人力资源管理对员工行为及绩效的影响

有关高绩效人力资源管理国外学者先后提出了许多不同的概念表述(Jyoti, 2015),如 high-performance work system, high-performance work practices, high-involvement work system, high-commitment work system, best human resource practices 以及 flexible work systems 等。国内文献翻译为不同的称谓,如高绩效工作系统、高绩效工作实践、高绩效人力资源管理、高参与工作系统、高承诺工作系统、最佳人力资源实践及弹性工作系统等。高绩效人力资源管理是公司内部高度一致的、确保人力资源管理服务于企业战略目标的一系列政策和活动(Huselid et al., 1997),是一组能够提升员工技能与努力程度,相对独立但又相互联系的人力资源实践(Datta et al., 2005),其核心内涵是人力资源管理实践在效果上对企业绩效的贡献(张徽燕等, 2012)。

尽管学者们对高绩效人力资源管理的概念表述有所不同,但这些表述中所包含的基本内涵是一致的,即高绩效人力资源管理是由一整套具体的人力资源管理实践活动组成,这些实践活动与组织环境及各种组织资源相互协调,对员工的态度和行为产生积极影响,从而提升员工及企业绩效,并对企业的持续竞争优势做出直接贡献。高绩效所强调的重点是,人力资源管理的质量是企业获取持续竞争优势的关键,是战略人力资源管理的核心内容。

高绩效人力资源管理理论经历了一个从单一到多元、从最佳实践到战略构型的演变过程(戚振江, 2012)。在该领域的早期研究中,更多突出的是单个人力资源实践,聚焦于单个人力资源实践对组织绩效的影响。如 Delaney 和 Huselid(1996)研究发现,选拔、培训、薪酬激励、进谏、决策、内部晋升等单个人力资源实践与市场绩效存在相关性。按照资源基础理论，单个人力资源实践通常容易被模仿，只有人力资源管理活动整合成为一个有效的系统，促成人力资源管理实践与公司目标的契合，才能给企业带来好的绩效，也才能获得高附加值、稀缺的、难以模仿和不可替代的竞争优势(Barney, 1995)。但另一方面，受到现实管理问题的驱使，研究者也发现，管理实践中人力资源职能是以组合方式呈现并发生作用的(Wright et al., 2002)。显然，早期单个人力资源实践的研究视角简化了企业人力资源管理系统功能的复杂性，研究结论也会存在一定程度的局限性。因此，高绩效人力资源管理理论逐渐由单个人力资源实践演变为系统化的人力资源实践，许多研究人员开始探讨这一系统中的各种变量如何通过交互或协同效应共同对组织绩效产生影响。

20 世纪 90 年代以来国外大量实证研究表明，高绩效人力资源管理与企业绩效之间存在显著正相关关系(Collins et al., 2006)。2000 年以来，以中国企业为背景的实证研究开始大量出现，许多研究结论也表明高绩效人力资源管理对企业绩效存在显著的正相关关系(苏中兴, 2010)。但有关高绩效人力资源管理结果效应的探讨，过分关注了组织产出，忽略了员工对人力资源管理实践的反应(Macky et al., 2007)。因此，需要加强高绩效人力资源管理对员工态度、行为及绩效影响的研究。综合社会交换理论及行为科学理论，高绩效人力资源管理有助于激发符合组织需要的员工态度和行为，创造更多的组织期望的价值(Youndt et al., 1996)。一些学者的研究也发现，高绩效人力资源管理对员工工作满意度(Wu et al.,2009)、组织承诺(Macky et al., 2007)、情感承诺、组织认同(王震等, 2011)、组织公民行为及留职意愿(Rebecca, 2013)等均会产生显著的正向影响。高绩效人力资源管理能提升员工的知识、技能与能力，给员工创造了可以发挥综合潜能的环境，增强了员工工作动力(Delery et al., 2001)，表现出高工作满意感、低离职率、高生产效率、高质量决策等(Evans et

al., 2005)。由此,综合以上分析提出如下假设。

H1:高绩效人力资源管理显著正向影响员工绩效。

H2:高绩效人力资源管理显著负向影响员工离职倾向。

3.1.2 高绩效人力资源管理影响员工行为及绩效关系中劳动关系氛围的影响效应

高绩效人力资源管理的影响机制,主要是通过影响员工的工作态度从而促进员工努力水平的提高,最终使产品和服务的质量与劳动生产率受到积极的影响(张一弛等, 2004)。由此,高绩效人力资源管理影响员工行为与绩效作用机制的探讨成为该领域的重要研究方向。

Wu et al. (2009)研究发现,高绩效人力资源管理影响员工态度的关系中存在程序公平的中介作用和权力距离的调节作用。Kuvaas 和 Dysvik(2010)研究发现,员工感知到的授权、信息分享等高绩效人力资源管理对员工绩效的影响存在内在动机的调节作用。Rebecca(2013)的实证结果显示,在高绩效人力资源管理影响组织公民行为的关系中存在情感承诺的部分中介作用,而在高绩效人力资源管理与留职意愿的相关关系中存在情感承诺的完全中介作用。陈云云等(2009)实证结果证实,专用性人力资本投资意愿在员工感知的高绩效人力资源管理影响员工绩效关系中存在中介作用。程德俊等(2011)研究发现,认知信任和情感信任在高绩效人力资源管理影响组织公民行为关系中起到中介作用。周菲等(2012)实证研究表明,心理资本在高绩效人力资源管理对员工工作行为的影响中起到部分中介作用。

劳动关系氛围是组织氛围概念应用于劳动关系研究领域所产生的,是组织成员对所在组织的劳动关系行为和实践的共同感知(Dastmalchian et al., 1989),具体反映了组织成员对于工作场所内员工、工会和管理者之间多方互动所产生的气氛、规范、态度和行为等企业整体劳动关系情境的感知,是组织成员对于工作场所内劳动关系状况的主观判断(崔勋等, 2012)。

研究发现，组织人力资源管理政策与实践影响劳动关系氛围(Barrett, 1995)，参与式管理促进员工组织公平感提升，并有助于形成企业和谐劳动关系氛围(陈万思等, 2013)。可以看出，高绩效人力资源管理对形成互利共赢的和谐劳动关系具有重要作用。

劳动关系氛围对员工的态度和行为会产生积极影响(Pyman et al., 2010)。劳动关系氛围显著影响缺勤、离职、生产率及劳动争议等结果变量(Dastmalchian, 2008)，合作性的和谐劳动关系氛围会提高工作效率和改善客户服务(Deery et al., 2005)。组织通过高绩效人力资源管理，向员工提供了良好的制度环境，传递了组织想与员工建立长期合作关系的愿望，并且给予员工完成任务所必需的能力、动机和工作机会，积极诱发员工间沟通与合作的组织内社会化过程，提升员工工作满意感，降低员工离职率，使工作更有效率(Sun et al., 2007)。显然，高绩效人力资源管理影响员工行为与绩效的关系中存在劳动关系氛围的积极作用。已有文献中，更多的也是将劳动关系氛围作为管理实践影响组织结果关系中的中介变量进行分析(崔勋等, 2012)。如单红梅等(2014)研究发现，积极劳动关系氛围和消极劳动关系氛围在工会实践与企业绩效间起部分中介作用。Takeuchi et al.(2009)跨层分析显示，组织层面的高绩效人力资源管理对员工工作满意感和情感承诺的影响关系受到组织关心员工氛围的完全中介作用。综合以上分析提出如下假设。

H3：高绩效人力资源管理影响员工绩效关系中存在劳动关系氛围的中介效应。

H4：高绩效人力资源管理影响员工离职倾向关系中存在劳动关系氛围的中介效应。

3.2 研究设计

3.2.1 假设模型

基于以上分析提出本研究的假设模型(如图 3-1 所示)。高绩效人力资源管理对员工绩效和离职倾向除了存在直接影响,还通过劳动关系氛围产生间接影响,即高绩效人力资源管理影响员工绩效及离职倾向的关系中存在劳动关系氛围的中介效应。参考已有文献,本研究对企业规模、企业所有制性质、岗位性质、收入水平及性别、年龄等影响变量进行控制。模型检验的思路是,首先检验高绩效人力资源管理对员工绩效及离职倾向的影响,然后检验高绩效人力资源管理影响员工绩效及离职倾向关系中劳动关系氛围的中介效应。其中信度检验、描述性统计分析、Harman 单因素检验、主效应及中介效应分析采用 SPSS20.0 完成,效度检验用 AMOS17.0 统计软件完成。

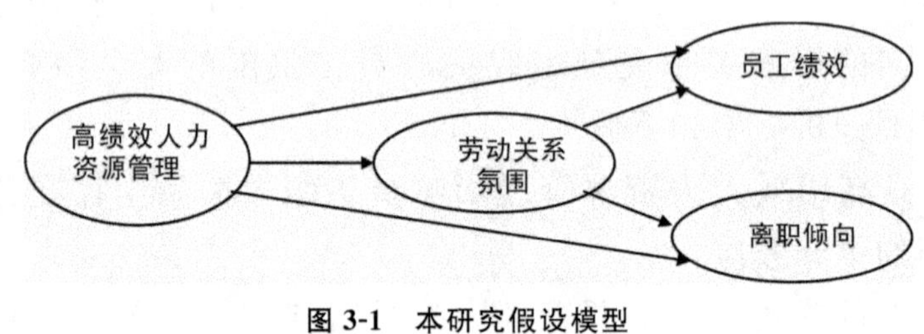

图 3-1 本研究假设模型

3.2.2 样本和数据采集

本研究以中国纺织服装企业为样本,主要是基于以下三个方面的原因:(1)选择纺织服装行业进行研究具有更好的理论和实践价值。研究发现,高绩效人力资源管理在制造型组织情境下其积极效应更为显著(戚振江，2012)，对处于低资本密度行业中的企业其收益更高(Datta et al.，2005)。原因是高资本密集型行业中，由于高任务结构以及生产技术高自动化，员工绩效受到更多因素的约束，而在高劳动密集型行业中，人员因素在生产过程中的重要性更为明显，因此与高资本密集情境相比，赋予全体员工更多技能和更高承诺的高绩效人力资源管理在高劳动密集情景下更具比较优势(Terpstra et al.，1993)。纺织服装行业是一个劳动密集型的行业，人力资源实践对劳动关系状况及员工绩效的影响可能更为直接和明显，而目前这方面深入系统的研究还较为缺乏，研究具有很好的实际意义。(2)研究控制的需要。无论从理论还是实践角度，人力资源实践效能必定依赖于行业特征(Datta et al.，2005)，借鉴已有研究成果，行业差异性严重影响人力资源实践的结果效应，选择单一行业可以控制行业差异性对研究结果的干扰。(3)考虑了数据采集的便利性。作者所在高校以纺织服装为特色，学校与全国数十家纺织服装企业建立了产学研联盟关系，这些有着合作关系的纺织服装企业为本研究的数据调研提供了方便。

本研究的数据全部通过现场调查完成，由老师负责带队的大学生小分队在赴纺织服装企业社会实践期间完成问卷调查。调查问卷由老师和大学生在企业现场发放和回收，问卷发放前首先征得所在企业高层的同意，并通过部门负责人与填答问卷的员工取得沟通，由发放问卷的老师或大学生向他们解释清楚问卷调查的目的只用于学术研究，使他们打消填答问卷的顾虑。共发放问卷 390 份，回收问卷 378 份，回收率 96.9%，去掉所有选题雷同及填答不完整等明显无效的问卷，有效问卷 361 份。

3.2.3 变量测量

为了保证测量量表的内容效度，本研究四个变量全部采用成熟量表。

①高绩效人力资源管理。本研究采用陈云云、方芳、张一弛(2009)研究采用的四因子高绩效人力资源管理政策量表。该量表是在 Delery et al.(1996)研究开发量表的基础上,经探索性因子分析和中国情景检验,证实有良好的信度和效度。参考 Batt(2002)研究中的处理,在劳动关系氛围中介作用分析时,将高绩效人力资源管理的四个因子和员工绩效的三个因子各自加总,以反映员工感知到的高绩效人力资源管理和员工绩效。本研究中两个加总变量的内部一致性系数分别为 0.959 和 0.944,达到了可以接受的水平。

②员工绩效。采用 Van Scotter and Motowidlo(1996)研究编制的三维度员工绩效量表,本量表从任务绩效、人际促进和工作奉献三个维度测量员工绩效,被证实具有良好的信度和效度。其中任务绩效量表包含 5 个题项,是用来测量员工按照要求完成角色内工作情况的;人际促进量表包含 5 个题项,是用来测量员工积极促进与同事关系情况的;工作奉献量表包含 4 个题项,用来测量员工工作主动性的程度等。

③离职倾向。离职倾向是企业员工在组织中感受到不满意之后的一种反应,是员工离开组织的意愿和想法,是个体对离职的认知与态度,这种认知与态度可能会导致真实的离职行为(黄培伦等,2006)。本研究采用 Farh et al.(1998)研究编制的 3 题项单维度量表,这一量表在其他相关研究中被证实具有良好的信度和效度(Aryee et al.,2002)。

④劳动关系氛围。参照陈万思等(2013)的研究,采用 6 个题项的和谐劳动关系氛围单维度量表,该量表也被证实具有良好的信度和效度。

所有变量采用 Likert 五点记分法测度,从"1"到"5"表示从"完全不符合"到"完全符合"。相关题项的得分越高,代表员工感知的高绩效人力资源政策水平越高、员工绩效越高、离职倾向越高、劳动关系越和谐。

3.3 统计分析

3.3.1 量表信度检验

本研究采用SPSS20.0将所有的变量进行测量(如表3-1),高绩效人力资源管理四个维度的克隆巴赫系数分别为0.882、0.729、0.732和0.860,总体克隆巴赫系数为0.959。员工绩效三个维度的克隆巴赫系数分别为0.841、0.822和0.778,总体克隆巴赫系数为0.944。劳动关系氛围和离职倾向的克隆巴赫系数分别为0.838和0.775。说明各变量所包含的题项及整个问卷均有良好的信度。

表3-1 各潜变量的Cronbach's Alpha值($N=361$)

维度	α值	总α值
员工发展	0.882	0.959
工作保障	0.729	
员工参与	0.732	
绩效收入	0.860	
任务绩效	0.841	0.944
人际促进	0.822	
工作奉献	0.778	
劳动关系氛围	0.838	
离职倾向	0.775	

3.3.2 量表效度检验

首先,用361份有效样本数据通过验证性因子分析,检验各一阶潜变量问卷的结构效度。模型的拟合指标为：χ^2/df 为 1.731、RMSEA 为 0.051、RMR 为 0.023、GFI 为 0.891、CFI 为 0.908、IFI 为 0.909，各项拟合指标均达到理想的水平。此外，一阶潜变量观察变量标准化载荷在 0.619～0.742 之间，说明一阶潜变量的问卷具有良好的结构效度。

其次，本研究对二阶潜变量即高绩效人力资源管理和员工绩效进行了高阶验证性因子分析。二阶高绩效人力资源管理四因子模型拟合指数为：χ^2/df 为 1.828、RMSEA 为 0.050、RMR 为 0.024、GFI 为 0.916、CFI 为 0.909、IFI 为 0.908。二阶员工绩效三因子模型拟合指数为：χ^2/df 为 1.603、RMSEA 为 0.055、RMR 为 0.040、GFI 为 0.907、CFI 为 0.938、IFI 为 0.938，各项拟合指标均达到理想参考值。此外，四因子模型和三因子模型的一阶潜变量因子载荷均在 0.71 以上。说明一阶四因子高绩效人力资源管理和一阶三因子员工绩效可以分别归为一个高阶因素。二阶因子高绩效人力资源管理和员工绩效问卷具有良好的聚合度。

最后，分析了研究中 4 个潜变量（高绩效人力资源管理、劳动关系氛围、离职倾向和员工绩效）的区分度，结果如表 3-2 所示。可以看出，四因子模型和其他模型存在显著性差异（卡方检验），而且四因子模型对实际数据的拟合最为理想。说明本研究所涉及的 4 个潜变量具有良好的区分度，可以进行下一步的结构模型分析。

表 3-2　验证性因子分析结果（N=361）

模型	χ^2	df	χ^2/df	RMSEA	RMR	GFI	CFI	IFI	AIC
单因子模型	2613.548	980	2.667	0.068	0.023	0.869	0.881	0.882	2815.548
二因子模型	2613.548	980	2.667	0.068	0.023	0.869	0.881	0.882	2815.548
三因子模型	2603.790	978	2.662	0.068	0.023	0.867	0.882	0.883	2809.790
四因子模型	1722.640	976	1.765	0.062	0.023	0.885	0.903	0.904	2518.482

注：单因子模型：高绩效人力资源管理＋劳动关系氛围＋离职倾向＋员工绩效。二因子模型：高绩效人力资源管理＋劳动关系氛围＋员工绩效＋离职倾向。三因子模型：高绩效人力资源管理＋劳动关系氛围＋员工绩效＋离职倾向。四因子模型：高绩效人力资源管理＋劳动关系氛围＋离职倾向＋员工绩效。

3.3.3 描述性统计分析

调查样本具体如表 3-3。本次调查的男女比例基本平衡，在年龄、学历、工作年限方面分布比较集中。在岗位方面，其他一般员工占的比例最大，达到了 47.1%。在岗位性质方面，各个方面基本均衡。在公司所有制性质方面，私营公司将近一半。在公司员工总数方面，分布相对均衡。样本中私营企业占 49.3%，股份制企业占 18.6%，国有企业占 16.1%，其他占 16%；被调查员工中女性占 52.1%；年龄方面 21—40 岁年龄段合占 76.7%。

表 3-3 描述性统计分析

统计内容	内容描述	频数	百分比
性别	男	173	47.9
	女	188	52.1
年龄	20 岁以下	21	5.8
	21～30	153	42.4
	31～40	124	34.3
	41～50	44	12.2
	51 岁以上	19	5.3
月工资	2000 以下	48	13.3
	2001～3000	90	24.9
	3001～4000	150	41.6
	4001～5000	39	10.8
	5001～10000	31	8.6
	10000 以上	3	0.8
岗位	高层管理者	6	1.7
	中层管理者	26	7.2
	基层管理者	52	14.4
	技术类员工	107	29.6
	其他一般员工	170	47.1

续表

统计内容	内容描述	频数	百分比
岗位性质	人事	36	10.0
	销售	72	19.9
	财务	24	6.6
	生产	88	24.4
	研发	52	14.4
	行政	24	6.6
	其他	65	18.0
工作时间	1 年以下	66	18.3
	1～3 年	91	25.2
	3 年及以上	204	56.5
学历	初中及以下	11	3.0
	高中/大专	50	13.9
	大专	148	41.0
	本科	136	37.7
	硕士及以上	16	4.4
公司所有制性质	国有独资	58	16.1
	私营	178	49.3
	股份制	67	18.6
	中外合资	33	9.1
	外商独资	21	5.8
	中外合作	4	1.1
公司员工总数	100 以下	33	9.1
	101～500	78	21.6
	501～1000	99	27.4
	1001～5000	82	22.7
	5001～10000	39	10.8
	10000 以上	30	8.3

资料来源:根据调查问卷整理所得。

表 3-4 报告了变量的均值、标准差和相关系数,可以看出,高绩效人力资源管理四个维度与员工绩效三个维度及劳动关系氛围均在 0.01 水平上显著正相关,高绩效人力资源管理中员工发

展、工作保障、员工参与及员工绩效中人际促进、工作奉献与离职倾向在0.01水平上显著负相关，而绩效收入和任务绩效与离职倾向在0.05水平上显著负相关。员工绩效中人际促进、工作奉献与劳动关系氛围均在0.01水平上显著正相关，任务绩效与劳动关系氛围均在0.05水平上显著正相关。劳动关系氛围与离职倾向在0.01水平上显著负相关。

表3-4 变量的均值、标准差和相关矩阵(N=361)

变量	均值	标准差	1	2	3	4	5	6	7	8	9
1 员工发展	3.23	0.65	1								
2 工作保障	4.25	0.68	0.314*	1							
3 员工参与	3.36	0.59	0.323*	0.271*	1						
4 绩效收入	4.39	0.56	0.262*	0.172*	0.356*	1					
5 任务绩效	4.56	0.52	0.415**	0.455**	0.321**	0.310**	1				
6 人际促进	4.52	0.42	0.313**	0.320**	0.416**	0.453**	0.210*	1			
7 工作奉献	3.43	0.57	0.309**	0.310**	0.435**	0.363**	0.408*	0.267*	1		
8 劳动关系氛围	4.47	0.65	0.360**	0.383**	0.361**	0.361**	0.305*	0.310**	0.432**	1	
9 离职倾向	2.87	0.66	−0.337**	−0.364**	−0.332**	−0.201*	−0.216*	−0.371**	−0.487**	−0.461**	1

注：* 表示 $p<0.05$，** 表示 $p<0.01$

本研究还检验了高绩效人力资源管理、劳动关系氛围、员工绩效及离职倾向各潜变量之间的相关性，结果如表3-5所示。可以看出，高绩效人力资源管理与劳动关系氛围在0.01水平上显著正相关，高绩效人力资源管理与员工绩效在0.05水平上显著正相关，高绩效人力资源管理与离职倾向在0.01水平上显著负相关；劳动关系氛围与员工绩效在0.01水平上显著正相关，劳动关系氛围与离职倾向在0.01水平上显著负相关；员工绩效与离职倾向在0.05水平上显著负相关。这为变量之间关系分析以及中介效应的检验提供了必要的前提。

表 3-5 潜变量之间的相关性分析(N=361)

变量	1	2	3	4
1 高绩效人力资源管理	1			
2 劳动关系氛围	0.473**	1		
3 员工绩效	0.204*	0.341**	1	
4 离职倾向	−0.367**	−0.461**	−0.213*	1

注：* 表示 $p<0.05$，** 表示 $p<0.01$

3.3.4 回归分析

本研究分别对高绩效人力资源管理与员工绩效三个维度及离职倾向作了回归分析，结果如表 3-6 所示，其中模型 1 和模型 2、模型 3 和模型 4、模型 5 和模型 6、模型 7 和模型 8 分别是对离职倾向、任务绩效、人际促进及工作奉献的回归结果。

从模型 1 和模型 2 可以看出，加入了背景变量后，F 值为 1.111，决定系数 R^2 为 0.174，说明解释了 17.4%的离职倾向。加入高绩效人力资源管理的四个维度后，F 值增加为 12.942，决定系数 R^2 也增加为 0.325，$\triangle R^2$ 在 0.01 水平上显著，标准化回归系数分别为−0.313、−0.269、−0.332、−0.201，T 检验 Sig. 值均小于 0.05。说明在控制背景变量情况下，员工发展、工作保障、员工参与和绩效收入对离职倾向具有显著的负向影响。由此，假设 2 得到验证。

以同样的判别方法，从模型 3 和模型 4、模型 5 和模型 6、模型 7 和模型 8 分别可以得出，在控制背景变量情况下，高绩效人力资源管理四个维度员工发展、工作保障、员工参与和绩效收入对员工绩效三个维度任务绩效、人际促进及工作奉献均具有显著的正向影响。综合分析，假设 1 得到验证。

表 3-6　高绩效人力资源管理各维度对离职倾向与员工绩效的回归分析

变量	离职倾向		任务绩效		人际促进		工作奉献	
	模型 1	模型 2	模型 3	模型 4	模型 5	模型 6	模型 7	模型 8
	标准系数	标准系数	标准系数	标准系数	标准系数	标准系数	标准系数	标准系数
性别	−0.127*	−0.065**	0.048	−0.003	0.035	−0.004	0.021	−0.012
年龄	−0.035	−0.036	−0.038	−0.086	0.005	−0.042	0.146	0.108
月工资	−0.139*	−0.074*	0.106	0.053	−0.005	−0.042	0.069	0.031
岗位	−0.147*	−0.111**	0.076	0.037	−0.004	−0.024	0.025	0.008
岗位性质	0.074	0.023	−0.012	0.030	−0.022	0.012	−0.075	−0.051
工作时间	−0.011	−0.066	−0.023	0.020	−0.031	0.003	−0.038	−0.008
学历	0.006	0.002	0.075	0.077	−0.093	0.093	0.047	−0.043
所有制性质	0.020	−0.027	−0.006	0.020	−0.041	−0.012	−0.099	−0.068
员工总数	−0.144**	−0.041*	0.039	−0.033	0.036	−0.027	0.113	0.052
员工发展		−0.313**		0.318**		0.297**		0.300**
工作保障		−0.269*		0.163*		0.282**		0.326**
员工参与		−0.332**		0.126*		0.174*		0.224**
绩效收入		−0.201*		0.216**		0.257**		0.152**
R^2	0.174	0.325	0.121	0.301	0.115	0.216	0.157	0.318
F	1.111	12.942	1.824	10.898	1.581	9.145	1.377	11.454
$\triangle R^2$		0.151**		0.180**		0.101**		0.161**

注：* 表示 $p<0.05$，** 表示 $p<0.01$

3.3.5 中介效应分析

本研究根据陈晓萍等(2008)建议的三步中介回归分析方法，检验劳动关系氛围在高绩效人力资源管理影响员工绩效(离职倾向)关系中是否存在中介效应:①检验高绩效人力资源管理对员工绩效(离职倾向)是否具有显著影响;②检验劳动关系氛围对员工绩效(离职倾向)是否具有显著影响;③检验在控制了劳动关系氛围后,高绩效人力资源管理对员工绩效(离职倾向)的影响情况。判别的方法是,高绩效人力资源管理对员工绩效(离职倾向)存在显著影响,劳动关系氛围对员工绩效(离职倾向)存在显著影响,在控制了劳动关系氛围后,如果高绩效人力资源管理对员工绩效(离职倾向)的影响消失,表明劳动关系氛围在高绩效人力资源管理与员工绩效(离职倾向)关系中具有完全中介作用;如果高绩效人力资源管理对员工绩效(离职倾向)的影响明显减小,就表明劳动关系氛围在高绩效人力资源管理与员工绩效(离职倾向)关系中具有部分中介作用。

(1)劳动关系氛围在高绩效人力资源管理与离职倾向之间的中介作用。

劳动关系氛围在高绩效人力资源管理影响离职倾向关系中的中介效应检验结果如表3-7。从模型1和模型2可以看出,高绩效人力资源管理对离职倾向的回归分析中,F 值由1.111增加为9.861,决定系数 R^2 由0.174增加为0.319,(R^2 在0.01水平上显著,标准化系数为－0.360,T检验Sig.值小于0.01,说明在控制背景变量情况下,高绩效人力资源管理对离职倾向具有显著的负向影响。从模型1和模型3可以看出,劳动关系氛围对离职倾向的回归分析中,F 值由1.111增加为10.466,决定系数 R^2 由0.174增加为0.405,(R^2 在0.01水平上显著,标准化系数为－0.452,T检验Sig.值为小于0.01,说明在控制背景变量情况下,劳动关系氛围对离职倾向具有显著的负向影响。

从模型 1 和模型 4 可以看出，高绩效人力资源管理和劳动关系氛围对离职倾向的回归分析中，F 值从 1.111 增加为 15.042，决定系数 R^2 从 0.174 增加为 0.425。高绩效人力资源管理和劳动关系氛围的标准化系数均小于 0，T 检验 Sig. 值均小于 0.05，说明高绩效人力资源管理和劳动关系氛围对离职倾向均具有显著的负向影响。但进一步分析发现，控制劳动关系氛围后，高绩效人力资源管理的标准化系数由－0.360 下降到－0.232，T 检验 Sig. 值也由 0.01 下降为 0.05，说明劳动关系氛围在高绩效人力资源管理和离职倾向关系中起部分中介作用。由此，假设 4 得到验证。

表 3-7　劳动关系氛围在高绩效人力资源管理与离职倾向之间的中介作用分析

变量	模型 1	模型 2	模型 3	模型 4
	标准系数	标准系数	标准系数	标准系数
性别	－0.127*	－0.120*	－0.030*	－0.030*
年龄	－0.035	－0.032	－0.007	－0.007
月工资	－0.139*	－0.141*	－0.005	－0.005
岗位	－0.147*	－0.148*	0.017	0.017
岗位性质	0.074	0.075	－0.001	－0.001
工作时间	－0.011	－0.005	－0.005	－0.005
学历	0.006	0.004	0.002	0.002
所有制性质	0.020	0.012	－0.013	－0.013
员工总数	－0.144**	－0.145**	－0.026	－0.026
高绩效人力资源管理		－0.360**		－0.232*
劳动关系氛围			－0.452**	－0.363**
R^2	0.174	0.319	0.405	0.425
F	1.111	9.861	10.466	15.042
(R^2		0.145**	0.231**	0.251**

注：* 表示 $p<0.05$，** 表示 $p<0.01$

(2)劳动关系氛围在高绩效人力资源管理与员工绩效之间的

中介作用。

劳动关系氛围在高绩效人力资源管理影响员工绩效关系中的中介效应检验结果如表 3-8。从模型 5 和模型 6 可以看出，高绩效人力资源管理对员工绩效的回归分析中，F 值由 1.744 增加为 10.023，决定系数 R^2 由 0.143 增加为 0.355，(R^2 在 0.01 水平上显著，标准化系数为 0.329，T 检验 Sig. 值小于 0.01，说明在控制背景变量情况下，高绩效人力资源管理对员工绩效具有显著的正向影响。从模型 5 和模型 7 可以看出，劳动关系氛围对员工绩效的回归分析中，F 值由 1.744 增加为 8.982，决定系数 R^2 由 0.143增加为 0.287，(R^2 在 0.01 水平上显著，标准化系数为 0.310，T 检验 Sig. 值小于 0.01，说明在控制背景变量情况下，劳动关系氛围对员工绩效具有显著的正向影响。

从模型 5 和模型 8 可以看出，高绩效人力资源管理和劳动关系氛围对员工绩效的回归分析中，F 值从 1.744 增加为 14.902，决定系数 R^2 从 0.143 增加为 0.397。高绩效人力资源管理和劳动关系氛围的标准化系数均大于 0，T 检验 Sig. 值均小于 0.05，说明高绩效人力资源管理和劳动关系氛围对员工绩效均具有显著的正向影响。但进一步分析发现，控制劳动关系氛围后，高绩效人力资源管理的标准化系数由 0.329 下降到 0.215，T 检验 Sig. 值也由 0.01 下降为 0.05，说明劳动关系氛围在高绩效人力资源管理和员工绩效关系中起部分中介作用。由此，假设 3 得到验证。

表 3-8　劳动关系氛围在高绩效人力资源管理与员工绩效之间的中介作用分析

变量	模型 5	模型 6	模型 7	模型 8
	标准系数	标准系数	标准系数	标准系数
性别	0.045	0.040	−0.030*	−0.030
年龄	0.078	0.076	0.057	0.057
月工资	0.123	0.125	−0.019	−0.019

续表

变量	模型 5	模型 6	模型 7	模型 8
	标准系数	标准系数	标准系数	标准系数
岗位	0.071	0.071	−0.031	−0.031
岗位性质	−0.060	−0.061	−0.002	−0.001
工作时间	−0.040	−0.044	−0.045	−0.044
学历	0.026	0.028	0.030	0.030
所有制性质	−0.071	−0.066	−0.045	−0.046
员工总数	−0.105*	−0.105*	0.013	0.013
高绩效人力资源管理		0.329**		0.215*
劳动关系氛围			0.310**	0.312**
R^2	0.143	0.355	0.287	0.397
F	1.744	10.023	8.982	14.902
(R^2		0.212**	0.144**	0.254**

注：* 表示 $p<0.05$，** 表示 $p<0.01$

3.4　研究结论

实证研究结论反映在以下几个方面：①高绩效人力资源管理显著正向影响员工绩效；②高绩效人力资源管理显著负向影响员工离职倾向；③劳动关系氛围在高绩效人力资源管理影响员工绩效关系中存在部分中介效应；④劳动关系氛围在高绩效人力资源管理影响员工离职倾向关系中存在部分中介效应。

本研究结论对于纺织服装企业如何通过人力资源管理措施改善劳动关系状况，并积极影响员工行为与绩效具有一定的实践指导意义，可以归纳为两个方面。①高绩效人力资源管理可以降低员工离职倾向，提高员工绩效。企业人力资源实践中，应重视内部招聘、广泛培训、系统有效的绩效管理、有吸引力的薪酬福利待遇、充分的员工参与、关注员工职业发展等有效的管理措施，以提升员工的工作能力、工作动机及工作机会，对员工产生积极影响，从而取得组织期望的行为与工作绩效。②高绩效人力资源管理有助于改善企业劳动关系。当前，中国企业劳动关系现状仍不和谐，面临诸多严峻的问题，正确处理劳资矛盾已经成为中国构建和谐社会的一项急迫政治任务（常凯，2013）。有关和谐劳动关系构建的对策措施，众说纷纭、观点不一，多以劳动争议及工人维权为研究重点，关注了劳动关系治理中的外围因素而忽略了关系的互动性和员工的内在感知，对企业内部人力资源管理策略重视不够。托马斯·寇肯等（2008）研究发现，美国劳动关系正在发生着重大的变化，带有严格书面化的工作规则及管理权威和员工权利分离的强势集体谈判已经不再适应美国经济的需要，传统集体谈判的覆盖面和吸引力都在不断地缩减，传统工会组织率呈下滑趋势。与此同时，员工培训和职业发展、团队化工作组织、员工参与、灵活报酬、员工股票期权计划等典型的高绩效人力资源管理得到不断强化。据此，他们提出美国劳动关系转型的论点，而这一转型的重要方面是企业人力资源管理的创新，实际上是通过高绩效人力资源管理改善劳动关系的过程。因此，设计既符合企业发展要求也能满足员工利益的高绩效人力资源管理体系，是纺织服装企业构建和谐劳动关系的有效策略。

3.5 纺织服装企业高绩效人力资源管理对策建议

基于以上研究结论，主要从现代人力资源管理理念的培育、高绩效人力资源管理系统构建、企业人力资源管理制度建设、绩效管理体系与激励机制构建及企业文化建设等几个方面提出对策建议。

3.5.1 树立以人为本的现代人力资源管理理念

传统的人力资源管理的典型特征是以“事”为中心，把人视为“经济动物”或“有生命的机器”，人是为了完成事而存在的，把人作为企业的成本，通过编号、标码以人事档案的形式加以管理。现代人力资源管理的根本特点是以人为本，管理措施能够充分体现员工的个性特点和需求。树立以人为本的管理思想就是以员工为本，把员工看作企业最宝贵的财富，树立人在管理中的主导地位，把调动员工的积极性和主动性当作企业人力资源管理核心。

在知识经济时代，决定生存和发展的重要资源是知识，而人作为知识的主人和企业知识资源的驾驭者，其主动性、积极性和创造性的发挥，直接决定着企业的创新能力，最终决定着企业的可持续发展。纺织服装企业是典型的劳动密集型产业，只有重视人的作用，重视人力资源的开发与管理，才能使纺织服装走上可持续发展的道路。因此，纺织服装企业的管理者要树立以人为本的现代管理思想，重视人力资源的开发功能，在企业经营发展过程中要以人为本位，要重视人、关心人、尊重人、培养人，满足人的合理需求，从而调动人的工作积极性，以实现企业的发展目标。

以人为本的现代人力资源管理理念反映在人力资源管理的各个环节中。在员工的招聘与配置活动中，要坚持能岗匹配原理，把合适的人放在合适的岗位上。使员工的知识、能力、经验、特长和兴趣尽可能与其所在岗位的要求相适应，不但使该岗位的职责能够充分履行并与相关部门协调配合，使企业整体获取最大效益，还能使个人的知识才能在该岗位上获得极大发挥并感到愉快。人才培育是企业人力资源管理与开发的重要职能，也是提高企业整体效益的重要举措。“以人为本”的人才培育，就是在培育人才的过程中，管理者和员工要统一思想，把培训当成人力资本投资并给予大力支持，而不能看成是单一的成本支出。企业高层领导应重视员工教育培训,对员工进行终身教育和实践锻炼。如通过工作扩大化、工作丰富化、工作轮换、弹性工作制、以员工为中心的工作再设计等不断增强工作的技巧性、独特性、重要性、自主性和反馈性,提高员工的工作愿望和工作能力。

3.5.2 重视高绩效人力资源管理系统构建

企业人力资源管理是一项系统工程,作为企业发展竞争的基础,其重要性已是不言而喻。企业必须研究分析环境因素,科学合理地对自身的人力资源管理系统做出战略规划。尽管国内外学者对高绩效人力资源管理的构成维度提出了不同观点,但基本都涉及就业保障、员工关系、员工甄选、广泛培训、绩效评估、薪酬激励、利润分享、工作任务、团队组织、交流沟通、信息共享、员工参与管理等许多方面。针对目前纺织服装企业人力资源管理现状,构建高绩效人力资源管理体系须特别重视以下几个方面的工作。

①员工发展方面。公司应该为员工提供有效的全面的培训,在员工刚加入公司时组织新员工的价值观及技能培训,并且最好每隔一段时期根据工作需要安排相应的培训,使员工在实际工作中了解岗位职责说明书的规定并严格遵守。直接上级应该了解员工在公司内的职业发展意愿,并在提升员工时会充分考虑,以利于员工今后在公司内部的发展。

②工作保障方面。清晰定义员工的工作职责并制定科学的工作说明书,员工的岗位职责尽量包括员工需要完成的所有职责。企业不要轻易解聘员工,即使是员工没有达到工作要求,也不要以解聘相威胁,从而为员工提供良好的工作保障。

③员工参与管理方面。企业应从制度设计中保障员工的管理参与权,上级能与员工进行坦诚的沟通,经理人员在决策过程中须经常参考员工的意见。员工在自己的职责范围内可以自己决定工作方式,并有机会提出改进工作方式的建议。

④绩效考评与薪酬激励方面。企业对员工的绩效考核尽可能以客观的结果为基础，并以量化的形式来衡量，员工的绩效表现是决定工资或奖金是否增加的重要依据，员工的奖金收入应该与公司的利润状况密切相关，保障员工薪酬的公平性。

高绩效人力资源管理系统的构建必须得到高层决策人员的重视和支持，人力资源管理不是人力资源部门一家的工作范畴，而是一项“系统工程”，高绩效人力资源管理强调“全员参与、共同协作”，需要全体员工的参与和执行。

3.5.3 重视纺织服装企业人力资源管理制度建设

纺织服装企业人力资源管理制度主要包括两大方面。一是基础性管理制度，如组织机构和设置调整的规定、工作岗位分析与评价工作规定、岗位设置和人员费用预算规定、对内对外人员招聘规定、员工绩效管理规定、人员培训与开发规定、薪酬福利规定、劳动保护用品与安全事故处理规定、职业病防治与检查的规定。二是员工管理制度，如工作时间规定、考勤规定、休假规定、年休假规定、女工劳动保护与计划生育规定、员工奖惩规定、员工差旅费管理规定、员工佩戴胸卡的规定、员工内私出境规定、员工内部沟通渠道的规定、员工合理化建议的规定、员工越级投诉的规定、员工满意度调查规定等。

纺织服装企业人力资源管理制度可以自己建立，也可以采取“拿来主义”及“经验主义”。当然，在人力资源管理制度建设中，简单照搬其他企业的制度难以达到预期效果，是不可取的。借鉴优秀公司人力资源管理的经验，在外聘专家的指导下，企业内部人力资源工作人员研究设计适合本企业的人力资源管理制度，是目前比较理想的制度建设路径。具体人力资源管理制度所能产生的效果通常是与经济社会环境、企业特定发展阶段、人员素质及管理水平相关联的。纺织服装企业人力资源管理制度的设计需要考虑这些因素及优秀公司取得成功经验的环境条件。只有认真分析优秀公司人力资源管理的成功经验，结合本企业的现实，才能构建起适合自己企业特点的“个性化”的人力资源管理制度。

3.5.4 构建合理有效的绩效管理体系

科学有效的绩效管理体系对纺织服装企业的发展至关重要，可以对员工个人绩效和团队的组织贡献进行考评，为员工的薪酬决策、晋升、降职、调职和离职提供依据，对招聘选拔和工作分配决策、对培训和员工职业生涯规划效果做出评价，也可了解员工和团队的培训和教育的需要进行考评，对人力资源规划提供信息，促进企业的可持续发展。

绩效管理系统的设计包括绩效管理制度设计和绩效管理程序设计。其中，绩效管理制度是指企业单位组织实施绩效管理活动的准则和行为规范以及绩效管理的目的、意义、性质、特点，组织实施的程序、步骤、方法、原则和要求，它是企业制度的一部分，应充分体现企业的价值观、经营理念，以及人力资源战略和策略的要求。而绩效管理程序包含管理总流程设计和具体考评程序设计，以保障企业绩效管理制度得到有效贯彻和实施。绩效管理制度与绩效管理程序二者相互作用，相互影响，相互制约，缺一不可。

当前，纺织企业员工个人绩效考评工作还不够理想，缺乏必要的反馈和沟通机制，考评结果流于形式。构建科学完善的绩效管理体系，需要重点解决如下一些问题：完善绩效管理体系及制度保障、建立定性指标与定量指标相互补充的绩效考评指标体系并合理确定考评指标的数量问题、提升绩效考评结果的沟通艺术、使考评结果与奖惩激励制度紧密衔接以及如何在实践操作中不断积累经验和改进考评的问题。

3.5.5 构建以绩效为基础的多样化的激励机制

哈佛大学的威廉·詹姆斯研究发现,按时计酬的员工每天一般只需发挥20%~30%的能力用于工作就足以保住饭碗。但如果能充分调动其积极性,他们的潜力会发挥到80%~90%,这一差距对提高劳动生产率意义重大。要发挥如此高的潜力需要依靠有效的激励,就是激发人内在的行为动机并使之朝着既定目标前进。激励是调动人的积极性的过程,是管理的重要职能。

管理要达到激励员工的目的,就必须对绩效管理系统和薪酬管理系统进行相应改善:在绩效管理中,给员工制定绩效目标要切实际,必须是员工经过努力能够实现的;在安排任务时,要尽量结合员工的价值取向,安排员工认为有价值的工作;对薪酬管理而言要根据员工不同的需要设计个性化的报酬体系,以满足员工的不同需要。要采用对员工有激励价值的方式激励。

以绩效为基础的激励机制就是结合市场环境、员工能力及岗位价值并依据绩效考评结果,建立企业的薪酬福利与激励机制,将薪酬福利体系同绩效评价相联系,使员工的薪酬回报能够体现外部竞争力和内部公平性。因此,企业进行薪酬制度设计时,要调查和掌握市场行情,综合评价自身实力,确定本企业的薪资定位,并通过科学的岗位评价确定企业内部各个职位的相对价值,从而确定工资等级标准,制定不同职级的薪酬福利方案。

建立灵活多样的激励机制,了解员工的需求是前提,公平则是最重要的原则,另外有效约束也是建立激励机制的必要补充。遵循科学的激励原则可以提高激励的效果,达到人力资源管理中预先设定的目标。应该准确地把握激励时机、激励频率、恰当地把握激励程度、正确地确定激励方向,从而有效地达到激励的目的。

依据马斯洛的需求层次理论,人的需求存在不同层次。纺织服装企业可以采用薪酬福利待遇激励满足员工最基本的生存需要，员工中间层次的需要以情感关怀去满足，员工自我实现的最高层次的需要则以事业精神激励去满足。对一般员工，薪酬回报可能就满足了他的需求，但对于高成就员工，自我实现的需要必须充分考虑。核心员工（包括企业高、中层管理人员、技术骨干、营销能手等）需要进行长期激励，通过股权激励使核心员工与企业形成“风险共担、利益共享”的利益共同体，实现企业与员工的共同发展、共同成长。因此，纺织服装企业应根据员工的不同需要，建立行之有效的薪酬激励体系，以充分调动每个员工的工作积极性。

除了薪酬、奖金、福利的物质激励而外，需要重视精神激励。要给高成就的员工安排具有挑战性的工作，提供良好的工作环境和条件，激发他们的创新意识和能力。精神激励的形式多种多样，如目标激励、荣誉激励、感情激励、表扬激励、兴趣激励、参与激励、文化激励、晋升激励以及榜样激励、形象激励等。

针对不同类型员工需制定不同的激励方式。对于管理人员，需制定严密的、公正、公平的绩效考评制度，并通过分析和掌握不同管理人员的职业发展特征，因人而异地制定相应的职务提升计划，通过个人职务提升计划与工作绩效的密切联系激励他们。也可通过基层锻炼满足管理人员对荣誉感的需求，并且磨炼他们的意志，培养他们吃苦耐劳的精神。对于专业技术人员，要为他们营造良好的科研工作环境，建立健全激发科技专业人员公关、技术创新的各项制度，并根据贡献对优秀人才实行重奖等。而对于一线生产人员，则需为他们制定工作目标，并把个人薪酬回报与工作目标相联系，目标的实现意味着企业效益的提高和个人收益的增加，从而调动员工的积极性。同时，制定公平、公正的绩效管理制度，使绩效考评结果与企业奖惩相结合，并加强对员工的培训来满足一线人员对学习各种技能的需求，不断改善员工的劳动环境，激发员工的工作积极性。

3.5.6　培育有特色的企业文化

企业文化是企业的灵魂，企业文化涉及企业的指导思想、经营理念和工作作风等，是指导和约束企业全体员工行为的价值观念。企业文化作为现代企业管理的重要内容，对企业经营业绩的促进作用非常重要，已经成为企业获得竞争优势的基础。企业发展源自核心竞争力，而核心竞争力来自于技术及管理，基础是企业文化。通过学习国内外优秀企业的企业文化，纺织服装企业应建立起自己独特的、竞争对手难以模仿的企业文化，为企业持续发展注入强大的文化推动力。

纺织服装企业创建企业文化需从以下几个方面着手。

①重视管理团队建设。企业文化特色决定于管理团队特别是最高管理者的个性、学识和修养，因此，企业文化建设的前提是培养优秀的管理团队。

②提升产品质量，塑造良好的产品形象。企业形象归根结底是产品形象塑造的，而产品形象中产品质量是基础。企业应把质量管理融入企业文化，通过产品质量的提升，推动企业文化建设，以企业文化推动质量管理。重视产品质量，将质量意识灌输到每一个员工的头脑，设立一套行之有效的质量监考机制，从管理层到员工层层落实，使产品质量稳步提升。

③强化员工行为规范教育。员工良好的规范行为的养成是建设高素质职工队伍的重要途径，也是企业文化建设的重要内容。应该把企业文化建设融入企业管理之中，通过制度导向和自我约束规范和养成员工良好的行为习惯。

④构建全员培训机制。纺织服装企业是劳动密集型行业，产品的质量和效益直接受到员工的能力和技术水平的决定，因此，公司必须重视对全体员工进行知识、技能和质量意识的培训，以提高全体员工的整体素质。为适应市场竞争和员工知识水平提升的需要，企业应组织多种形式的培训，使员工在不同岗位条件

下都能拥有与工作相适应的能力素质。

⑤提升员工文明素养。坚持以人为本的管理理念，采取各种措施提升员工的整体素质。企业首先需要制定员工的行为规范及素质要求，然后通过开展形式多样的思想道德教育，组织丰富多彩的文化技术培训及职工文体活动，使员工的思想道德素质和业务技术水平得到不断提高。各级管理人员更需加强政治理论、现代管理知识、企业文化、商务礼仪等内容的培训学习，树立管理者的表率形象和带头作用。

本章小结

以中国纺织服装企业为对象，探讨了高绩效人力资源管理、劳动关系氛围及员工绩效、离职倾向的关系，深入分析了人力资源实践通过劳动关系氛围对员工绩效与离职倾向的影响，理论上验证了高绩效人力资源管理对员工行为与绩效的影响效应，特别是验证了劳动关系氛围在高绩效人力资源管理影响员工绩效与离职倾向关系中的中介效应。实证研究发现：高绩效人力资源管理显著正向影响员工绩效，高绩效人力资源管理显著负向影响员工离职倾向，劳动关系氛围在高绩效人力资源管理影响员工绩效关系中存在部分中介效应，劳动关系氛围在高绩效人力资源管理影响员工离职倾向关系中存在部分中介效应。本研究结论验证了纺织服装企业高绩效人力资源管理对员工行为与绩效的积极影响，揭示了人力资源实践通过劳动关系氛围影响员工行为与绩效的作用机制，为高绩效人力资源管理可以有效改善企业劳动关系的论点提供了理论依据，对战略人力资源管理理论及劳动关系理论有一定的贡献。基于实证研究结论，从培育现代人力资源管理理念、构建高绩效人力资源管理系统、重视企业人力资源管理制度建设、完善绩效与薪酬激励机制及企业文化建设等几个方面，提出纺织服装企业高绩效人力资源管理对策。

本研究也存在不足之处。首先，企业处在不同发展阶段，其人力资源管理实践会有所不同（王雪莉等，2015），因此企业发展阶段可能是高绩效人力资源管理结果效应的干扰变量，本研究缺少对这一影响变量的控制。其次，高绩效人力资源管理通过劳动关系氛围对员工绩效及离职倾向产生的影响会包含一定的时间效应，本研究属于横断面采集数据，调查问卷基本是在同一时间获取的，缺少对人力资源实践影响效应的时间滞后性的考虑，今后的研究可采用包含时间跨度的纵向研究加以克服。另外，高绩效人力资源管理的具体实践内容及企业采取高绩效人力资源管理的动力机制等，都是该领域需要进一步探讨的问题。鉴于以上存在的局限性，本研究结论仍具有探索性，需要进一步研究验证。

4 规范人力资源管理基础工作

人力资源管理在企业管理中具有不可代替的作用。改革开放以来,我国企业管理面临的外在环境因素发生了明显的变化,市场竞争日益加剧。来自国外企业的竞争,几乎影响、冲击到了每一个产业和每一家企业,中国企业的生存环境变得更为多样和复杂化,企业管理的难度也将前所未有地增加。外国资本和跨国公司进入中国市场后,对各行各类人才的争夺战也成为威胁中国企业能否可持续发展的一个潜在因素,优秀的技术人才和管理人才资源的匮乏将严重制约到中国企业管理水平的进一步提高。

人力资源管理工作的重要性日益凸显,如何管理好纺织服装企业的人力资源,它不仅需要正确的管理理念,还需要掌握管理的艺术,在不触动原则的规范下灵活处理问题。企业不但要重视整体战略规划,而且要制定与整体战略相适应的人力资源规划,制定适宜的选人、用人、育人、激人、留人的人才政策,必须重视人力资源管理的基础工作,保证企业的核心竞争能力。

4.1 工作分析

我国随着经济建设的日益发展和进步,企业管理也随之经历了从简单到复杂、从经验到科学、从传统到现代的一定程度上的模式演变。而在企业人力资源管理中最为基础性的工作就是工作分析这个环节。具体来说,工作分析属于一种活动或过程,是依靠分析者直接采用合理而科学的手段与技术,通过一系列数据收集、分析对比、综合有关工作的各种信息，为人力资源管理实践及其他管理行为服务的一种管理活动。一个企业要想使人力资源开发与管理的效率提高，最重要的一个前提就是要深入了解每一种工作职业的特点以及能胜任各种工作职业的人员之间的特点，这正是进行工作分析的主要内容。

(1)工作分析的含义

所谓工作分析，就是分析工作的过程，是指采用专门的方法获取组织内工作岗位的重要信息，并以特定格式把该工作岗位相关信息描述清楚，从而使其他人能了解该岗位的过程。

工作分析需要提供的信息包括：这些工作由谁完成？具体工作内容是什么？工作时间如何安排？工作在哪里进行？工作目的是什么？工作的服务对象是谁？如何开展这些工作？从事这些工作需要什么资格条件？通过工作分析得到的最主要文件就是工作说明书。

工作分析有其通用的基本术语，美国劳工部针对有关工作的一些专业术语总结并列举出了比较规范的定义。主要包括工作任务、工作职责、工作职位及职业等。工作任务是指员工某一时间段内为了完成某一特定的目的所进行的一项具体活动。工作职责是由一个人承担工作的其中一项或多项任务所组成的活动。工作职位指代在一个特定的群体中，一项或多项的具体任务落实到一个特定的员工身上时展示出来形成的工作岗位。在组织中，职位最明显的一个特征，就是职位数量与成员数量相对应。简而言之，就是让每一个员工匹配一个职位。我们平时说到的工作其实泛指由一个或一组职责近似的多个职位构建而成的结构。一项工作可能会出现有一个职位，也可能有多个职位的情况。另外，在人力资源管理中常常使用工作族的说法，工作族指的是由两个或两个以上的工作组成的工作体系，这些工作或者要求执行这份工作者具有或拥有相似的特点，或者包括多个平行的任务等情况。职业是指员工在不同的组织中由相似的工作构成的某些工作属性。我们应该注意区分对待的是工作是就一个组织而言，而职业却不同于工作，它是就跨组织而言的。一个人的职业生涯是指一个人在其工作的生活当中所经历的一系列职位、工作或职业。工作分析通常需要收集有关特定任务的大量信息来源，一个员工每做完一项任务就构成一个职位，再由相同的职位组建成一份工作，最终由相似的工作组建而成一个职业。

(2)工作分析的意义

工作分析与选聘员工

工作分析形成工作说明书，在工作说明书中详尽解释和规定了各类工作的性质、特征以及任职此类工作需要具备的资格、条件。工作说明书为选聘人员提供了详细的标准。选聘人员进行相关测评时，能更加明确的选择应该考核的项目和考核所要求的有关内容，避免人员招聘的盲目性，从而有效保证了“为事择人、任人唯贤、专业对口、事择其人”的选聘原则。

工作分析与员工培训

企业员工培训中一个重要的部分就是对员工进行一定程度的职务职责培训，目的是让员工掌握基本的职业技能，具备上岗任职的基本资格，提高员工胜任本职工作的能力。工作分析得到职务标准和职务培训规范两个方面的内容，保证了职务规范化培训达到实现。因此，总的来说，工作分析得到的工作说明书是职务培训必不可少的基本依据。

工作分析与绩效考核

工作分析以岗位为中心展开一系列科学的分析，明确各个岗位的职责和权限，及承担本岗位相关人员对应的资格和条件。绩效考核的重要对象是人，围绕员工的德、能、勤、绩等方面进行综合考评，考评结果通常作为任免、奖惩、报酬及培训的参照依据，使每个员工的价值得到更好的发挥和体现。从实际作用看，工作分析与绩效考核共同实现了人力资源管理中“因事择人，适才适所”的要求。从人力资源管理的工作程序上看，工作分析为绩效考核提供了不可或缺的基础，因为绩效考核的基本内容、项目和指标体系的确定，都是以工作分析的结果为客观依据的。

工作分析与岗位设置

工作岗位的安排是否合理到位，直接影响一个企业在运行过程中的人力资源管理的效率和科学性。工作分析结果的科学合理性，对一个组织中工作岗位类型、数量、工作人员及工作人员素质起着重要的决定性作用。一般而言，工作岗位设置主要需考虑以下几点。

①因事设岗原则。根据企业不同部门的职责规定设置岗位，岗位和人的关系是设置和配置的关系，不能盲目地因人设岗。在设置岗位时既要考虑企业当下的现实经营需求，也要顾及企业今后的发展。

②合理规范原则。岗位名称及职责范围表述必须规范。不同岗位性质其职责表述应该有所差异，如针对脑力劳动的岗位职责，为了保留工作中的创新空间，相关规定尽量不要过细。

③整分合原则。企业在进行组织整体规划的过程中应明确分工并充分落实，使各个岗位职责明确、协调，发挥企业最大的能力。

④最少岗位数原则。最大程度上减低人力成本，缩短岗位信息传递的时间，从而提升组织的运作效率和市场竞争力。

⑤人事相宜原则。把合适的人落实到合适的工作岗位上，按照岗位需要的人员素质要求，合理安排和选聘人员。

工作分析与岗位评价

工作分析客观描述了工作岗位的信息，岗位评价则是以工作分析为基础，采用科学的评价工具，选取必要元素和正确指标进行分析判断，得出每个工作岗位所具备的价值。然后依据岗位价值，再去评判求职者在这一岗位上对组织的贡献。显然，工作分析的结果是岗位评价的基础和依据。

工作分析与工作的再设计

工作分析所得到的信息为工作设计提供了依据。具体而言，对一个刚刚成立的组织，工作分析为工作流程、工作方法、工作环境与条件等的设计提供了基础，采用工作分析的相关信息可以完成这些设计；而对一个已经运行中的组织而言，则可以根据组织发展演变过程中所体现出的需求，进行局部设计或再调整。工作分析为重新定义工作、优化工作方法提供了依据。前者属于工作设计，后者属于工作再设计，工作再设计是改进了已有工作的一部分。通过工作再设计加大员工的参与程度，从而使员工的工作积极性和责任感、满意度得以提高。工作再设计强调组织需要与个人需要的兼顾，两者缺一不可。

工作分析与员工职业发展

不论在企业还是政府与事业单位，员工对自我工作能力的培养和发展越来越密切关注，因此各个单位的管理者必须以员工与单位协同发展的角度给员工设计职业发展规划。要做到既兼顾组织发展又兼顾员工职业成长，必须依据工作分析的准确信息。

(3)工作分析的基本步骤

工作分析是一项全面的技术性很强的评价过程，这个过程包括观察工作中的行为，与有关人员进行合理的面谈，编制和审看工作的材料，编写工作说明书等。工作分析的程序一般包括准备阶段、调查阶段、分析阶段和汇总完成四个阶段。

准备阶段

工作分析之前需要合理定位工作分析的目标，做好相关准备工作，具体包括：(1)明确列出工作分析所针对的目标以及待解决的问题，并不是所有的工作都需要一一进行分析；(2)确定在分析过程中所用的人力、时间，并做好详细的规划及预算准备；(3)对工作分析的方案严格设计并合理组织；(4)提前与有关人员做好宣传与沟通工作，令其做好准备工作；(5)构建工作小组，对任务与权限进行适当的分配。

调查阶段

调查阶段包括收集相关信息，如详细的工作过程、工作性质、工作责任及人员任职资格条件等。(1)明确调查分析所指向的对象，保证分析对象的代表性与客观性；(2)选择合适的调查方法，如实践法、观察法等；(3)编制各种适合观察的提纲和调查问卷；(4)选择调查分析人员，选择时主要考虑经验、专业知识和个性品质等方面的情况；(5)实施调查。这一阶段能否全面、翔实、准确地收集到需要的信息，关系到工作分析的质量，是工作分析的一个关键环节。

分析阶段

这一阶段的工作任务是详细分析上述调查内容，按照已收集、整理、审查的相关资料，完成整个工作分析过程，正确反映出工作的性质和任职的条件。一般从四个方面进行分析：(1)分析名称。概括该项职务的特征，表达该项职务的适当名称。(2)分析规范。分析该项职务涵盖的工作任务、责任、关系与强度。(3)分析环境。对物理环境、安全环境与社会环境的分析。(4)分析条件。该职务必备对知识、经验、操作技能和心理素质的一些分析。

完成阶段

工作分析的完成阶段。工作分析的最终表现结果形式是分析得出的文件材料。工作分析的最后阶段是综合分析上述的调查内容，以正当的书面形式表示出分析的结果。在这一过程中分析人员要进行审阅并组织材料，依照前三个阶段得出的结论，编写制定出工作说明书和工作规范。

4.2 员工胜任力管理

随着科学技术的不断更新及互联网的冲击，组织面临的形势也刻不容缓，如环境与市场的复杂性和难以预测性，不论是工作内容、性质还是职责边界等方面都有了很大的变化，在这样的情况下，组织要想进行变革与长远发展，首当其冲的就是人力资源管理模式的变革。当前，传统的注重职能型、事务性的人力资源管理模式弊端正逐渐显露，组织急切需要开发一种新的人力资源管理模式。为了增强市场反应能力、提升组织整体竞争力，组织核心竞争力的代表将来自于员工的胜任能力，特别是针对部分具有相当高专业技术和能力的员工能力管理。新经济时代，一个企业拥有竞争优势的重要途径就是围绕员工胜任力的管理。基于胜任力的人力资源管理体系，能够凭借能力发展为核心，将组织愿景、价值观念、企业文化、经营战略等现代化经营理念，真正有效地转化为每一位员工的言行习惯。本节将介绍胜任力的起源，胜任力的基本概念、胜任力模型的定义以及构建基于胜任力的人力资源管理体系的必要性。

4.2.1 胜任力与胜任力模型

(1)胜任力研究的起源

古罗马时代，为了表达“一名好的罗马战士”应该具备什么条件，人们构建绘制了胜任剖面图，这可视为胜任力概念最早的雏形。20世纪初，“科学管理之父”泰勒研究发现，在完成工作方面，优秀工人和较差工人存在很大的差别。为了提高员工的工作效率，他建议管理者使用时间和动作两种要素去界定优秀工人的胜任特征，同时通过系统培训和开发提高工人的胜任力，进而提高组织效能，这是胜任力建模的一个启蒙。

20世纪50年代后期，哈佛大学著名心理学家麦克利兰博士在美国政府支持下经过长期研究，提出了胜任模型及其分析方法，并建立了一家咨询公司专门承担美国政府选拔外事情报人员的任务。1973年，麦克利兰首次提出胜任力概念。他运用大量的研究成果证实了通过滥用智力测验来判断个人能力的不合理性，认为理论假设和主观判断是不可靠的。他提出要从第一手材料入手，直接发觉现实生活中那些能真正影响工作业绩的个人条件和行为特征。之后，胜任力的研究与应用在西方国家掀起了一股热潮，逐步构建了一系列的胜任力模型和测量量表。1982年，理查德·博亚兹出版了《胜任的经理：一个高效的绩效模型》一书，胜任力模型开始真正应用于企业领域，并取得了很好的效果。

在人力资源管理活动中有着基础性和决定性作用的胜任力模型是非常重要的因素，企业通过利用胜任力的可衡量性来评价其领导者及各层级员工目前在胜任力方面存在的一些不易发现的差距，以及未来需要改进的方向和程度。胜任力研究逐渐拓展开来，胜任力模型现已被越来越广泛地应用于人力资源管理的各个领域，成为组织提升管理效率、优化管理成本必不可少的重要工具。

在胜任力模型基础上进行人力资源规划与人才盘点的比较，能有效提升人力资源规划与人才盘点的精细化水平，提高其实用性。基于胜任力模型的人才招聘与甄选，可以提高“人才筛选”的精准性与成功率。基于胜任力模型的绩效管理，可以弥补业绩导向考核方式的片面性。基于胜任力模型的人才培养设计，能够制定清晰的人才培养标准，促进更具针对性的培训需求诊断，提高人才培养的效率。基于胜任力模型的个人发展计划设计，可以明确员工的发展路径，帮助员工逐步解决自身职业发展方面存在的不足。

(2)胜任力的基本概念

胜任力的定义和解释有很多种，先是怀特在 1959 年将人的一种特质称之为胜任力，而后麦克利兰于 1973 年提出胜任力能够把达标绩效与不达标绩效明显区分开来，并且能够在一系列的生活角色包括职务角色中表现出来。目前普遍使用的是斯宾塞夫妇于 1993 年提出的概念，即胜任力是指能够将某一岗位(或组织、文化)上表现突出者与表现平平者区分开来的潜在的、深层次的一种个人特征，它可以是动机、特质、自我形象、态度或价值观、某领域的知识、认知或行为技能中任何可以被可靠测量或计数的，并且能显著区分工作中优秀绩效和一般绩效的个体特征。

胜任力可用冰山模型来表示，即把个体取得成功的过程中所需的个体特征比喻成是在海面漂浮的一座冰山，而能否成功的个体不但受到水面以上易于观察与测量的表层特征的影响，如知识、技能等；还会被水面以下较深层次的特征影响，如社会角色、自我概念、个性特点和动机等。通常后者往往是决定人们能否取得优异绩效的关键因素。

胜任力的概念包含以下三个要点：(1)个体特性组成了胜任力。不仅包括外显部分如知识、技能等；还包括内在的价值观、个性特质、动机等；(2)胜任力与绩效不可分割。员工工作绩效的水平差异决定于胜任力的高低之分，只有那些能够对绩效产生预测作用的个体特征才属于胜任力；(3)胜任力是可衡量、可分级的。即使是水面以下部分的个体特征，也可以利用多种方法对其进行衡量与评估。

(3)胜任力模型的定义

在一个组织中，不同的岗位要求员工与之具备的胜任力水平也极为不同；即便是同一个岗位，针对不同组织和不同行业，对各员工的胜任力要求也是有区别的。我们把带动个体在某个情境中发挥出来的优秀工作绩效的各种个体特征的集合称为胜任力模型。

(4)胜任力管理的必然性

随着经济全球化趋势的日益加剧与科技的迅猛发展,人类社会逐步过渡到以知识为基础的知识经济时代。在这一阶段,人力资源已超过自然资源和物质资本,成为第一战略资源。因此,如何有效建立并发挥人力资源竞争优势,已成为现代企业管理者尤为关心的问题。在这一阶段人力资源从业者如果要提高在组织中的发言权与地位,必须要切实承担起为组织显著增值的职责。然而,仅仅依靠传统的人事管理职能,远远无法达到该要求。

传统的人力资源管理是以工作分析和岗位描述为基础来开展人才选拔、员工培训、后备人才管理等工作的。传统的岗位描述只对任职者应该做的活动做了指定,而对如下问题没有进行明确的描述:为了满足组织成功的需要,任职者的工作产出或者结果是什么。在今天的动态组织中,工作活动不会长期保持不变,因此岗位描述面临着"很快过时"的风险。另外,聚焦于工作活动,无法有效引导管理者关注绩效或结果,也无法有效引导组织投资于高生产力者或优异绩效者。

基于胜任力的人力资源管理,无论是在理念还是在方法上都有别于传统的人力资源管理。它首先关注的是人,然后才是人的产出或结果。是从人员导向的视角,而不是从工作导向的视角看待所需要的产出、组织的工作角色和要求。

4.2.2 企业员工胜任力模型设计原则

胜任力指标体系满足不同层次企业员工在工作方面的各种需求,同时也有利于企业整体的可持续发展。针对有着实际效用的评价指标体系来说,应该体现出以下原则。

(1)迎合企业员工的需求

企业员工个性特征上的精神需求,在工作的情景中具体表现为对自身价值实现的一种追求。以往的评价指标无法使他们从地位和金钱方面满足于自我价值实现的需求，但是基于胜任力的评价体系却能满足企业员工的这一需求。企业员工资历浅又缺乏经验，胜任力评价体系不仅为其提供了很大的机会，还吸引了大多数有潜力的年轻人进入到企业，这样一来，满足了企业员工的心理需求，使他们更愿意、也更关注提升自己的能力。

(2)胜任力指标体系应与工作绩效对应

建立的胜任力指标体系应该和高绩效工作水平彼此相互对应，也就是说，选拔人才的依据是建立起来的胜任力指标体系，这些指标体系是高绩效优秀员工的表现，而不应该仅仅只是合格员工的体现。这就需要具有能够带来高绩效工作水平的深层次特征。

(3)胜任力指标体系应与企业文化相融合

每个企业的发展都离不开其自身的文化特色、企业的管理风格、员工的价值观和行为方式以及企业一直保留下来的传统习惯，直至最后逐渐演变成饱含文化韵味的一种企业特色。所以，构建胜任力指标体系中，自我概念、个人特质、动机描述所显现的行为方式与价值观，除了与岗位相对应外，还要考虑到企业整体的文化氛围和价值观相互统一的问题。这样，招聘到的员工不仅与岗位要求相吻合，同时在后期的工作中也能够迅速融入到企业的文化氛围中。

(4)提高竞争力，促进企业发展

为了加强实现企业的发展战略，对胜任力评价进行科学管理有着不可比拟的优势。通过分析战略结构，以企业战略为中心，构建以人为本的激励方式，对企业创造参与型和学习型的企业文化有很大作用。企业应该鼓励员工不断学习、进行更好的自我管理，创造知识共享的积极氛围，鼓励公司与客户、公司与合作伙伴、公司内部同部门、不同员工间开展广泛的合作交流，共享知识，共同进步，实现双赢。员工胜任力不断地更新，对企业整体能力的提升有很大作用，可以增强企业的灵活性，适应变幻莫测的竞争环境所带来的一切挑战。

4.2.3 企业员工胜任力模型构建

由于传统招聘选拔方式只以人员的外显方式来考察，把教育背景、技能水平和经验当作评价的标准，导致对应聘者的核心动机和所拥有的特质不能进行很好的测量，以至于最后选拔出来的员工不能很好地进行工作。基于胜任力模型的招聘选拔除了能进行系统化的招聘，预测优秀绩效，还能花费较少的时间、投资合理的资金，最后得到隐藏成功潜力特质的员工。企业员工胜任力模型的构建过程如图 4-1 所示。

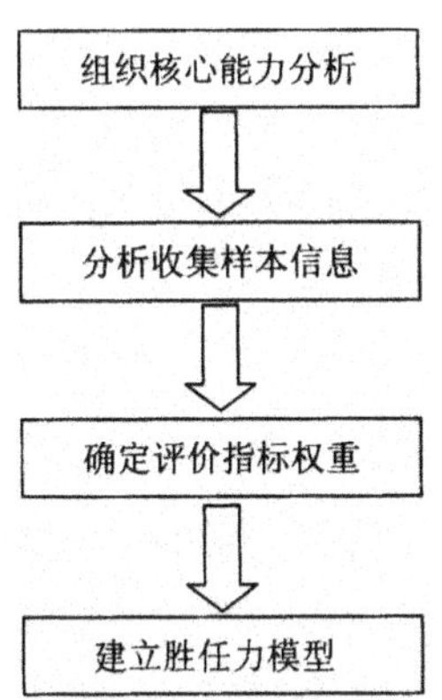

图 4-1 企业员工胜任力模型构建图

(1)分析核心能力

组织核心能力指代组织中积累性的知识，尤其是组织怎样协调并处理各种生产技能，结合成多种技术流派的学识。由于组织核心能力特点包括价值性、异质性、难以替代和无法模仿等，所以是决定企业竞争优势的重要源头。企业核心能力由流程、知识、技术和内外关系构成。而这四个来源均与企业中的人有着密不可分的关系。员工掌握的核心技能与专长可以带给客户特有的价值。企业的核心能力取决于企业的战略，核心能力同时决定了相应的核心人才应具备的核心能力。因此，在胜任力设计前，企业使命和企业的价值观要相当的清晰明确，包括企业赖以生存和发展的关键能力。

(2)对样本信息进行分析收集

根据企业的核心能力，经专家小组研究讨论，可以按照员工的职位任职资格、职位所需学历、技能水平等方面规划安排任职资格，将同一职种的员工归类成不同的职等，然后再对每一职等策划对应的能力模型。这样不但能降低建立能力模型的工作量，又能够激励员工积极提高自身能力。胜任能力模型对工作表现突出的人员进行了描述，因此，针对胜任能力模型开发的时候先对模范人物进行分析，这是能力评价标准的一个基础，即研究优秀员工的特征及行为。根据他们的结论，进一步分析其能力要素，提炼出区分优秀员工与一般员工的标准。胜任力模型要素构建有众多方法，如观察法、专家小组法、问卷调查法、专家系统数据库等。目前，行为事件访谈法比较有效，被广泛使用。对典型人物进行分析时，可以选取 2～3 个标杆人物做分析对象，如针对研发人员，要求研发人员在描述事件的起因、时间、过程、结果、相关人物以及影响层面等内容的同时，也要描述自己当时的感想，分析其自身原因，以此获得研发人员在工作时所需要的知识技能、专业经历、工作动机等方面的信息。

(3)构造胜任能力模型

提取胜任力的特征可以通过访谈报告的形式，利用层次分析法展开分析，然后根据重要性进行排序，进而做一致性检验，最终明确各等级人员的胜任力模型的构成要素及权重，构建出胜任力模型。

4.3　人岗匹配与提升员工工作满意度

人力资源管理是一切管理工作中最为复杂的一种管理。随着市场经济、知识经济和信息经济的不断快速发展，对人力资源的管理只局限于强调人的主体地位和调动人的积极性已远远不能适应时代的飞速发展，必须在“以人为本”管理的基础之上，逐步形成一种以人的知识、智能、技能和实践创新能力为核心内容的管理新思路。

不同的个性、不同的思维方式以及不同的人生要求决定了所有组织的管理难度都大大提升。如何合理使用员工以提高员工的工作满意度，使企业人力资源成本最优化，确保企业经营目标的实现，需要一系列有效实用的管理艺术和技巧。

4.3.1　能力与岗位匹配

企业的人力资源合理化利用程度决定了一个企业的经营水平。合理使用很重要的一点就是要充分认识员工能力之间的差异性，并最大限度地发挥员工的能力，根据员工能力的不同，做到合理、有效使用和支配。在使用员工的过程中，应遵循以下基本原则。

(1)知事识人原则

良好的人事任命建立在两个基础之上：一是对员工的了解，二是对职位要求的了解。如果员工的能力与工作要求大致相对应，那么任命一般就会成功，否则风险极大。心理学研究表明，每一个人都有一定程度上的能力，每一种工作都有一个某种程度上的能力界限，既不要超过一定的能力界限，也不能低于一定的能力界限。

知事是指在安置员工之前,必须详细了解和明确不同岗位、不同职务的工作内容,以及该岗位对员工素质技能的具体要求。在知事的同时,还要识人,应当尽可能全面地获取员工的个人信息,如知识水平、个体性格、兴趣、身体健康状况以至于家庭背景关系。掌握员工的信息越全面,出现用错人的概率就越低。应在知事与识人的基础上,减少使用员工的失误,提高用人的准确度。

(2)兴趣引导原则

企业在进行人岗匹配时,应考虑员工的兴趣与需要,尽量分配员工到他相对感兴趣的工作岗位上去任职。心理学的有关研究表明,兴趣可以引导人类的个性心理,影响人的工作效率及事业成功的概率。一个人从事一份自身愿意投入热情的工作,就会从工作本身得到一种令人满足的感觉,从而调动工作积极性,提高工作效率。不过兴趣爱好因人而异,企业的岗位差异很难与人的差异一一对应。所以,管理者要尽可能依据员工特点和企业实际,做出合理安排。

实践中,企业中存在一些比较枯燥、乏味、较苦、较累的工作,这些工作很少有人感兴趣。对于大家都不愿意做的工作,应采取其他有效的措施解决,如提供优厚的待遇,或提供一些其他满足员工的条件,来弥补员工牺牲个人利益的补偿,使得企业经营中任意一份工作都有人干。

(3)任人唯贤原则

任人唯贤是提倡企业用人要出于"公心",以事业为重,依据企业和员工的实际,合理安排业务能力强、品行端正的员工到重要岗位,发挥他们自身最大的优势。坚持任人唯贤的原则,企业会凝聚强大的团队力量。

"贤"字涵盖两层含义:一是德贤,即员工要有良好的品行;二是才贤,即员工自身的知识水平高,业务能力强。任人唯贤,就要做到德与才的统一。

人才重要，知识才能重要，但人的“德”更重要。没有“德”，就谈不上敬业爱岗，谈不上多做贡献，连起码的职业道德都没有的人，企业是不会欢迎的，更不会委以重任。

(4)用人所长原则

生理差异和后天培训程度的不同，使每个人的能力存在一定的差别。我们身边的所有人，都有与自己不同的地方，有些能力不及自己，有些比自己优秀。世上很少有全才，美国杰出的物理学家迈克逊，是位诺贝尔奖获得者，可在军事课却是个不及格的学生，如果让他统兵打仗，很可能是个蹩脚的军官。

因此，人力资源管理在任用员工时必须重点注意这个差异性，根据人与人之间的不同，进行职位相对应安排，这就是用人所长。

当然有好就会有坏，如用人不到位就会造成损失。任何人都必然有许多弱点，但我们可以设法使弱点不发生作用。正如美国管理学家德鲁克在《有效的管理者》一书中所说：有效的管理者能使人发挥其长处。

(5)试用稳定原则

深入认识一个人，需要花费一定的时间，过程比较复杂。安排员工到相应的工作岗位是一个主观的决策过程，正确决策前需做好相关准备工作，以保证主、客观情况的一致性。由于人的认识能力有限，且客观环境一直处于变化中，起初的人事安排不一定合适，所以新员工上岗时要对其进行一段试用，在试用期间考察他的行为是否符合岗位要求。试用期的长短要随工作本身的复杂度和员工实际情况决定，切忌一刀切。

试用期间，人与工作协调较好的员工，应保持其稳定性，不要轻易调换他们的职位，因为人对新环境和新工作需要一个适应过程。度过试用期，工作效率会有所提升，而持续这种状态是每个企业所需要的。

如果员工在刚刚适应了新环境之后就被调换，会影响他的学习效率，因为它需要重新回到学习状态。假如这种情况无休止的重复，会严重影响企业的经营效率。法国的管理学家法约尔指出："一般来说，繁荣的企业领导人员是最稳定的，那些运气不佳的企业领导人是经常变换的，这种不稳定同时是不景气的原因与结果。"

(6)优化组合原则

企业由数量众多的员工组成，人员组合恰当可以释放出非比寻常的能量。有些企业部门的员工在构成群体时，结构不太合理。例如，小群体中女性过多，则可能生出许多是非；年轻人太多，则可能不够沉稳；性格内向沉稳的人多，则可能缺乏创意，等等。

实践中经常会用这样的事例：通过优化组合，一个机构精挑细选出一部分员工之后，工作量没有下降，效率反而成倍提高；两个成绩一般的小组，在个别员工互换之后，工作效率明显同时增加。这就是优化组合产生的效应。优化组合产生的效应反映在两个方面：一是该群体形成了良好的人际关系，协作能力大大地提高了；二是形成了合理的人才结构，能力互补，效率提升。只有优化互补的组织才能团结协作，开拓创新，达成组织的共同目标。

一加一等于二，这是人人都知道的。可是用在人与人的组合调配上，如果编组恰当，一加一可能会等于三、等于四，甚至等于五。万一调配不当，一加一可能等于零，更可能是个负数。所以经营者用人，不仅要考虑他的才智和能力，更要注意人员的编组和调配。

4.3.2 因人设岗与因岗配人

因人设岗与因岗配人是企业中人力资源开发与管理中经常出现的两种现象。

(1)因人设岗的优点和缺点

因人设岗指企业中因存在某一类人才而特此为之设立相应的工作岗位的一种现象。计划经济的产物衍生出了因人设岗，其中原因包括：人才不能流动和任职只能高不能低。市场经济条件下，企业也出现了因人设岗的现象，但原因不同，多是为了重用人才，做到人尽其才。

因人设岗的优点：(1)发挥特殊人才更好的自身价值；(2)降低人才变动的概率；(3)企业经营多样化，风险降低。因人设岗的缺点：(1)冗员增多；(2)部分员工积极性降低；(3)不良风气蔓延。

(2)因岗配人的优点和缺点

因岗配人则是工作所需设立的岗位，然后依据工作岗位的需要进行相应人员配置安排的一种现象。市场经济衍生出了因岗配人，这种现象普遍存在于各类企业。

因岗配人的优点：(1)冗员减少；(2)生产率提高；(3)便于人才流动；(4)调动更多员工的积极性；(5)实现各司其职。因岗配人的缺点：(1)部分人员面临失去工作的风险；(2)某些人才被迫离职。

(3)企业家的选择

在企业中，对于因人设岗和因岗配人来说，领导应该着重哪一个？一般情况下必然是因岗配人。不过在实施因岗配人的方案中应该注意以下几点：①区分人才，以合理方式保留，此类人才的特点是，当下作用较小，随着企业的发展，他们的作用日益显现；②树立长远的目光；③关注离去人员的动态，必要时可以发挥价值。

4.3.3 提升员工的工作满意度

员工能力的提升为提高企业效益、实现企业目标提供了可能性，员工对工作的满意度则是直接影响员工能力发挥的重要因素。提高员工工作满意度、充分发挥员工工作能力、实现企业经营战略，是摆在每个企业管理者面前的重要任务。企业应该尽最大可能了解员工对工作满意度的情形，着重分析影响员工工作满意度的具体因素，从而采取相应的合理措施。具体可以从以下几方面着手。

(1)薪酬分配制度应力求公平

薪酬是影响员工工作积极性和工作满意度的一个重要因素。一般而言高薪是每一个员工所希望的，但不是所有的高薪都会收获理想的工作满意度。公平理论认为，人们会关心通过自身努力所得报酬的绝对量，但更加关心自己的报酬付出比和他人的报酬付出比之间的对比，也就是更关心相对的报酬量。所以，薪酬回报与工作满意度之间的关系，不单单是受到自己所得的影响，更关键的是对公平的相对认同。想要更好地满足员工的工作满意度，就要建立公平的薪酬分配制度。

企业分配制度的公平性，应从分配公平和程序公平两个角度去保证，并维持好内部公平与外部公平的均衡。分配公平是指个人所获报酬结果是公平的，要求个人报酬必须建立在工作要求、个人技能、工作绩效基础之上，保证了分配公平，员工对工作的满意度也会大幅度上升。程序公平就是收入分配的过程是公平的，分配是按照事先确定的大家公认的原则和程序进行的，决策过程保持公开化、制度化和科学化。研究发现，尽管分配结果是否公平对员工的满意感有较大的影响，但是，程序公平更容易让他们接受使其可能感到不太满意的分配结果，并以积极的态度对待组织的决策。

(2)丰富岗位工作内容

大多数人，特别是知识类员工更愿意挑战内容丰富的工作。其原因是，有挑战的内容丰富的工作给他们自身提供了一个极好表现自己才华，并促使其成长发展最终有助于实现自身价值的一个平台，满足了他们自身发展的需要。但实践中常常听到的是更多的抱怨，如工作太过单调、没有发展与成长空间等。这种抱怨时间一长，就会造成心理疲劳，降低员工的工作热情，工作满意度必然下降。

企业往往缺乏人才，而许多企业的优秀人才又在频繁跳槽，其中一个原因就是企业没有为员工提供内容丰富、充满挑战性的工作，员工在工作中得不到自我体现，"不辞而别"的现象也就屡屡发生了。纺织服装企业工作大都属于中等体力劳动，员工更容易产生单调、乏味、疲劳感，因此员工流失较其他行业也相对严重。

企业在进行工作设计时，可以采用工作轮换、赋予工作自主权、完整性和技能多样化，实现工作的丰富化。同时建立科学合理的绩效反馈机制，提升工作挑战性。工作轮换指定期地将员工在技术水平相似的不同工作岗位之间进行调配，开拓多样化技能。工作丰富化是针对员工担负的所需技能水平不同的工作内容的增加，以加强员工对工作计划、执行和评价的控制程度。一般而言，没有挑战性的工作给人厌烦的感觉，过于难度大的工作也会让人产生挫败的感觉。付出一定努力最后完成的工作，既含有适度的挑战性，又会给员工带来一定的满足感。

(3)建立融洽的同事关系

对于大多企业员工来说，他们不是单纯的"经济人"，还是"社会人"，从事工作不只是为了获取物质收益和看得见的成就，在满足他们工作的同时获得密切的人际关系也是非常重要的。维系友好的同事关系，不但对提升员工的工作满意度有很大帮助，还能加大企业的凝聚力。纺织服装企业大多属于劳动密集型企业，融洽的同事关系对于拥有团结协作的团队、提升个体与组织绩效有着重要的意义。

要维持好的同事关系，除了自身应具备友好待人的品质之外,企业内部的意见沟通也极为重要。无论是上下级之间,还是同事之间都应该经常性地参与正式或非正式的沟通,这样不但可以解决不必要的误会,还可以增进彼此的信任关系。工作实践中,员工之间多多少少都会因工作方法、利益分配甚至生活习性造成不可避免的矛盾或冲突,解决这些问题的一个重要途径就是沟通。沟通是化解员工工作不满的一种有效的工具。

(4)优化工作环境

工作环境的好坏影响员工工作满意度,员工对工作环境的关心不仅仅是为了自身的愉悦,也是为了更好地完成工作。没有一个最起码的安全环境,不仅危害员工的身心健康,还会影响员工的工作效率,时间一长,员工工作的不满情绪增加,最终导致生产经营秩序不能完持和运行。每个员工都希望自己工作的环境是安全的,工作环境的温度、湿度、灯光、舒适感以及噪声等都应该处在一个合理的控制范围。因此,企业应按照国家劳动保护和安全生产的有关规定,努力改进劳动条件,保证安全生产、文明生产,使员工能在一个安全、舒适的环境中愉悦、高效地工作。

(5)人事决策基于绩效考评

绩效考评结果可以为薪酬分配、人员调动、培训与晋升等诸多人力资源管理决策提供合理、科学的依据。企业应严格参考绩效考核的结果做出相应的人力资源管理决策,这样更易达到准确性、可靠性,评估结果也能发挥它的意义。事实上,在部分人为因素的影响下,人事决策也不是完全按照严格的考评结果进行合理执行的。在员工付出了应有的努力和劳动后,结果却没得到该得的期望薪酬,特别是组织提前说好的报酬,他会产生质疑,“下次再比这回努力点会得到好的结果吗?”很明显,依旧达不到。时间长了,这种失望情绪会越来越深,甚至会影响工作。相反,企业如果实现了事先承诺好的,能做到一一兑现承诺,就会给员工一种踏实的工作感,他会努力工作,对工作的满意感也就大幅度提升了。总而言之,准确的绩效考核结果对企业的人力资源决策意义重大,需要合理分析之后应用到工作中,企业应该严格按照考核结果做出相关人力资源决策,以提升员工满意度,调动其工作积极性。

(6)人与事的有机匹配

美国心理学家霍兰德的"人格—工作适应性"理论认为,员工对工作的满意度由个体的人格特征与工作岗位的匹配程度决定。这里提到的人格是指个体性格特征和行为方式,如性格、兴趣、气质、爱好和能力等方面。当个体的人格特征匹配所选职业时,员工会认为自身有能力去做好这份工作,从而对待工作的热情度也很高,这样会比较容易赢得成功,员工对工作的满意度也会提高。

要想增加员工对工作的满意度,就要实现人格与工作的匹配。为此,首先要研究工作岗位具备的特征,明晰员工担任该岗位工作需要具备哪些条件,包括任职资格和人格特征;其次要通过多种方式去测评个体的心理品质,更全面的掌握个体的人格特征。最后将岗位要求与人的特征相结合,实现人与事的有机统一,达到人尽其才。这样不但能提高员工对工作的满意度、提升工作效率,还有利于促进员工自身的成长发展。

(7)转变员工不合理的需要

相对于满足需要的途径,人的需要是无限的,由此不是所有的需要都能得到对应的满足。合理的需求应该尽量给予满足,但对于不合理的要求需采取多方面的措施进行弱化,甚至转变为另一种合理的需求,如企业对员工的思想教育,为了使其树立正确的思想观念,就可以通过宣传英雄事迹,学习优良品德,发扬优良传统,树立员工的爱岗敬业精神,使组织与个人深刻的结合起来,建立起鲜明的组织文化,凝聚组织的力量,使员工达到认同感。身处一个生机盎然、管理有序、业绩突出的组织,员工对工作的满意度必定会随之提高,从而进一步提高企业的工作效率。

本章小结

就人力资源管理基础工作而言，工作分析、胜任力管理、人岗匹配及员工的工作满意度提升是最为关键的。应该尽可能实现工作内容的标准化、制度化及工作流程的规范化、信息化，加强工作设计及充分授权，通过工作设计与工作自主性的提升，增加员工工作的兴趣和工作价值感知。确保人力资源管理实践尽可能科学合理、公开、公平与公正，借助人力资源管理实践建立良好的工作环境和组织氛围，为每一个员工创造施展才干的平台，有效地促进员工工作效率的提升，为企业发展奠定基础。

一般而言，员工都希望管理者公平公正、信赖下属。传统上采用行政命令式的任务分配与工作安排不一定取得员工的认可和内心服从，因此可能无法真正提升员工的工作满意度，调动员工的工作积极性，甚至引起员工对管理方及组织的抵触和对抗。企业应优化工作设计，考虑员工注重参与、寻求自主决策的心理特点和工作需要，改变绩效管理中制定和分解目标任务的方式。通过上下级之间的沟通协调，提出员工认可的绩效考核周期内需承担的任务目标，并给予员工一定程度的授权。在绩效目标完成的过程中，采用规范的制度约束和软性的文化引导，多倾听员工意见，及时给予反馈，管理人员的基本职责是为员工提供所需要的资源支持，引导员工自我管理，自我激励，促使员工的职业成长及组织发展。

5 重视企业人力资源战略与规划

人力资源战略属于职能战略，对企业总体战略和事业战略起到支持作用，人力资源战略只有与企业经营战略相匹配，才能发挥最大效用。人力资源规划是人力资源管理的一项基础性工作，不断变化着的内部和外部环境要求企业定期对员工需求及供给进行评估。为保证企业在不同时间及时获取各种需要的人才，企业在发展过程中必须要有与其战略目标相适应的人力资源战略和规划。

纺织服装企业人力资源战略是建立在企业理念和纺织服装企业未来发展战略以及人力资源管理的基本方针基础上的。纺织服装企业必须有短期、中期和长期的发展战略，并以此带动人力资源管理，培育纺织服装企业的核心竞争力。

5.1 人力资源战略与规划的产生

人力资源的战略与规划是伴随着社会的发展和工业化程度的不断加深而相继产生出现的，在早期的管理中，人力资源规划的作用大都非常有限，直到20世纪60年代企业才开始将注意力转移到这部分上来。人力资源的规划受到人们的重视是在20世纪70年代以后，人力资源的管理在企业地位中的确立及战略性人力资源思想的形成促使企业开始把焦点转向人力资源管理怎样去适应企业的战略要求，进行一系列统筹规划和安排。1977年在美国成立的人力资源战略与规划学会，标志着人力资源战略与规划作为人力资源管理的一项职能已经产生。人力资源的规划产生并逐渐发展成为人力资源管理的职能主要经历了四个阶段。

(1)战略与规划的萌芽阶段

在推行科学管理之前,所进行的一切相关事宜都属于人力资源战略与规划的萌芽阶段。在当时的这个阶段,相对于资本家来说,劳动力是一种不被重视的资源。自从工业社会产生以后,资本家在组织生产时,首先会从自身利益出发,想尽一切办法去规划如何能够获得足够多的资本,在市场上存在着大量过剩和廉价的劳动力,而这些劳动力的来源主要由农民、退伍军人及无业游民组成。劳动力资源过剩使得资本家在市场上满足劳动力的需求变成了一件轻巧简便的事,此外,除了认识方面的狭隘性,资本家对劳动力的管理态度也是随意应付。在早期的工厂制度下,由于在短时间内进行工业革命的国家从农业社会转变成了工业社会,社会现实无法提供大量符合要求的管理人员,所以就出现了当工厂规模足够大时,工厂的管理人员一般都来自于工人队伍,他们所获得的管理知识通常来自本企业中的工作实践经验,因此在一定程度上缺乏严格的管理原则,更没有一定的制度体系及管理理论去指导实践,因此,这些管理人员只能采用一些带有强制性的方法去约束、管理工人。而进了工厂的工人自身缺乏工作经验、工作技术,还严重缺乏劳动纪律性,为了让工人更好地去适应大型工业生产并严格按照机器的效率运转工作,资本家开始采用监工,通过罚款、解雇甚至是鞭打等行为强迫工人服从,这种高压高要求的逼迫、驱动手段引起了工人们最终的愤怒,劳资双方矛盾日益显现并越来越突出。在这一阶段,企业对劳动力在企业发展中作用的认识极为有限,劳动者地位明显低下,工人被完全看作是完成任务的一种工具而已,资本家尽可能压低成本以取得利润的最大化,因此,这一阶段没有很好的体现人力资源战略与规划职能。

(2)战略与规划的产生阶段

人力资源战略与规划的产生阶段主要在19世纪末至20世纪50年代。这一阶段主要是在以泰罗为代表的科学管理运动的推动和深刻影响下,对工厂管理形成了更多的一些认识,标准化、制度化成为提高工人工作效率的主要方法。伴随着企业规模一天天的扩大和生产技术的进一步完善,促使劳动分工、专门化、员工选择和绩效考核等相关部分的管理技术在管理中被大规模、大范围的运用起来,由于在企业运行中,对生产效率的过分重视以致忽略了对工人技术上的严格要求,企业内部人力资源的规划使一些职能在企业中已经开始逐步产生,这就需要人力资源对供给和需求进行详细规划、预测等合理做法,以及根据人力资源供给和需求之间的差距来制定人力资源规划的一些相关政策。当然,这一阶段并没有形成完整的、系统的人力资源规划理论,并且企业人力资源规划重点也只是片面的落实到了怎样从市场上寻找到掌握熟练技术的工人,进而通过各种有效的管理措施来提高工人的工作效率。

(3)战略与规划的发展阶段

当第二次世界大战结束以后,日益发展的科学技术和日益壮大的企业规模,使得拥有高级技术的人才极其稀缺,又由于战争导致中、青年男性劳动力重度缺乏,从而促使人力资源规划发展到一个新的阶段,成为企业人力资源管理中不可替代的重要部分。企业人力资源战略与规划的重点是人才的供需平衡,特别是在管理人员、专业技术人员的供需平衡方面上。在这一阶段,对人力资源战略与规划的普遍看法是企业借助预测其未来的人力资源需求情况,来预测估算其内部或外部的人力资源供给状况,以此确定供求之间的差距,并且根据得到的结果,做出员工招聘、选拔、培训和开发以及人员晋升和调动的方案设计。到了20世纪70年代,美国陆续颁布了各种和人事有关的法案文件,其中包括企业不能随便解雇员工、应保护员工福利和工作安全。同时，随着人力资源管理重要性的凸显，人力资源的战略与规划渐渐被意识到是一种关键的管理人事方面的职能。在这一阶段，人力资源战略与规划除了包括预测需求和供给，还包括企业对人力资源环境内部的详细分析、人力资源预测和规划、员工职业计划和发展、员工工作绩效等方面，并且在制定人力资源规划的同时，还要认真考虑到与企业战略的相互适应性，最终综合考虑人力资源规划的行动方案和配套体系。总之，在这一阶段由于人才的缺乏和在企业发展过程中人力资源的作用不断加强，使得企业管理者对人力资源规划的认识也有了一定的提高，人力资源战略与规划的职能也不断丰富。

(4)战略与规划的成熟阶段

20 世纪 80 年代以来，经营环境的变化使得所有企业面临的形势越来越严峻，企业经营管理中企业战略因素所扮演的不可推卸的重要性越来越明显，对人力资源管理的认识也上升到战略管理的高度，企业为了明确人力资源战略开始运用一些工具和技术，并将人力资源战略和人力资源规划联系起来，从而在面对不同的人力资源战略的前提下，企业就可以运用提前制定好的不同的规划进行不同的组织活动。在这一阶段，企业战略的重要性不断凸显，为企业战略目标的实现最大程度的提供了人力资源的保证。此外，人力资源战略与规划也为人力资源部门的各项业务活动设定目标，一般人力资源战略与规划所设定的目标就是考评人力资源部门业务活动如招聘、考核、培训等方面的标准。人力资源规划与人力资源战略相统一，既要考虑和经营的外部环境相匹配，同时也要考虑人力资源管理职能的一致性，使人力资源规划成为一个完整的体系。这种内外部结合的一致性表明，对企业人力资源战略与规划认识进一步成熟，正如佛勒德(1990)明确指出，人力资源规划与战略规划这两者可以说是完全相互平行的，组建总的战略规划与人力资源规划彼此相互联系、相互影响、密不可分，而人力资源规划更需要高层的管理人员、人力资源专业人员、直线部门主管及相关问题专家共同组织完成，从内容上应涵盖人力资源管理的方方面面。人力资源规划中发挥作用最大、最重要的就是人力资源管理信息系统，它对人力资源信息方面的记录、跟踪、统计、分析有重要的影响。

5.2 人力资源战略要与企业发展战略相匹配

5.2.1 人力资源战略的定义与作用

人才是企业的核心资源，人力资源战略在企业职能战略中具有重要作用，人力资源战略实施目的是对企业人力资源进行更好的管理。人力资源战略是一种变动性战略，应随公司经营环境及企业经营战略的变化而变化，并与其保持一致。人力资源战略是一种管理方式及管理视角，其将人作为管理重点。

通过人力资源战略，管理人员与人力职能人员共同参与和解决与人相关的企业问题。其主要目的是帮助管理人员确定对本组织的竞争力与成功最为重要的问题。而且，人力资源战略能将所有的人力资源活动连在一起并使管理人员了解它们的意义。具体来说，人力资源战略作用反映在以下几点：①根据企业的经营战略目标，确立人力资源战略；②分析企业人力资源战略管理面临的内外部环境，挖掘潜在风险，找出应对措施；③对核心、重点专业领域员工的发展进行科学规划，打造企业核心人才竞争优势；④建立企业未来三五年的人力资源规划和培养措施；⑤对企业所需人力资源及人力资源类型进行合理规划。人力资源战略最终是为企业总体战略和事业战略服务的，只有与企业经营战略相配合，才具有价值和意义。

5.2.2 人力资源战略的分类

(1)康乃尔大学对人力资源战略的分类

根据美国康乃尔大学的研究，人力资源战略可分为吸引战略、投资战略和参与战略三种类型。

吸引战略

这种战略主要是从人的需要出发，通过丰厚的薪酬去诱引和培养人才，并将员工稳定留住的方法。常见的策略包括给予员工物质奖励、改变绩效计算方式、增加员工福利等。在这种战略中，每个人的职责明确，强调工作效率，当然，以提高员工薪酬福利为着眼点的策略，势必会增加企业人工成本，这是其不利影响，企业可以通过精选员工及严格控制员工数量来降低这一不利影响，通过将高素质、业务精炼的员工招聘至企业，使企业的高薪制度达到最佳的效果。

投资战略

投资战略从员工的长远发展着眼，为企业建立一个备用人才库，通过培训，使员工工作技能不断得到提升，建立企业与员工之间良好的劳动关系，使员工在企业能够真正成长，并建立员工对企业发展良好的责任感；在这种战略中，被培养的员工可能要承担更多的工作职责，彼此之间的职责界限不是太明确；这种方式使员工得到较多的工作保障，并强调员工的自我学习和不断积累；这种战略注重员工潜能的发挥，是公司培养人才的长久战略。

参与战略

参与战略鼓励员工形成对企业的主人公意识，使员工在参与企业事务中，发挥出积极主动性和自主性，在合力、合作完成任务的过程中，员工之间的默契感增强，团队凝聚力增强。

(2)史戴斯和顿菲对人力资源战略的分类

史戴斯和顿菲认为，企业可根据变革的程度采取不同的人力资源战略，主要包括家长式战略、发展式战略、任务式战略和转型式战略(表5-1)。

表5-1 史戴斯和顿菲的人力资源战略分类

变革程度	管理方式	人力资源战略
基本稳定，微小调整	指令式管理为主	家长式战略
循序渐进，不断变革	咨询式管理为主，指令式管理为辅	发展式战略
局部改革	指令式管理为主，咨询式管理为辅	任务式战略
总体改革	指令式管理与高压式管理并用	转型式战略

家长式人力资源战略

这种战略主要运用于避免变革，寻求稳定的企业，其主要特点是：强调的是一种家长式的管理方式，强调权威和组织的力量，重视程序、先例的作用，奖惩和协议是人事管理的基础。

发展式人力资源战略

当企业的经营环境处于变化之中时，为适应这一变化，企业可采取渐进变革式或发展式人力资源战略。其主要特点是：以个人及公司的发展为着眼点，运用激励的方式，并强调内在激励多于外在激励，合理利用绩效管理，培育企业发展文化。

任务式人力资源战略

任务式人力资源战略强调管理者以管理命令和任务分配为基础，以企业管理制度和规范为依托，要求企业员工要对本单位的效益负责。这种战略的主要特点是：要求合理进行工作设计，加强工作常规检查，建立相应的物质奖励机制及员工技能培训方案，通过合理的程序处理劳动关系问题。

转型式人力资源战略

当企业经营环境发生急剧变化时，企业为求得生存，必须进行变革，与这种变革相匹配的是转型式人力资源战略，这时运用转型式人力资源战略，能够使公司制度、相关规定及工作安排得到普遍支持，企业通过高压式政策创立新的结构、领导和文化。其主要特点是，调整员工队伍结构，降低不必要的人力成本，将管理骨干招聘进企业，选贤任能，勇于打破传统习惯，培植企业文化，加强企业新的人力资源系统及机制的发展完善。

5.2.3 人力资源战略与企业战略的整合

(1)人力资源战略与企业总体经营战略的整合

人力资源战略与企业总体经营战略的整合有以下形式：①配合式。这种配合方式是将企业总体战略的需要作为出发点，人力资源战略的制定应居于配合和从属的地位，以完成企业总体战略为目标。②互动式。这种方式强调在互动及沟通中进行人力资源战略的制定，人力资源管理一方面要配合企业总体战略的制定，另一方面要和总体战略制定者进行互动，将自己部门的需求和发展能力反映出来，以满足共同的需要。③完全整合式。人力资源战略的制定要参与到企业总体战略的制定中，主要通过正式参与和非正式参与两种形式进行。

(2)人力资源战略与企业基本竞争战略和文化战略的匹配

奎因的研究提出，企业的基本竞争战略和企业文化战略与人力资源战略可以有如表 5-2 所示的匹配方式。

表 5-2 企业基本竞争战略和文化战略与人力资源战略的匹配

基本竞争战略	文化战略	人力资源战略
低成本、低价格经营战略	官僚式企业文化	诱引式人力资源战略
独创性产品经营战略	发展式企业文化	投资式人力资源战略
高品质产品经营战略	家族式企业文化	参与式人力资源战略

采用成本领先的企业多为市场稳定、生产技术娴熟、员工可靠性强的企业，企业通过流程设计及职责分配，追求稳定的产量及销售业绩，这种企业强调制度的作用，领导方式多为集权式领导。员工的工作积极性及市场的稳定性对采用这种战略的企业影响较大。

采用产品差别化战略的企业主要着眼于独特性产品及技术，并希望通过创新占领竞争优势，采用这种战略的企业对员工的工作评价不会采用硬性的标准，会注重员工独立思考能力及创新能力的培养。为迎合战略的需要，企业应为员工创造一个宽松的工作氛围及相对轻松的工作环境。

采用高品质产品经营战略的企业鼓励员工积极参与工作，注重发挥员工的自主性。员工对企业的发展状况、生产经营状况较了解、关心，并能提出建议和意见。

(3)人力资源战略与企业发展战略的匹配

人力资源战略只有与企业的发展战略相匹配，才能实现企业的发展目标。企业发展战略和人力资源战略的匹配分析如下。

集中式单一产品发展战略与家长式人力资源战略的匹配

企业采取集中式单一产品发展战略，通常是源于规范的组织结构和运作机制，企业运作高效，产出有保证，在这种企业中，各部门之间分工明确，人员职责明确。配合集中式单一产品发展战略需要，人力资源发展多采用家长式，这种人力资源战略方式能够有效地选拔胜任的员工，并给员工提供适宜的报酬，在人事任免上，人力资源管理部门领导采用家长式的管理方式，从职能作用上评判员工作用。

纵向不整合式发展战略与任务式人力资源战略的匹配

采用纵向不整合式发展战略的企业以任务完成为目标，在企业中建立了规范的运作机制、控制监督机制，各部门之间相互配合，以实际效益的达成为最终目的。这种企业多采用任务式的人力资源战略，以员工的任务完成量为考核标准及绩效衡量标准。为高效完成任务，企业多挑选专业人才，并注重其培养。

多元化发展战略与发展式人力资源战略的匹配

采用多元化发展战略的企业一般多经营多种产品，组织部门以战略事业部为主，并给予其一定的经营权。这类企业的发展面临的环境复杂，应对的问题较多，对员工的衡量标准多元化。配合这种发展战略多采用发展式的人力资源战略，这样才能综合评价员工，全面培养员工，塑造能够胜任多样化工作的员工，企业的发展才能得到保证。

人力资源管理与经营战略和组织结构的联系如表5-3所示。

表5-3　人力资源管理与经营战略和组织结构的联系

经营战略	组织结构	人力资源管理			
		员工甄选	绩效评估	薪酬	职工发展
单一产品	职能型	职能导向：由主观因素确定	主观化：需要个人去量度	非系统化、家长式分配方法	非系统化、基于工作经验：以单一功能为主
单一产品（垂直整合）	职能型	职能导向：以标准来确定	非个人化：以成本和生产力数据为基础	基于表现和生产力	职能专才和若干通才：以工作轮换为主要方式

续表

经营战略	组织结构	人力资源管理			
		员工甄选	绩效评估	薪酬	职工发展
通过收购不相关的事业的增长	独立、自给自足的事业单位	职能导向：系统化的程度视个别业务而定	非个人化：基于投资回报率和赢利	运用公式计算投资回报率和赢利等	跨职能但非跨事业
通过内部增长和收购相关产品线的多元化增长	多元事业部门	职能和通才导向：运用系统化确定	非个人化：以投资收益回报率、生产力及对公司整体贡献的主观评估为基础	大额奖金：基于赢利和对公司整体贡献的主观评估	跨职能、跨部门和跨事业/部门：正式发展
多国家多元产品	全球性企业	职能和通才导向：运用系统化确定	非个人化：基于多项目确定	奖金：基于多项计划目标计算，给予高层管理者以中度的酌情权	跨部门和跨附属公司以至企业：正式和系统化

总之，对人的管理要与企业整体的发展相契合，人力资源管理要成为企业总体战略规划中的重要部分，甚至成为其中最关键的部分。

5.3 理解企业人力资源战略管理模式

人力资源战略管理模式的研究可分为宏观和微观两种视角。微观视角着眼于资源管理与员工行为及态度的研究；到 20 世纪 80 年代后期，人们开始从宏观视角审视人力资源管理问题，主要探索企业人力资源管理战略与企业绩效的关系。而宏观的人力资源管理也就是我们常说的人力资源战略管理，学者们从不同的视角出发，提出人力资源战略管理的模式大致可分为以下四类。

5.3.1 最佳实践模式

合理的人力资源管理活动和方式能够帮助企业在市场上获得竞争优势，最合适的人力资源活动可以提高组织的生产绩效。该模式认为“最佳的”人力资源政策的运用能够充分提高企业生产绩效，而产品市场、经营目标和组织外部环境等因素则不需特别考虑。这种观点认为企业可以通过建立并实施各种各样的机制，如提高员工能力，得到员工的信任，激励员工和选择合适的工作方法等来实现效益最大化。该模式的主要特点是强调一些人力资源管理活动对企业绩效具有普遍的促进作用，因此这种模式也称为“普适模式”，并且把这些人力资源管理活动称为“高绩效工作体系”。

最佳实践模式影响企业绩效主要从以下几方面入手：(1)甄选方面。研究发现，选择员工招聘来源、甄选测验的效度、结构化的甄选程序、认知与能力测验以及加权申请表格等五种甄选活动对企业盈利、盈利增长率以及整体绩效均具有积极影响。(2)培训方面。对员工采取结构化的培训方式，这种方式对企业绩效提高有明显作用。(3)绩效评估和薪酬方面。绩效薪酬对于经济效益及市场绩效存在正向影响，绩效薪酬能提高企业的绩效。管理者或员工薪酬改革和调整等，对企业绩效的影响较大。

5.3.2 权变模式

最佳实践模式的观点遭到了一些质疑，认为企业绩效只由人力资源管理活动来影响，而排除其他影响因素是与现实实践不符的。

人力资源管理活动对企业绩效的影响会受到其他内外因素的制约。特定的人力资源管理活动对组织绩效有正向影响，如利润分享计划、工作保障等，当然必须配合内部职业发展机会、结果导向的绩效评估与员工参与等特定的人力资源管理活动，才会有较佳的组织绩效，如创新人力资源管理会提高组织绩效，但是必须在如下条件下才能最佳地提高企业绩效：一是员工知识丰富、技能精良；二是员工愿意努力地运用这些知识与技能；同时，组织若将人力资源管理实务与战略结合，能够取得良好的绩效。

5.3.3 最佳配合模式

最佳配合模式认为不同类型的人力资源战略管理适合于不同类型的企业条件。该模式认为在人力资源战略与竞争优势之间存在一定的联系，但是人力资源战略灵活地依赖于各个企业的具体环境。企业组织需要界定在各个方面适合自身的人力资源战略，包括产品市场、劳动力市场、企业规模、企业结构、企业战略和其他相关因素。对于一个组织合适的人力资源战略对其他组织可能就不一定合适。一般认为有三种最佳配合模式。

①生命周期模式。该模式将人力资源战略政策选择与企业在其生命周期从成立到发展、再到成熟、衰退的不同阶段中不同的需求联系起来。提出这一模型的学者认为，在每一个阶段，企业都有不同的经营上的优先考虑，这些不同的考虑反过来需要有不同的人力资源战略。例如招聘、甄选与员工配备、报酬与福利、培训与开发以及劳资关系等职能都需要对组织的经营周期的不同阶段做出不同的反应。

②组织结构模式。该模式认为有效的人力资源管理系统能够提高组织的效益。该模式提供了一套人力资源管理系统结构，分析了人力资源管理战略的形成、组织实施及其与企业战略目标之间的关系。该模式认为，管理人员应该将人力资源管理作为一个完整的工具运用到战略决策中去，关键的管理任务是调整正式

的结构与人力资源系统，从而使它们共同推进实现组织的战略目标。

③人力资源模式。该模式着力将公司的竞争战略与人力资源管理实践相联系，通过分析员工及管理者"角色"、行为模式来构思人力资源战略。人力资源模式认为企业应该关注的是内部资源、战略和组织绩效之间的关系，将企业人力资源发展为独特的竞争优势。只要人力资源是独特的，且不容易被模仿或取代，它就能创造独特的优势和效应。该模式的着眼点在于提高人力资源的知识、技能、态度和胜任力素质，这些对企业的长期生存会产生更持续的影响。例如，如果其战略目标是"提高质量"的话，人力资源可以通过提供给员工相对平等的待遇和保证雇用的稳定性就能带来员工对质量的高度关心。质量的提高同样需要一些合作、互相依赖的员工行为。鼓励这一点的人力资源管理政策，就可能结合了个人与组织绩效评价的标准，这些标准主要是短期的，并且以结果为导向。

5.3.4 形态模式

权变模式主要着眼于匹配，认为人力资源活动对企业绩效的影响是有限的，也是有条件的，但实际上系统内部各要素之间是相互影响、相互作用的，而且要素在系统中才能更好地发挥作用，要素功能的发挥还受系统的制约。不同的系统状态中各要素功能的发挥也不同。要素之间的作用方式不同，其功能的发挥也存在差别。当系统处于良好的结构形态中，整体才能大于其部分的相加总和。

不合理的结构会阻碍各要素功能的发挥，从而使得整体的功能小于其部分功能的相加总和。而人力资源整合为一个有效的系统后，其作用才能更好地得以发挥。

形态模式将企业人力资源管理视为一个具有一定结构的系统。强调人力资源管理活动对人力资源管理系统的影响，通过协调和配合，达到人力资源管理系统内部各要素之间的相互匹配。同时人力资源管理系统要和外部系统相互匹配，这样人力资源系统才能达到内外部的统一。

5.4 科学制定企业人力资源规划

5.4.1 企业人力资源规划的定义

人力资源规划，是指企业从战略规划和发展目标出发，对企业所需人才进行预测，并为满足这种需求提供人力资源的活动过程。简单地说，人力资源规划是通过对企业人力资源的需求与供给进行分析、预测，并使其保持平衡的过程，即人力资源规划是短期计划，实质上是企业各类人员需要补充的计划。

纺织服装企业人力资源规划，是指纺织服装企业为有效地利用人力资源和实现组织及个人的发展目标而进行的有关未来一段时间内人力资源的供求预测以及综合平衡的种种活动。它是纺织服装企业进行人力资源管理的基础。

5.4.2 影响企业人力资源规划的因素

影响人力资源规划的因素多种多样，总体上可以归结为两个方面。

(1)企业内部的影响因素

经营目标的变化和组织形式的变化是企业内部重要的影响因素。随着时代的发展，市场需求日趋多元化，市场竞争空前激烈。企业为了保持长期稳定的发展，需要根据外部环境的变化和自身情况的变化来相应调整经营目标，而企业经营目标的改变必然会影响到企业对人力资源的需求。因此，企业的人力资源规划必须做出相应的调整，以适应经营目标的改变。

传统的组织形式呈宝塔状，由于它的层次繁杂，人员众多，不仅影响了企业内部纵向和横向的信息传送速度和效果，而且导致企业的人际关系复杂，员工的效率低下。随着现代企业制度的建立，现代企业的组织形式逐渐向扁平化方向发展，目的在于减少中间层次的信息与资源的损耗，改善人际关系，提高员工的效率。

(2)企业外部的影响因素

企业外部的影响因素主要有劳动力市场的变化和行业发展状况的变化。劳动力市场是劳动力供给与劳动力需求相互作用的场所。所以，劳动力市场的变化，就表现为劳动力供给的变化和劳动力需求的变化。无论在劳动力市场上发生了哪一种变化，都会对企业的人力资源规划产生影响。因为，企业对人力资源的供给和需求预测是制定人力资源规划的依据，企业在不同的人力资源供求情况下，应该制定出不同的人力资源规划。例如：在目前的劳动力市场上，高级管理人才的供给不足，因此，企业必须根据这种情况调整人力资源规划，完善员工补充计划、员工培训计划和薪酬激励计划等，力求为企业招聘到急需的人才，或培养出合格的员工，并激励他们长期为企业服务。

行业的发展状况，也会对企业的人力资源规划产生影响。纺织服装行业是我国传统支柱产业之一，在国民经济中处于重要地位。近几年，我国的纺织服装业有着较大的发展，也在较大程度上推动了国民经济的发展。中国巨大的市场内需已经成为国内服装行业平稳增长的主要动力来源。因为纺织服装业发展前景一片光明，潜力巨大，应采取不同的人力资源规划，规划的重点应该放在吸引和激励人才方面，以保证企业的持续发展。

5.4.3 企业制定人力资源规划的原则

(1)考虑企业内部和外部环境的变化

人力资源规划的制定首要的就是对内外部环境进行分析，这样企业才能够更好地定位，才能在实事求是的基础上制定出科学有效的方法，对环境的分析主要包括对市场的分析，对社会经济政策的分析，对企业整体战略及目标的分析，对在职劳动力的分析等。只有对这些外部因素有一个系统的把握，才能够制定出适宜的人力资源规划。

(2)确保企业的人力资源供给

企业进行人力资源规划的目的之一就是保证企业在经营活动中有充足的人力资源保障。所以，企业进行人力流入预测、流出预测、人员的内部流动预测分析、人员流动的损益分析时，都要以此为主要标准。只有企业的人力资源供给得到有效保证，才谈得上进行更深层次的人力资源管理与开发。

(3)兼顾企业和员工的长期利益

进行人力资源规划的目的是既确保企业生产经营的完成，又确保员工利益的实现。企业的发展要靠人来推动，只有在员工利益得到保障的基础上，企业才能够谋求自身利益。所以，要将员工利益和企业利益结合起来，确保双赢。

5.4.4 企业人力资源规划的内容

(1)人力资源规划的五个方面

人力资源规划的内容体现在以下五个方面：(1)战略规划。

战略具有统领作用,战略主要由方针、政策和策略组成,是各种人力资源具体计划的核心。(2)组织规划。包括组织结构设计、组织职能评价、组织优化等。(3)制度规划。制度规划是人力资源规划的一项重要内容,制度具有稳定性和规范性,主要包括人力资源管理制度体系构建、制度化管理实施等内容。(4)人员规划。主要是对企业人员总量、人员变动及人员结构的规划,通过供给与需求的预测,达到结构的平衡。(5)费用规划。主要包括对人力资源管理的各项费用、人工成本等整体规划及核算。

(2)人力资源规划的层次

人力资源规划主要分为两个层次,即总体规划和业务规划。

人力资源总体规划

人力资源总体规划是根据企业总体战略及企业所处环境进行的人力资源规划,主要包括对企业人力资源供给及需求的分析,对企业供需指导原则及相关政策的分析等。在制定总体规划时,必须考虑以下因素。

①国家及地方人力资源政策环境的变化。国家为提升经济发展、解决就业、规避人口老龄化带来的问题等,会制定一些人力资源法律法规,这些政策法规构成了企业人力资源规划的外部政策环境,在制定企业人力资源规划时要以这些政策为基础,并随这些政策的变化而变化。

②公司内部的经营环境的变化。企业人力资源管理是为企业经营服务的,所以人力资源规划的制定要以企业的管理状况、组织状况、经营状况等为依托,并随企业的经营环境变化而变化。考虑企业内部经营环境的变化,企业人力资源管理必须遵循以下几个原则。安定原则。过多的人事变动必定会引起生产经营活动的波动,企业人力资源管理要以安定原则为前提,以公司的稳定发展为基础,保持人员的稳定,给企业的发展创造安定的环境。成长原则。公司生产经营规模的扩大,必定会要求工作人员的增

加，所以在公司资本积累、销售额增加的情况下，要及时增加人员，维持公司的发展壮大。持续原则。人力资源管理应以公司的持续发展为重要目标，通过培训开发计划，使企业人力资源得到优化，充分开发员工潜能，为公司的持续发展提供动力。

③公司人力资源状况。为适应公司的发展满足人力资源战略要求，应该对公司的所需人员做适当预测，在估算人员时应考虑因公司的业务发展和紧缩、人员的离职和调转、管理体系的变更等原因引起的人员变动。

④企业文化的整合。企业人事安排及人力资源的管理会形成一种文化，公司是更看重专业能力还是综合能力，对员工是物质激励为主还是精神激励为主，对人员的管理上，是专制性还是民主性，这些管理方式及员工关系等都会无形中形成一种文化氛围。这种文化要与公司整体文化相融合、相促进，进而形成一种创新向上、符合实际的文化氛围。只有形成积极向上的文化氛围，才能使公司的人力资源具有延续性。

人力资源业务规划

人力资源业务规划是人力资源总体规划的细化与具体化。涉及人员补充规划、人员配置规划、人员晋升规划、绩效改进规划等。

①人员补充规划。人员补充规划用于合理填补组织中长期发展可能产生的职位空缺，是人事政策的具体体现。补充规划与晋升规划是密切相关的。按照晋升规划，组织内的职位空缺逐级向下移动，最终积累在较低层次的人员需求上。因此，低层次人员的吸收录用，必须考虑若干年后的使用问题。人员补充规划的目标涉及人员的类型、数量、层次对人员素质结构的改善等。人员补充规划的政策包括人员的资格标准、人员的来源范围、人员的起点待遇等。人员补充规划的步骤就是从制定补充人员标准到招聘、甄选和录用等一系列工作的时间安排。补充规划预算则是组织用于人员获取的总体费用。

②人员配置规划。人员配置规划是对中、长期内处于不同职务或工作类型的人员的安置和调配规划。组织中各个部门、职位所需要的人员都有一个合适的规模，这个规模是随着组织内外部环境和条件的变化而变化的。配置规划就是要确定这个合适的规模以及与之对应的人员结构是怎样的，这是确定组织人员需求的重要依据。配置规划的目标包括部门编制、人力资源结构优化、职位匹配、职位轮换等。配置规划的政策包括确定任职条件、职位轮换的范围和时间等。配置规划的预算是按使用规模、类别和人员状况决定的薪酬预算。

③人员晋升规划。人员晋升规划是组织晋升政策的一种表达方式。对企业来说，有计划地提升有能力的人员到较高一级的职位上，以满足职务对人的要求，是组织的一种重要职能。从员工个人角度看，人员晋升满足了员工自我实现的需求。晋升规划的目标是后备人员数量保持，人员结构的改善，组织绩效的提高。晋升规划的政策涉及制定选拔标准和资格、确定使用期限和晋升比例，一般用指标来表达，例如晋升到上一级职务的平均年限和晋升比例。晋升规划的预算是由于职位变化引起的薪酬的变化。

④培训开发规划。培训开发的目标包括员工素质与绩效的改善、组织文化的推广、员工上岗指导等。培训开发规划需要组织制定相关支持政策，如促进员工发展的终身教育政策、培训实践和待遇的保证政策等。培训开发需要经费支持，其预算包括培训投入的费用和由于脱产学习造成的间接误工费用等。培训开发规划的目的是为企业中、长期发展带来的职位空缺事先准备人选。在缺乏有目的、有计划的培训开发规划情况下，员工能力素质提升未必理想，也未必符合组织中职务的要求。要明确培训的目的、提高培训的效果，就要将培训开发规划与晋升规划、补充规划联系起来。

⑤员工关系规划。员工关系规划的目标是提高工作效率、改善员工关系、降低离职率。员工关系规划的政策是制定参与管理的政策和措施、对“合理化建议”奖励的政策和措施、有关团队建

设和管理沟通的政策和措施等。员工关系规划的预算包括用于鼓励员工团队活动的费用支持，用于开发管理沟通的费用支出，有关奖励基金以及法律诉讼费用等。

⑥退休解聘规划。退休解聘规划的目标是降低老龄化程度，降低劳动力成本，提高劳动生产率。有关的政策是制定退休和返聘政策、制定解聘程序。涉及的预算包括安置费、人员重置费、返聘津贴等。

以下是人力资源业务规划的具体内容（表 5-4）。

表 5-4 人力资源业务规划的内容

规划名称	目 标	政策	预算
人员补充规划	类型、数量和层次对人员素质结构的改善	人员的资格标准、人员的来源范围和人员的起点待遇	招聘选拔的费用
人员配置规划	部门编制、人力资源结构优化、职位匹配和职位轮换	任职条件、职位轮换的范围和时间	按使用规模、类别和人员状况决定的薪酬预算
培训开发规划	培训的数量和类型、提供内部的供给和提高工作效率	培训计划的安排、培训时间和效果的保证	培训开发的总成本
人员晋升规划	提升有能力的人员，以满足职务对人的要求	制定选拔标准和资格、确定使用期限和晋升比例	由于职位变化引起的薪酬的变化
员工关系规划	提高工作效率、员工关系改善和离职率降低	民主管理、加强沟通	法律诉讼费用
退休解聘规划	劳动力成本降低、生产率提高	退休政策及解聘程序	安置费用

5.4.5 企业人力资源规划的程序

人力资源规划的程序如图 5-1 所示。

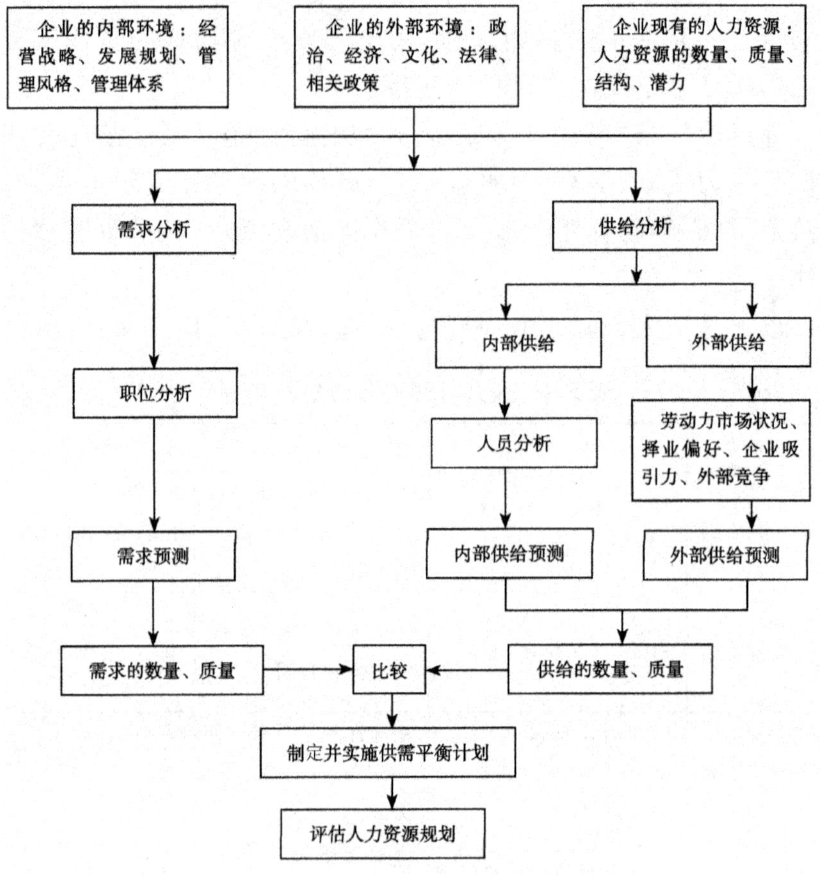

图 5-1　人力资源规划的程序示意图

由图 5-1 可以看出，人力资源规划一般由四个步骤构成：即准备阶段、预测阶段、实施阶段和评估阶段。

(1)准备阶段

科学的人力资源规划的制定，离不开充足准确的信息，所以，要做好准备工作。准备工作主要是对相关信息的收集，这些信息主要包括外部环境、内部环境及现有人力资源状况等

(2)预测阶段

预测阶段的主要任务是在充分掌握相关信息的基础上，采用有效的预测方法，对企业所需人力资源供给和需求做出预测。这

一步是人力资源规划的关键，也是人力资源规划中难度较大的环节。只有科学正确的预测，才能达到企业人力资源的供需平衡，使企业不受人力资源难题的困扰。

(3)实施阶段

将企业人力资源供给与需求进行预测之后，通过编制企业人力资源的总体规划和业务规划，通过各种途径与方法，使企业在未来的发展中对人力资源的需求得到满足。

(4)评估阶段

计划的实施结果要得到反馈与评估，才能更好地为下一次人力资源规划的制定提供参考与借鉴，因此评估人力资源规划是一项必不可少的环节。对人力资源规划的评估体现在两个方面，一方面是在实施的过程中进行，是根据企业内外部发展环境的变化，依据当时的评估结果，对企业人力资源规划进行调整；另一方面是评估预测的结果和制定的措施，对预测结果的准确性和措施的有效性做出衡量，以发现问题并总结经验，为以后的规划提供借鉴和帮助。

5.4.6 企业人力资源需求的预测

人力资源需求预测主要包括对所需人力资源的数量、质量和结构所做的预测。其中受多种因素的影响，如经济形势、政策变化、消费者购买偏好、企业的经营状况、发展战略、组织结构等。

人力资源需求预测主要有以下几种方法。

①管理人员判断法。管理人员判断法主要是依据管理人员的知觉判断来确定所需人员的一种方法。这种方法要求管理人员要对企业未来发展状况、在职人员状况、人力资源市场状况进行充分把握，只有这样才能做出正确的判断。由于各部门领导对本部门情况最为了解，所以科学的方法与程序是先由企业各职能部门的基层领导进行人员需求的预测，确定出所需人员的数量与结构，再由上一级领导估算平衡，最后由最高领导层做出决策。

这种方法适用于短期预测。

②经验预测法。也叫比率分析法，是根据以往的经验对人力资源需求做出预测。以往的经验主要是指企业生产经营能力、销售能力、管理能力等。使用这种方法的前提是要充分把握企业未来的业务量、人均的生产效率等，这样预测才会比较符合实际。这种方法操作简单，适用于技术较稳定企业的中、短期人力资源预测。

③德尔菲法。德尔菲法是一种集专家意见于一体的方法。专家既可以是企业内部人员，如部门主管、高层经理，也可以是来自企业外部的专家与参谋。例如进行人力资源需求预测时，在企业内部计划、生产、人事、市场和销售等部门任职的经理也可作为专家。

④趋势分析法。基本思路是根据企业以往的人员数量及变动情况，分析预测企业未来人员需求情况。具体操作是在分析企业以往人力资源数据的基础上，绘制变动趋势图，然后运用统计分析的方法对绘制的图形进行修正，并分析预测企业未来人员数量的变动趋势。

5.4.7 企业人力资源供给的预测

供给预测是人力资源规划的另一重要环节，包括企业内部人力资源供给和企业外部人力资源供给两个方面。

(1)企业内部人力资源供给预测

企业内部人力资源供给预测要充分考虑企业人力资源的存量及人员离职、退休等变动情况。

对企业内部选拔的评价

企业内部选拔具有以下明显优势。

①从选拔的有效性和可信度来看，管理者可能对外部应聘者不太了解，或应聘者故意夸大了自身的优点，工作能力和经验难以判断等，但从内部选拔员工这样的情况就不存在了，管理者因对现有员工比较熟悉和了解，能真切地看到其表现，所以选拔的

风险降低了。

②从企业文化角度来分析,从外部招聘员工,存在着员工与企业文化相磨合的问题,有时员工可能不认同企业文化而离职,或不能很好地把握企业文化,工作效率不佳等情况,这些问题都是从外部招聘员工所要面对的不确定问题。但从内部招聘的员工,肯定是在企业里工作过一段时间,对企业文化比较认同和满意,希望在公司长久发展,这样的员工就有更大的稳定性。

③从企业的运行效率来看,现有的员工对企业制度、领导的性格等已经把握的比较到位,所以更容易开展工作,也较易接受指挥和领导,对工作任务的完成更加有利。

④从激励方面来分析,内部选拔这种形式具有一定的激励作用,员工能够看到晋升的机会,对其工作积极性具有调动作用。

但是,内部选拔的不足之处也是不容忽视的,员工之间因为职位的竞争而出现矛盾;企业内部选拔机制不健全,产生不良效果,造成“近亲繁殖”“长官意志”等现象,对企业反而不利;领导凭自身好恶选拔,造成不良的竞争局面,等等。

企业内部人力资源供给的预测方法

①人员接续计划。人员接续计划比较好的解决了具体岗位人力资源供给问题,避免了人员流动给企业发展带来的损失。

人员接续计划的制订过程是:首先进行工作分析,确定工作岗位所需人员及相关要求;其次通过绩效评估和能力预测,对现有人员进行能力匹配,确定哪些人员能够胜任,哪些人员需要培训,哪些员工需要被淘汰:最后,根据以上数据确定适宜人选。如图 5-2 所示为人员接续模型。

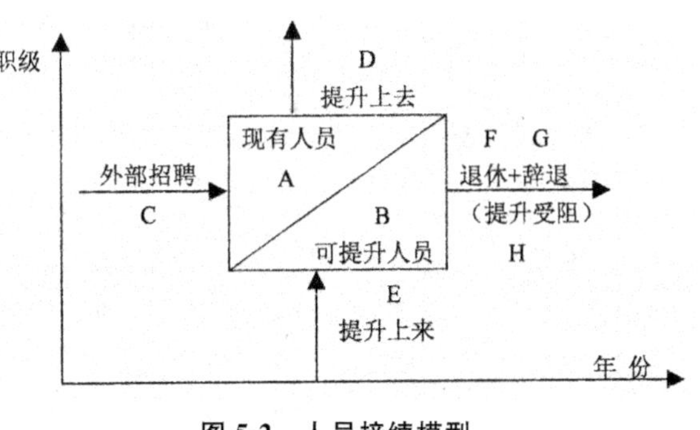

图 5-2 人员接续模型

其中：$B=D+H$

制定了人员接续计划，就不会出现人员断供的风险。人员接续计划的实施还要注重人才储备梯队的建设，对需培训员工安排相关培训，做好供给准备，这样才能增强抗风险能力。

②管理人员晋升计划。制定管理人员晋升计划的步骤如下：确定需要选拔人才的管理岗位；确定相关人选；评价各位接替人员的能力及绩效并对其进行分类。通常评估结果可按“优秀”“令人满意”和“有待改进”三个级别进行分类；并以“可以提升”“需要培训”和“有问题”三个级别划分提升潜力；确定职业发展需要，将个人目标融入企业目标中。具体的管理人员晋升模型如图 5-3 所示。

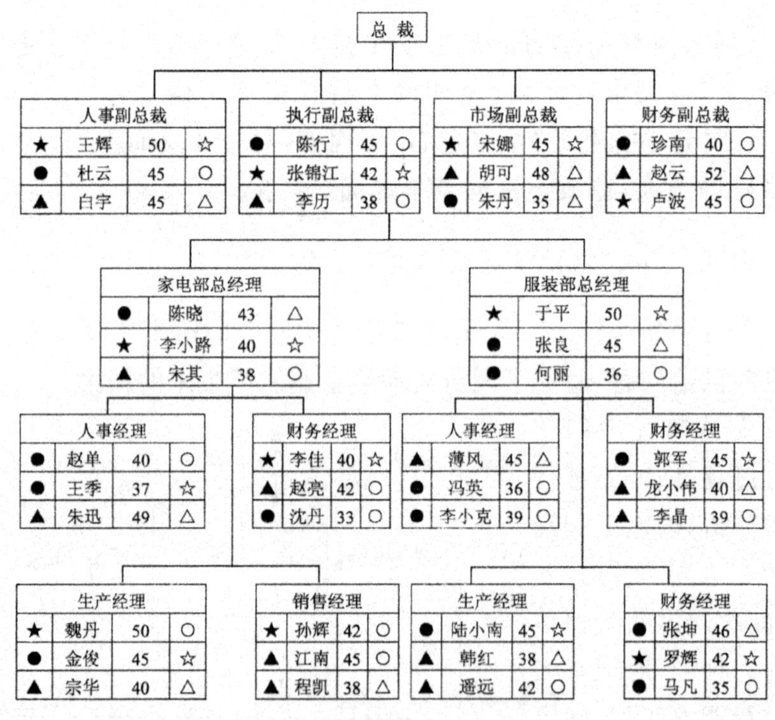

图 5-3 管理人员晋升模型

优秀：★ 可以提升：☆ 令人满意：● 需要培训：○ 有待改进：▲ 有问题：△

管理人员晋升计划，能够使企业内部人员的晋升得到保障，激发员工工作积极性，同时也确保了管理人员的供给，使企业生产经营顺利进行。

③马尔可夫分析法。马尔可夫分析法是一种统计分析方法，通过对企业人事变动数据及原因进行分析，找出企业人事变动规律，从而进行企业人事变动的预测。下面借用一个会计公司人事变动为例来加以说明(见表5-5A)。先制作一个人员变动矩阵表，表中元素显示两个时段之间不同工作之间调动的雇员数量的历年平均百分比。一般以3～5年为周期来估算。

表5-5A 某公司人力资源供给情况的马尔可夫分析

职位层次	人员调动的概率				
	G	J	S	Y	离职
高层领导人(G)	0.80				0.20
基层领导人(J)	0.10	0.70			0.20
高级会计师(S)		0.05	0.80	0.05	0.10
会计员(Y)			0.15	0.65	0.20

表5-5A表明，在任何一年里，有20%的高层领导离职；在任何一年里，15%的会计员被提升为高级会计师，20%离职。这是通过概率估计来推测未来的人员变动情况，具体计算是将每一种工作的人员数量与每一种工作的人员变动概率相乘，然后纵向相加，即得到表5-5B的组织内部未来劳动力的净供给量。

表5-5B 某公司人力资源供给情况的马尔可夫分析

职位层次	初期人员数量	G	J	S	Y	离职
高层领导人(G)	40	32				8
基层领导人(J)	80	8	56			16
高级会计师(S)	120		6	96	6	12
会计员(Y)	160			24	104	32
预计的人数供给量	40	62	120	110	68	

(2)企业外部人力资源供给的预测

一般而言，企业内部的人力资源供给是有限的，而且企业需要从外部补充新鲜血液，将更年轻、更有创意、专业技能更佳的员工补充进企业，对企业而言，外部的人力资源供给预测也是一项十分重要的工作。

对企业外部招聘的评价

外部招聘人力资源可以视为内部选拔人力资源的有效补充，具有很多独特的优势。

①新员工会带来不同的价值观及技术知识，会更新企业原有的"技术知识""客户群体""管理技能"，这是内部员工不能提供的。

②外聘人才可以让内部人员认识到危机的存在，以及在接触中看到彼此的长处，进而相互学习，共同促进企业的发展。

③劳动力市场上人才济济，从外部挑选员工选择余地更大，尤其是一些稀缺的复合型人才，这是企业培训都无法达到的效果。

④外部招聘也是一种有效的信息交流方式，这一方式的运用显示出企业求新求变的意识。

当然，外部招聘也有自身的弊端。比如信息不对称造成的筛选困难和风险；培训时间和成本；对现有企业人际关系的冲击等。

影响企业外部人力资源供给的因素

企业外部人力资源供给的影响因素主要包括以下几个方面。

①宏观经济形势。宏观经济形势主要指劳动力供给状况，企业招聘难易与劳动力供给状况密切相关。

②人口状况。人口状况是影响企业外部人力资源供给的重要因素，主要包括：人口总量。总量是一个人力资源库，总量越大，则人力资源供给越充足。人力资源的总体构成。主要涉及劳

动力的年龄、学历、教育、技术等级等,这决定了企业可选择的人力资源的数量与质量。

③劳动力市场的状况。劳动力市场是员工找工作、雇主找雇员的重要场所。它主要从以下几个方面影响人力资源的供给:劳动力供应总量;劳动力的职业选择方向;当地经济发展的状况;雇主提供的工作岗位的数量与薪资水平。

④政府的政策法规。政府的政策法规是影响企业外部人力资源供给的一个重要因素。政府为了经济发展需要规范就业市场,会推出相关的法律法规,如防止外地劳动力盲目进入本地劳动力市场的限制政策、鼓励大学毕业生到边远贫困地区就业的政策、对妇女就业的扶持与保护政策、推动残疾人就业政策、员工安全保护法规、对危险工种的规范与保护等。

5.4.8 企业人力资源规划的编制

优化人力资源需求和人力资源供给的分析预测,企业就可以制定相应的人力资源规划方案,采取各种措施平衡人力资源供给与需求。

(1)平衡人力资源供求的措施

人力资源供大于求

当人力资源在总量上过剩时,可以制定以下政策和措施进行调节。

①推动企业发展壮大,吸纳过剩的人力资源,例如扩大经营规模、开发新产品、多元化经营等。

②进行员工培训,提升员工技能,增强他们的择业能力,为选择新的职业做好准备。

③减少工作时间,并随之降低工资水平。例如用多个员工来分担过去一人就可以完成的工作,即实施工作分享,并相应地减

少工资。

④裁员。即有计划的大量裁减人员，目的是强化企业竞争力。裁员可以降低劳动力成本，但也可能降低员工士气，带来一些负面影响。但裁员仍不失为一种应对人员过剩的有效方法。

⑤提前退休计划。通过提前退休，一方面可以降低企业人工成本；另一方面老员工的离去可以为年轻员工的发展清除障碍。因而提前退休计划是一种调节人力资源供大于求的有效而明智的措施。但是由于老年员工通常具有丰富的工作经验和职业稳定性，提前退休计划也可能给企业带来损失。

⑥推动组织变革，精简机构，防止人浮于事，从而提高人力资源的使用效率。

人力资源供小于求

当总量上的人力资源短缺时，可以制定以下政策和措施进行调节。

①加速企业内部人力资源的岗位流动，弥补空缺岗位的人员需求。

②加强员工培训，不断增强员工知识与技能。

③适当延长员工的工作时间或增加工作量，并相应地提高工资。但这种方法的负面效应也较大，容易引发员工的不满。

④改善企业的资本技术有机构成，降低人员需求。

⑤招聘非全日制员工。这也是企业应付人员短缺的一种方法。这种方法能够有效控制企业人力资源成本。但企业必须注重调节非全日制员工与全日制员工的关系，以防负面影响的发生。

⑥实施外部招聘。有计划地进行外部招聘可以满足企业内部某些职位的人员需要。

⑦进行外包，通过将较大的工作整体承包出去，提高企业人力资本利用率。通过外包，可以将一部分工作任务交给代理商来完成，从而提高效率，降低成本。

人力资源总量平衡，结构不平衡

结构上的人力资源不平衡是指某些职位人员过剩，而另一些职位人员短缺。对于这种供求失衡，主要通过以下政策和措施进行调节。

①加速企业内部人员的流动，保持总体结构平衡，主要通过晋升和调任的方法解决。

②对一些普通岗位的人力资源，将其打造为企业核心人才，并补充到空缺的岗位上。

③通过人力资源外部流动，补充企业某些岗位的人力资源需求。

(2)人力资源规划方案的制定

人力资源规划方案的内容可以集中在员工招聘和甄选上，也可以较全面地包括未来工作设计、员工招聘、甄选、培训发展、人才梯队、报酬、离职、退休、减员、绩效评估等。

确定人力资源规划方案的目标

人力资源规划方案的目标包括对生产经营促进的目标、对组织优化的目标、人员接替目标等。管理者在确立人力资源规划方案的目标时，应考虑企业的总体战略和目标及人力资源供需的分析和预测结果。

确定人力资源规划方案的战略

主要任务是找出方法和途径。例如要达到提高生产效率的目的，企业可以利用工作重组、训练员工和加强激励等方式方法。其中有经验的方法，也有量化的方法。选择方案后，还要对其进行评估。初期评估是对其是否符合政策法规的限制进行评价，以剔除明显的不良方案，其次对其可行性进行分析，评估其效益。

确定工作计划

方案形成后，管理者要制定具体的工作计划和目标。每项人力资源活动都要以经营目标为基础，制定经营政策、计划和活动。具体的实施过程和结果都要通过不断的反馈过程，与整体人力资源规划方案实现整合或进行相应的修改。

经营目标和计划与总体企业规划方案和人力资源规划方案的关系，如图 5-4 所示。

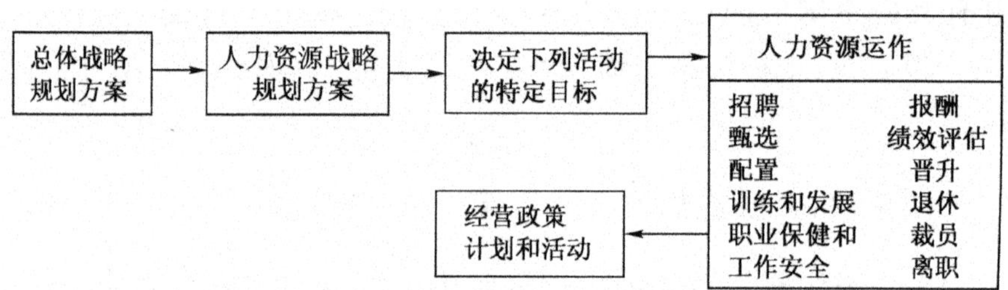

图 5-4　经营目标和计划与其他规划方案的关系

人力资源规划方案的预算编制

预算是数字化的计划。人力资源预算是计划的强有力的执行工具，清楚表明在未来计划期内，反映在财务上各种人力资源管理活动需要花费多少资金，从而指导人事职能各项活动的进行。人力资源预算不仅有利于人力资源的规划工作，也有利于人力资源的组织工作和控制工作。

制定人力资源预算应注意的环节有以下几个方面。

①对人力资源有关方方面面进行预测，必须明确以下问题：需要雇用、培训和调动多少人？要向多少人支付养老金？需要从事哪类娱乐活动、社会活动和体育活动？各需多少资金投入？需要举行多少次劳资恳谈会，多少次集体谈判？费用多少？多少工人有可能发生事故、生病、遇到不幸或需要住院治疗？费用多少？完成所有人事职能需要多少管理人员、技术人员？需要支付他们多少工资？完成所有人事职能需要什么场地、设备和其他资源？具体办公费、广告费、差旅费、电报电话费等需要多少？

②在确定人力资源预算时，应在各级组织间进行广泛和充分的沟通。通常的做法是要求组织中的基层呈交预算报告，经过上级的复审，再报最高管理部门进行综合审查，看其是否与公司的总体规划相一致，最后再把修改好的预算报告交还基层。在与预算有关的所有当事人都感到满意之前，经常是要这样上下反复多次。这种充分的沟通，不仅保证了预算的质量，也促进了有关部门和人员在人事工作指导思想上达成共识。

③将计划的缺口、不平衡和重复现象减少到最低限度。

④在预算期末，可将实际费用填写在预算额旁边的一栏中，并进行比较，由此便可分析偏差的大小及其产生原因。这至少有3个好处：判断谁该受奖，谁该受罚；总结经验教训，以利于下一计划期的预算工作；将有关数字与其他公司或整个行业平均数字进行比较，有利于找出差距，进一步改进本单位的人力资源开发与管理工作。

本章小结

人力资源战略是企业根据内部和外部的环境分析，制定出企业的人力资源管理目标，并且通过各种人力资源管理职能活动来实现企业目标和人力资源目标以及维持或创造企业的可持续发展竞争优势的过程。纺织服装企业人力资源战略应与企业战略相匹配，以促进企业目标的实现。人力资源战略管理模式主要有最佳实践模式、权变模式、最佳配合模式、形态模式，纺织服装企业应积极借鉴。

纺织服装企业要想生存和发展，就必须有合格、高效的人员结构，因此必须进行人力资源规划。人力资源规划包括两个层次：总体规划与业务规划。人力资源总体规划是指在规划期内人力资源管理和开发的总目标、总政策、实施步骤以及总预算的安排。业务规划是人力资源总体规划的进一步展开和细化，包括人员补充规划、人员配置规划、晋升规划、培训开发规划、员工关系规划、退休解聘规划等。

纺织服装企业人力资源规划的过程包括四个主要阶段:准备阶段、预测阶段、实施阶段和评估阶段。在进行人力资源规划的过程中,要着重进行人力资源需求与供给的预测,以达到人力资源的供需平衡。

6 科学招聘以获取需要的人力资源

人是推动企业成长和发展的重要动力，尤其是在当今这个人才资源型社会中，招聘对于企业来说是决定其自身发展甚至生死存亡的重大活动。随着我国纺织服装企业的成长和发展，一些纺织服装企业出现了职位缺口，这就需要企业人力资源部门进行合理高效的人力资源招聘，以帮助企业获取人才。在当今竞争日益激烈的人才市场上，想要吸纳到适合企业的人才，就需要企业人力资源部门在员工招聘的工作上下足功夫。

人力资源招聘的根本目的是填补企业的职位空缺，保证企业对人力资源的需求。企业扩大规模、进行经营战略调整、员工内部调整以及扩展公司业务等企业行为都会引起人力资源招聘的需求变化。人力资源招聘是保证企业持续发展的重要环节。

6.1 人力资源招聘概述

人力资源是指推动社会发展，具有劳动能力的人口总和。人力资源是各种生产要素中最重要最珍贵的资源。对人力资源的衡量可以从体力和智力两个方面进行。

人力资源招聘是人力资源管理不可或缺的重要一环，也是人力资源管理的基础。随着社会进步，当今社会可以称之为人才资源型社会，人才对企业发展的重要性是众多企业的共识。在当今竞争越来越激烈的人才市场上，各个企业都会想尽办法，采取各种措施争夺优秀的人力资源。这种氛围的形成正是因为优秀的人力资源可以影响到企业的发展甚至是生死存亡，对于高速发展的纺织服装企业更是如此。人力资源管理的吸纳功能变得尤为重要，吸纳功能主要是通过人力资源招聘显现出来的。了解企业自身的条件，制定符合企业发展的人力资源招聘目标及具体计划，通过吸纳人才的方式促进企业发展，实现企业的盈利目标，是人力资源招聘的目的。

6.1.1 人力资源招聘的内涵

人力资源招聘的本质是通过招聘手段吸引适合企业的人才加入企业，增强企业竞争力的一个管理过程，这个招聘过程要围绕公司的发展方向和招聘需求来进行。人力资源招聘有多种渠道和方法，相关部门和人员按照不同需求通过不同渠道采用不同的方法进行员工招聘。吸纳到对企业发展有用的人才对于企业人力资源来说是非常重要的一环。企业运行靠的是人，人是企业运转的核心动力，在当今的知识经济时代，人才更显得尤为重要，人才已经成了当今企业的核心竞争力之一。不论是什么行业什么企业，人才的重要地位都得以体现，只有抓住人才才能在市场竞争中占据主动地位，才能从根本上推动企业的发展和进步。所以对于企业的人力资源部门来讲，如何吸纳有利于企业发展的优秀人才已经成了他们最重要的工作内容。人力资源招聘工作不仅和人力资源部门有关，还对整个企业的管理具有重要影响。企业招聘工作的开展决定了企业是否能够吸引到新的人才加入，影响着企业内的员工流动，也会对人力资源管理费用产生影响，同时招聘也是企业对外宣传的一种方法和途径。

6.1.2 人力资源招聘的基本原则

人力资源招聘是企业人力资源管理的重要环节，它是企业发展的基础和前进的动力，是企业得以生存发展的基础保障。在进行人力资源招聘时，企业应该遵循以下几项原则。

(1)能岗匹配原则

能岗匹配是企业进行人力资源招聘时最基本的首要原则，能岗匹配是指将人才的能力与企业提供的岗位相结合，做到人尽其才，使人才资源得到最合理的分配。这可以在两个角度进行解释：一是从个人能力角度出发，要做到人尽其才，让人才的能力可以在合适的岗位上得以充分发挥；二是从企业职位要求的角度出发，要求招聘到的员工可以符合该职位的全部要求，让该职位的效用得到充分发挥。避免个人能力与职位要求不符的现象。

(2)双向选择原则

双向选择原则遵循的是自由互利原则，企业可以根据自身情况自主选择适合企业的人才，劳动者可以根据自己的能力和偏好选择想要加入的用人单位，双方都没有强制对方的权力，招聘过程必须遵循自主自愿原则。从企业的角度来说，双向选择能够使企业更大范围的对人才进行筛选，选择利于企业发展的人才进行吸纳，这会稳固企业的生存、促进企业的发展，同时可以提高经济效益，建立良好的企业形象。从劳动者的角度来说，双向选择使他们获得更大的择业空间，根据自身的能力水平和招聘市场的供给情况，可以最大程度的选择符合自身期待和偏好的职业。为了得到想要的工作，劳动者会主动参与学习和培训，增强自身竞争力，以便自己在激烈的岗位竞争中取得胜利，得到自己心仪的工作。

(3)高质量基础上的效率优先原则

在这个快节奏的时代，效率在很多环节决定了成败，在招聘市场中也不例外。招聘工作高效率的企业能在人才市场中取得更好的机会，吸纳更好的人才。招聘的效率优先原则体现在适当的招聘形式和方法上，要在激烈的人才竞争市场上取得好的成果,就要根据不同岗位的不同要求采用不同的招聘方式,并在保证招聘质量的基础上,将招聘成本降到最低。提高企业招聘效率就是用最低的招聘成本获得最好的招聘效果,降低成本的同时要保证质量、提高效率。也可以说,效率优先原则即指以比其他企业低的招聘成本,吸纳与其他企业招聘到的同一素质的人才。

(4)竞争、择优、全面的录用原则

人力资源招聘工作必须要配合相应的科学考核制度和录用标准,通过适当且专业的方法对人才进行考核。不能只凭主观臆断,要靠科学的考核制度进行人才筛选,这样才能保证招聘到真正适合企业的人才。同时还应该注重招聘的全面原则,考核不仅要检测劳动力的专业能力,还要进行道德操守、文明素质等多个方面的考察。

6.1.3 人力资源招聘的影响因素

企业行为会受到各种因素的影响与制约,人力资源招聘作为企业的一种管理行为,同样受到多因素的影响和制约。影响企业人力资源招聘的主要因素可分为三类,即外部因素、内部因素和个人因素。

(1)外部影响因素

国家的政策法规

国家的相关法律法规对企业的人力资源招聘行为有一定的限制性,它限制了企业招聘的外部边界。国家法律法规对企业招聘行为在人员和范围上做了限制,规定了企业可以招聘的人员范围,招聘活动应该在法律规定的范围内进行,与国家相关法律法规相违背的行为是不被允许的。目前,与我国企业人力资源管理有关的两部重要法律为《中华人民共和国劳动法》和《中华人民共和国劳动合同法》。

社会经济制度和宏观经济形势

企业的运营模式受到社会经济制度的影响。在传统的计划经济时代，企业招聘是按政府规定计划进行的，这使很多人才的能力得不到充分发挥，是一种人力资源的严重浪费。随着改革开放，我国的社会经济体制发生变化，企业的招聘制度也与从前大不相同了，企业开始采用公开招聘的全新制度，招聘的方式方法也科学化和多样化。

宏观经济形势对企业招聘的影响主要表现在三个方面：第一，宏观经济形势会对整个社会的经济产生影响，这也包括企业的经营情况。企业的经济状况会影响企业的招聘需求。第二，宏观经济形势中的通货膨胀会引起货币贬值、物价上升，这就会间接影响企业进行人力资源招聘的招聘成本。第三，政府采取的宏观经济调控手段会直接作用于企业，对企业的发展路线和方针产生影响，进而影响到企业进行人力资源招聘的吸纳能力。

传统文化及风俗习惯

传统文化及风俗习惯对人力资源招聘的影响是一种具有惯性的，在潜意识层面发生的影响，因为它是经过漫长岁月形成的一种思维模式，这便导致了这种影响的稳固性。例如，日本企业采用的终身雇佣制，这种雇佣模式依旧深深影响着日本的招聘市场。在我国，悠久的文化积淀产生的传统思想根深蒂固，一些传统思维模式至今仍旧影响着我国的招聘市场，一定程度上这不利于我国企业的发展。比如，在传统思想中的“三教九流”的职业仍受到一定程度的歧视，使这些行业的从业者无法得到应受的尊敬和正确的评价；“男尊女卑”的恶劣思想使得许多有才华的女性被忽略，她们的工作能力得不到发挥，价值得不到体现。诸如此类的传统思想深深影响着招聘市场，这非常不利于人才市场的健康发展。

外部劳动力市场

企业的外部招聘主要是在劳动力市场上进行的，这就导致企业招聘会受劳动力市场供求的影响。当劳动力市场处于供不应求的市场状况时，企业的人力资源招聘就会比较困难，不容易招收到合适的劳动力；当劳动力市场处于供过于求的市场状况时，企业的人力资源招聘就会相对容易推进，比较容易招收到合适的劳动力。考虑到劳动力市场上劳动力结构的复杂性，在分析外部劳动力市场的影响时通常要进行合理细分，可以按照职位层次或者职位类别的方式进行分类。

竞争对手

因为企业进行人力资源招聘本着双向选择的原则，这就使得应聘者有更大的选择空间，应聘者可以“货比三家”再进行最终决定。这同样意味着，企业在人才招聘活动中，竞争对手也是非常重要的一个影响因素。企业招聘的政策如果不如竞争对手，则会导致企业的吸引力降低，从而导致人才流向竞争对手，不利于企业招聘。

(2)内部影响因素

企业的经营战略和用人政策

企业的经营战略和企业文化等都会对企业的招聘产生影响。因为不同企业有不同的发展战略也和具体政策，人力资源招聘要符合企业发展战略，所以不同发展战略会产生不同的招聘需求，同时不同的发展战略也会导致不同的招聘方式。企业高层人员的决策意愿会影响用人政策，对员工的素质要求也会不同。与此同时，企业决策人员对招聘方式的不同偏好，也会影响企业的人力资源招聘方式。

企业自身的形象和条件

企业形象也会影响企业的招聘效果，这是企业的品牌效应，企业的社会形象越好对应聘者越有吸引力，也就越有利于企业的人才吸纳。一般来说，企业在社会中的形象越好就越有利于招聘活动，越容易招聘到需要的人才。企业也可以提供良好的就职条件以加强应聘者的应聘欲望。现代社会，人们追求个人价值的体现，而通过工作带来的薪资、福利等企业待遇被认为是一种个人价值的体现。所以通过向人才展现企业的良好福利待遇可以更好地引起人才注意，会产生较好的企业招聘效果。在实际招聘中，公司也常常“打待遇牌”，用高薪吸引人才。

企业的招聘预算

企业的招聘预算影响人力资源招聘的效果。显然，充足的预算可以给企业带来更多的选择空间，企业可以在招聘方式和范围上获得更大的自由度。而招聘资金不足就会导致企业招聘时的选择变少，一定程度上做出让步，这就会对招聘活动产生不利影响。如果企业招聘预算充足，就可以选择主流媒体发布广告进行招聘宣传，可在更大范围上选择人才，从而有效提升招聘效果。而资金不足就不可以用这种花费高的招聘方式，人才选择就在一定程度上受到了限制。

职位的性质

职位根据性质可以分为适需性和储备性职位。对于不同职位的招聘，应采取不同的招聘方式。管理类职位的招聘工作必须要综合多种招聘方法，保证吸纳到的人才具备相应的管理才能，不能做无用功；专业性很强的特殊职位的招聘，可以通过猎头公司等专业招聘中介机构进行；基础岗位的招聘，应该尽量地减少招聘成本，争取花最少的钱招到最合适的人；储备性职位的招聘，则要有相对长期的考虑和安排，对储备型人才的考察要包括多个方面。

(3)个人因素

个人因素主要是求职者的求职动机、强度及招聘者的个人特质。求职者的求职动机和强度影响招聘的结果。若求职者的求职动机很强烈,求职者对工作的渴求度就很高,这样在应聘时就会更容易接受企业提出的条件,也就会使求职成功率大大提高,对企业的人才招聘非常有利。

企业负责招聘的工作人员也会对招聘造成影响,不同的个人特质会引起不同的影响。招聘人员的形象、谈吐、举止和态度都会在应聘者心中产生无形的影响,而这种影响会对求职者做出应聘决定产生作用。招聘者正面积极的个人特质会吸引应聘人员,使应聘者更容易接受企业提出的条件,从而提高了招聘成功率。

6.2 人力资源招聘的实施

想要达到企业的招聘目标,制定科学合理的人力资源招聘战略是必不可少的。要制定人力资源招聘战略首先要了解人力资源招聘的基本流程,之后才可以制定招聘计划,还要根据不同的职位和企业要求选择不同的招聘渠道。

人力资源招聘战略必须符合企业战略目标和人力资源整体规划的要求,事实上,要通过人力资源招聘有效推动企业战略目标和人力资源整体规划的实现。因此,人力资源部门要深刻了解企业所需的人才,制定相应的招聘策略和流程,实现企业招聘目标。

6.2.1 招聘的基本程序

为了顺利高效地进行招聘活动,企业在招聘时会按照一定基本程序进行，这种程序保证招聘的有序性与高效性。一般情况下，企业招聘的基本程序可分为以下几个步骤：确定招聘需求、员工招募、员工甄选、员工录用和招聘评估。

(1)确定招聘需求

确定招聘需求是进行人力资源招聘的基础工作，要确定的内容包括数量和质量两个方面。确定招聘需求的过程就是明确企业需要招聘的职位类型和招聘人数，这是开展接下来的招聘工作的基础。这项工作需要相关人员进行人力资源规划和工作分析作为前提和基础，这样才能确定企业需要招聘的职位和人数，才能根据职位特征和要求开展招聘工作。

(2)员工招募

员工招募是指企业通过各种方式吸引应聘者前来应聘，再从中选择符合企业基本要求的应聘者进入下一步审核的过程。企业根据职位需求，选择科学的招聘方法，通过合适的招聘渠道，吸引应聘者前来应聘，以达到招募人才的目的，这个过程就是员工招募。员工招募可以理解为是企业通过各种方法吸引应聘者前来应聘。员工招募主要包括两个步骤，发布招聘信息和接待应聘者。通过发布信息招募应聘者，通过接待应聘者获取应聘者相关资料。

(3)员工甄选

员工招募的目的是吸引尽可能多的符合职位基本要求的人才前来应聘，但并不是所有应聘者都适合吸纳到公司进行工作，这时就要通过科学有效的甄选对前来应聘的人员进行测评，进行筛选，这个测评筛选的过程就是员工甄选。员工甄选可以系统客观的对应聘者进行评价，测试应聘者是否具有符合企业要求的专业能力和个人素养，以便从中挑选出最适合企业的人才。

(4)员工录用

企业进行员工甄选后，就会进行员工录用工作。员工录用是做出录用决定并对录用人员进行员工安置的活动。主要包括录用决策、发放 offer、办理入职手续、员工岗位安置、试用考察以及正式录用等内容。在这个阶段，招聘者和求职者都要做出自己的决策，以便达成个人和工作的最终匹配。

(5)招聘评估

招聘评估是招聘活动的最后一项工作，企业通过招聘评估审视之前招聘活动出现的问题，对招聘活动的成效做出评价。招聘评估有助于企业改进下一期的招聘活动，提高企业今后的招聘效率和效果。招聘评估主要包括两个方面：一是进行招聘结果评估，是指将招聘计划与实际招聘的结果进行比较做出分析评价；二是进行招聘效率评估，对此次招聘的工作效率做出分析评价，以便提高今后的招聘效率。招聘评估是一项重要的工作，它对刚刚完成的招聘工作进行分析评价，发现其中存在的问题，有利于企业对今后招聘工作进行改进，提高企业的招聘效率，达到更好的招聘效果。

6.2.2 招聘计划的制订

企业确定了招聘需求后，人力资源部门开始制定具体的招聘计划指导和服务于接下来的招聘工作。人力资源部门在制定招聘计划的时候要参考分析多方面的因素，包括企业内部以及企业外部的影响因素，因为任何一个因素都会对招聘工作产生影响，在制订计划时考虑的越详尽，在招聘工作执行过程中的风险越小，招聘效果越好。招聘计划管理流程如下图 6-1 所示。

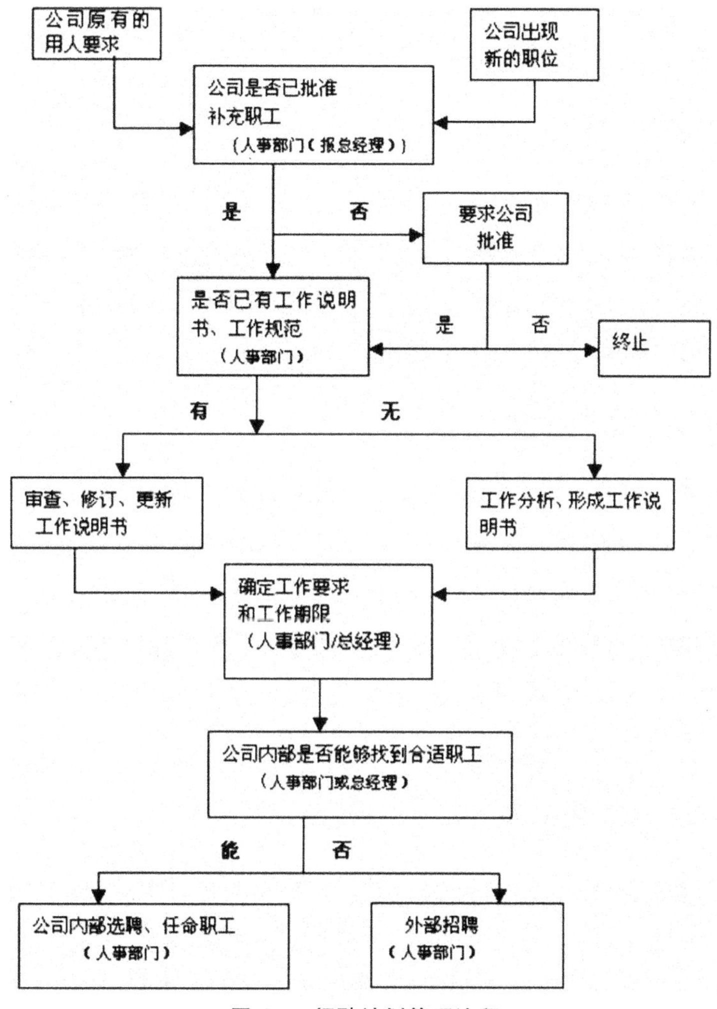

图 6-1　招聘计划管理流程

招聘计划一般包括以下内容。

(1)招聘人数

企业中各部门根据部门需求和职位空缺向人力资源部门提出招聘申请,根据公司的人力资源计划的安排和规定,提交上级领导进行招聘申请审批,之后人力资源部门再确定需要招聘的员工人数。在考虑录用人数时还要综合考虑员工录用后的发展,员工职位配置以及员工晋升问题都在考虑范围内。为了确保招聘到足够的员工，人力资源部门还要根据以往招聘经验，确定企业吸引招聘者的最少数量。

(2)招聘时间区间

因为企业招聘是在劳动力市场上进行的，劳动力市场处于不断变化的状态，所以招聘计划需要考虑到招聘时间区间的广度，这样才能使招聘计划是有效的。这里的招聘时间区间，是指从劳动力应聘到最终员工录用之间的时间间隔。

(3)人员录用标准

人员录用标准通常分为基本标准和关键标准两大类。基本标准是衡量应聘者是否具备符合职位要求的基本工作能力，是企业招聘员工时最基本的衡量标准；关键标准是衡量应聘者专业工作能力和职业素养的标准，是在基本标准层次之上的专业要求，专业能力决定了应聘者能否完全发挥岗位职能。基本标准和关键标准互为补充，层层递进。

(4)人员录用来源

企业招聘来源主要包括内部招聘和外部招聘两种。在招聘计划中确定招聘人员来源便可以将时间、精力和资金集中投放到一个劳动力市场上，这有利于企业节约招聘时间和成本。人力资源部门根据招聘的要求和特征进行分析，将信息来源进行分类，从而选择最适合、最快捷、最经济的人员渠道作为录用来源。

(5)招聘费用预算

招聘费用预算是企业全年人力资源管理总预算的一部分，预算多少一般是根据企业自身招聘的要求决定。根据招聘岗位、招聘方式、招聘人数等条件的不同，招聘费用预算也不同。招聘费用包括人力费用和物力费用，招聘人员的工资、招聘所需的广告费、考核费、通讯费、场地费等，一切为招聘工作顺利进行所产生的费用都要被纳入到招聘费用的范围。

(6)招聘策略

招聘策略是招聘计划的具体体现。针对不同的招聘目标,要采取不同的招聘策略,招聘策略要具有针对性,只有采取合适的招聘策略才能达到良好的招聘效果。招聘策略具体又分为招聘人员策略、招聘时间策略、招聘地点策略等。

招聘人员对招聘活动的效果有很大影响。在进行招聘活动时,对招聘人员的挑选是重要的一环,招聘人员的形象、举止、素质、谈吐等会对应聘人员产生潜意识的导向作用,应聘者会偏向于招聘人员有吸引力的企业进行应聘。所以,企业应该挑选个人形象好,具备出众的工作能力和人格魅力的员工担任招聘人员。此外,部门经理也应该参与到招聘工作中,因为部门经理具有完备的专业知识,有利于招聘工作的高效展开。

招聘是一个十分耗费时间的过程,从计划招聘到最终的确定录用需要一个较长的时间区间,也就意味着企业招聘需要很高的时间成本。岗位出现空缺,要进行计划招聘,到人员甄选,再到录用以及新员工培训,这是一个相对漫长的过程。所以为了避免因为职位空缺而产生的不良影响,企业应该科学合理的对招聘时间进行安排,以确保职位空缺可以以最快的速度填补。同时,考虑到招聘过程中的很多不确定因素,企业要根据情况变化随时对招聘时间进行调整。

招聘地点决定了企业进行招聘的地域范围。招聘地域范围越广,招聘的效果越好,但是在考虑招聘地域范围的时候要考虑招聘预算,招聘范围扩大会导致招聘成本增加,企业应该适度制定招聘范围,不要把招聘预算的重点全部放在招聘地点上。

6.2.3 员工招聘的来源与渠道

(1)内部招聘

内部招聘是指从企业内部挑选合适的员工填补岗位空缺的

活动,岗位空缺可能是已有职位,也可能是新增职位。内部招聘的形式主要有提拔晋升、工作调换、工作轮换及人员重聘等形式。内部招聘可以采用员工推荐、公告法和人力资源信息系统等方法进行。

内部招聘形式

①提拔晋升。提拔晋升是指从企业内部挑选适合该空缺职位的优秀员工的一种内部招聘形式。提拔晋升可以激励员工更加努力工作,为了得到晋升机会,实现更好的个人发展,公司内部员工会更加努力工作。从企业的角度来说,提拔晋升的内部招聘形式可以节约员工熟悉企业的时间,使到岗人员可以迅速投入到新工作中,缩短了适应企业的时间。但提拔晋升这种内部招聘形式也有自己的不足之处,因为提拔的是内部人员,而可以提拔的人员数量有限,这就导致一些未被提拔的人员心有不满,认为自己更优秀却没有被提拔,这样就会影响员工的工作积极性,甚至使员工对企业的信任感降低。因此,很多企业会通过内部招聘和外部招聘同时进行的方式填补职位空缺。

②工作调换。工作调换是企业内部挑选合适人选的一种方法。工作调换的基本目的是填补当时的职位空缺,但这种行为还有很多其他有利的作用。员工通过这种方式可以在企业内不同的部门工作,更好地了解企业的运行机制,通过了解各部门的运行方式和工作职责,有利于员工更好地做好自身工作。这样有利于员工的成长和发展,也有助于领导对员工的能力进行更完整的了解,可以更好地进行工作安排和部署。

③工作轮换。工作轮换不同于工作调换。工作调换一般是单独的、临时的,而工作轮换往往是两个以上的、有计划进行的。从时间上看,工作调换的时间周期较长,工作轮换的时间周期较短。工作轮换可以使企业内部员工了解不同部门的工作运行和工作职责,为有潜力的人提供学习机会以便日后可以进行提拔,同时还可以让员工对新工作产生新鲜感,有利于减缓长期进行同

一工作的倦怠感。

④人员重聘。有时企业会有一些不在岗位上工作的员工，如下岗人员、长期休假人员，停薪留职人员等。企业从这些人员中挑选可以填补职位空缺的人员进行聘用的行为称为人员重聘。这种内部招聘形式，一方面为这些人员提供了再就业的机会，另一方面为企业节省了培训时间和成本，是一种效果不错的内部招聘形式。

内部招聘方法

①员工推荐法。员工推荐可用于内部招聘，也可用于外部招聘。企业一旦出现职位空缺，内部员工可推荐自己认为适合该岗位的人员参与应聘。由企业内部员工作为推荐人，可以使被推荐人更好地了解职位和企业的各方面情况，使被推荐人更容易做决定；同时，通过推荐人企业可以更全面的了解被推荐人，让企业的选拔更加顺利地进行，提高招聘的成功率。员工推荐的缺点在于过于主观化，容易受到个人因素的影响。

②公告法。公告法是指企业的人力资源部门在整个企业的范围内发布招聘信息，大家自愿进行应聘的招聘方式。人力资源部门将空缺岗位的性质、职责和应聘要求公布，公司内部员工可以平等地展开竞争。一般只有普通职位的招聘才会采取公告法的招聘方式。公告法可以为企业内部员工提供更多的发展机会和渠道，但不停地换岗位可能会使员工在哪个岗位的能力都得不到彻底锻炼。

③人力资源信息系统。为了适应现代化办公要求，各个企业应该建立其完善的员工信息系统，将企业内部员工的个人基本信息、绩效信息、能力特长信息进行整理归类。企业出现职位空缺时，可以通过搜索该资料库筛选出符合要求的内部员工进行岗位空缺填补。运用这种方法进行内部招聘可以高效地找到目标员工，节省人力物力成本。但由于一些主观性信息不能在资料库中具体体现，所以系统无法根据个人道德水平进行筛选。

内部招聘流程

企业内部招聘流程如下图 6-2 所示。

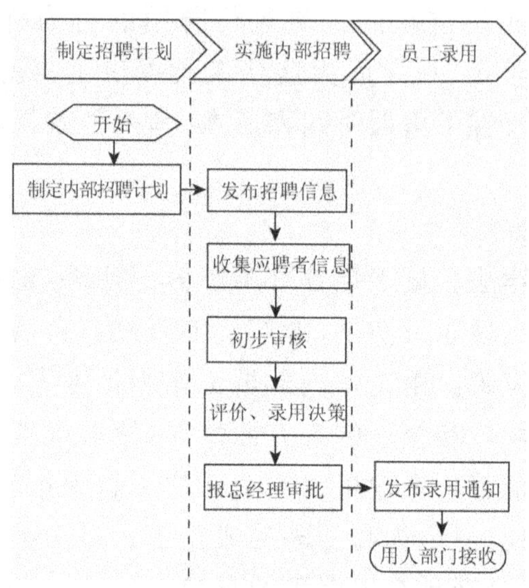

图 6-2　企业内部招聘流程图

企业内部招聘流程由制定招聘计划、实施内部招聘、员工录用三个部分构成。用人部门根据职位需要向人力资源部门提出招聘申请,人力资源部门制定内部招聘计划。随后进入计划实施阶段,发布招聘信息、收集应聘者信息、审核、通过审核最终录用。

内部招聘在很多方面具有优势,如可以节约招聘成本、节约员工入职培训时间、保持企业内部员工的稳定性、招聘成功率高等。但由于企业内部招聘的选择范围较小,也会存在一些劣势,如形成企业内部人员的板块结构、导致企业管理人员间不和睦、出现徇私舞弊的现象等,这些都不利于企业的成长和发展。

(2)外部招聘

外部招聘的内涵

外部招聘是指企业从企业外部通过人员招聘填补职位空缺的行为。从外部获取人力资源是企业发展的必然需求,尤其是当企业扩大发展扩充劳动力的时候。通常以下情况比较适合采取外部招聘的方式：企业需要大量的基础员工、为了获取现有员工不具备的技术以及获得有不同背景能够提供新思想、新观念的员工。相比内部招聘，外部招聘需要投入更多的时间和精力，并且伴有较大的决策风险，同时还会对企业内部员工的情绪造成影响。但是，外部应聘人员更可能为企业带来新思想、新方法，有利于推进企业的成长和发展。

外部招聘的主要方法

①校园招聘。校园招聘是指企业直接从应届生中选择适合企业的人员加入企业，这种招聘是在学校和企业两点间进行的。校园招聘有不同方式，如企业在学校进行招聘、应届生直接到企业进行实习、企业和学校联合进行招聘，其中企业在学校进行招聘最为常见。在进行校园招聘时，为了使学生更好地了解企业的基本情况、办公环境、岗位要求、发展前景等相关问题，通常都会制作宣传单或是宣传册在招聘会上进行分发，以此提高企业对学生的吸引力，更好地完成招聘目标。

②借助中介。如今各类劳动力中介机构充斥市场，如各类人力资源市场、职业介绍所、劳动就业服务中心和猎头公司等。这些中介机构帮助求职者获取想要的职位，同时为企业寻找需要的应聘者。通过中介机构，求职者可以得到大量企业招聘信息，也可以将自己的求职愿望发布出去；企业可以获取大量求职者的信息资料，也可以通过中介机构发布企业职位招聘信息。

人力资源交流市场是最为常见的招聘中介。大中型城市一般都会有人力资源交流市场，人力资源交流市场会定期或不定期的举办人才招聘会，有些是综合性的招聘会，有些是专场招聘会。应聘者和企业招聘人员可以在招聘会上进行直接交流，这种方式可以节省双方的时间，当面交流的方式可以使双方更好的互相了解，招聘成功率比较高。但人力资源交流市场进行的人才招聘比较适合企业进行基层人员招聘，不适合高层管理人员的招聘。

猎头公司可以为企业寻找合适的高级人才。企业一般会通过猎头公司寻找高级管理人员或是专业型人才，因为猎头公司可以提供素质较高的人才。虽然猎头公司为企业节省了寻找人才的时间和精力，但与此同时企业要付给猎头公司高额报酬。目前，猎头公司的收费通常能达到所推荐人才年薪的25%～35%。

③广告法。发布广告是较为常用的企业外部招聘方法。企业通过大众媒体刊登职位招聘信息，吸引阅读到招聘信息的应聘者。采用广告法的招聘方式需要解决两个关键问题，即广告媒体的选择和广告内容的设计。广告媒体方面，传统的报纸、广播、电视都可以成为选择对象，同时随着时代发展和科学进步，通过网络和新媒体发布广告成了企业的新选择，并且更具吸引力，最终选择何种媒体进行广告发布还要看企业和职位的要求决定。招聘广告的内容，首先要明确指出招聘职位的信息和企业对招聘人员的要求，同时为了吸引应聘者，广告内容还可以包括优越的工作环境、有竞争力的薪资福利、企业良好的发展前景等。同时，广告中还应体现联系方式、应聘方式等内容。

④网络招聘。网络招聘是以网络平台为基础的招聘行为，企业通过网络发布招聘信息，应聘者在网络上看到合适的招聘信息可以进行电子简历投递。网络招聘分为两种方式。一种为企业通过网络发布招聘信息并获得应聘者提交的简历，进行一个初步的筛选后进入员工甄选的后续程序。这种方式，企业仅通过网络进行招聘信息发布、应聘者信息获取以及初步筛选的工作。另一种则是企业通过网络完成招聘的一系列活动，除了发布招聘信息、获取应聘者简历以及初步筛选外，企业还借助于网络平台做进一步的筛选。网络招聘覆盖面广、招聘成本低、响应效果好，目前很多企业都采用网络招聘的方式。但是，网络招聘也存在一些问题和风险。第一，企业面对着大量的应聘者信息，这就加大了筛选简历的难度；第二，企业通过网络收集应聘者信息时无法避免虚假信息，应聘者在浏览招聘信息时也无法确认企业信息是否属实，这就需要相关规定和法律的制约；第三，大量个人信息在网

络上流动可能引起个人信息泄露,这就涉及了个人隐私安全问题。并且通过网络发布信息还可能涉及个人隐私安全问题。虽然网络招聘存在诸多需要解决的问题,但随着互联网的高速发展,网络招聘已经成为当今社会一种主流的招聘方式,受到各家企业的青睐。

外部招聘流程

外部招聘流程如下图 6-3 所示。

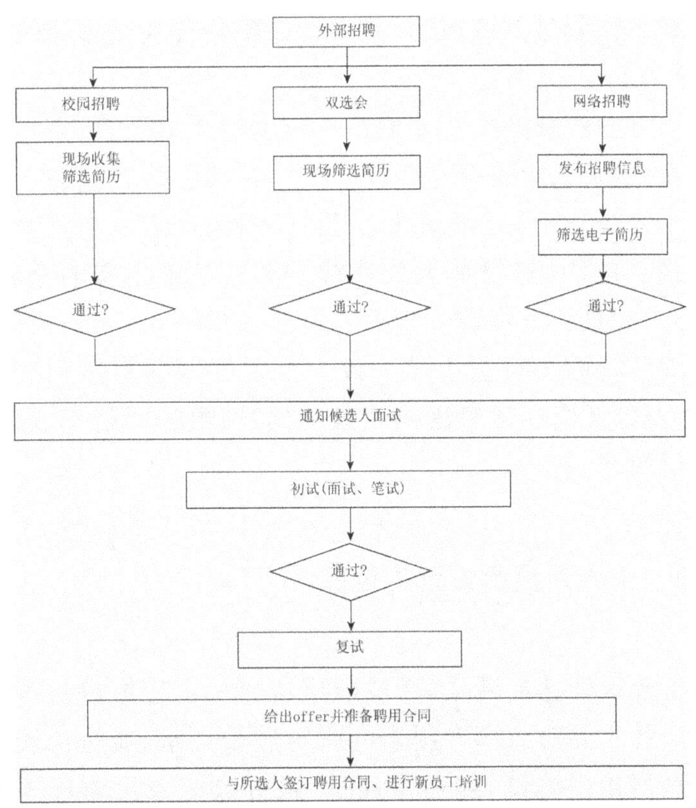

图 6-3 外部招聘流程

首先通过分析,人力资源部门确定企业招聘的方式,之后获取应聘人信息,经过筛选后通知应聘人进行面试,通过一轮或多轮面试后,企业会向通过面试的应聘者发放 offer,之后应聘者完成录用程序,这就是一次完整的外部招聘流程。

6.3 企业员工的甄选与录用

在人力资源招聘过程中,甄选是一个非常重要的环节。人力资源甄选是一个挑选于企业有利的高素质人才的过程,人才是推动企业成长和发展的中坚力量,所以人才的挑选十分重要。只有能力强素质高的员工队伍,才能为企业带来优秀的业绩和快速的发展。

人力资源甄选是指企业通过一定的技术或工具,对应聘者进行分类和评估,选择符合企业职位要求的应聘者的过程。人力资源甄选主要有三个方面的考核。第一,被录用者具有符合职位要求的知识和能力,且身体素质达标;第二,被录用者的个人素质、品质、心理健康状况和职业素养符合企业的要求;第三,被录用者与企业就薪资标准问题达成一致。为了可以顺利招到需要的员工,人力资源部门应该考虑到甄选的标准、甄选的技术、甄选的效果这三个问题。

6.3.1 人力资源甄选的程序

为了确保甄选的效果,企业应该按照一定程序进行科学有序的甄选。首先要对应聘者提供的简历进行评审,通过简历评审后进行一系列相关测试,随后是面试,最终决定录用前还要进行体检,体检通过就可以进入试用期,通过试用期考察应聘者被正式录用。人力资源甄选程序如下图 6-4 所示。

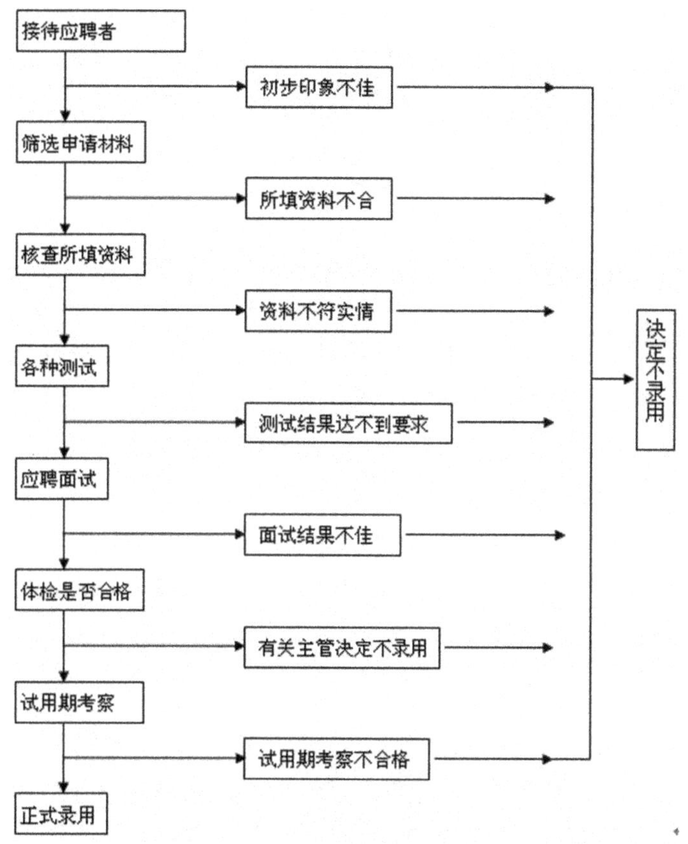

图 6-4　人力资源甄选程序图

6.3.2　人力资源甄选技术

(1)简历筛选

对于简历的筛选，第一步就是要初步审阅，将不合要求的简历挑出去。关于简历的筛选应该注意以下几点。第一，简历的结构格式是否简洁美观，这反映了应聘者的基本态度和审美品位；第二，简历中是否包含了与职位相符的工作经验介绍，以及职业目标是否符合企业和职业的发展方向，从工作经验可看出应聘者的职业稳定性和思维习惯；第三，简历中是否有介绍重点，分辨出着重介绍是因为应聘者在此方面比较有优势，还是想要以此掩盖缺点;第四,检查简历中是否有前后矛盾的地方,逻辑上是否正确。在筛选简历的过程中,要通过以上几点对简历进行分类,并将简历中出现的重点部分和有疑问的部分做标注,以便日后整理。最后,通过初步筛选简历,将简历分为拒绝、基本、重点三大类,为后续甄选工作做基础。

(2)证件检验

经过筛选简历留下来的应聘者,人力资源部门要核实他们提供的证件的合法性和有效性。现在学历证、学位证、英语等级证、职业资格证等专业证书都可以通过相关网站查阅真假,十分方便快捷。但是目前有太多种类的专业资格证书,要一一确认真伪费时费力,所以一般情况下,企业只会针对几项企业看重的与职位相关的资格证书进行真伪验证,其余一些证书作为招聘参考。

(3)笔试

一般情况下,笔试通常用于初试。企业要求应聘者当场进行笔试,笔试可以以考察应聘者的专业知识水平为目的,也可以以更全面了解应聘者情况为目的。通过笔试,企业可以更全面的了解应聘者的个人情况,根据测试侧重不同,可以了解应聘者的专业知识水平、表达能力、逻辑能力、计算水平和理解力等多方面的情况。笔试是一种简单有效的快速对应聘者进行测评的甄选手段。同时,笔试还在心理测试、行为测试中作为辅助手段。

(4)面试

面试是一种面对面直接交谈的测评方法,招聘人员通过与应聘者的直接交流进一步观察、了解应聘者的情况,进一步印证简历信息是否属实。面试是目前绝大多数企业都会采用的甄选测试方法。面试可以对应聘者进行更细致的考核,从应聘者的面试状态可以更好地了解他的综合素质。通过面试,招聘人员可以通过应聘者的精神状态、仪表着装来判断应聘者对待这份工作的认真程度；从谈吐和交流可以看出应聘者的交流沟通能力和基本个人素质；从应聘者对于招聘人员问题的回答可以看出应聘者的专业知识水平、表达能力和反应能力等。面试可以通过观察了解应聘者很多方面的信息，是甄选过程中非常重要的一环。企业一般都会将面试放入甄选程序中，尤其是在招聘一些重要职位及核心成员的时候。面试效果在一定程度上受到应聘者心理素质的影响，并且还受到环境和时间的制约。所以，企业面试一般都用于复试和小规模测试。

面试的种类众多，有一对一的单独面试，也有多对一的综合面试；有按照固定程序进行的的结构化面试，也有没有固定结构的开放式面试；也有要求应聘者解决实际问题的"情境面试"以及根据应聘者的特定优点，确定他们负责的项目，了解其采取何种行动及行动后果的"能力面试"等。面试的次数根据不同岗位和要求有所不同，但一般情况下，面试次数多为一到两次，但招聘企业核心成员时，则可能需要一系列面试。

面试问题设计技巧

面试问题的设计在企业招聘中也很重要，不同的问题可以考察应聘者不同方面的情况和能力。面试问题一般都是依据招聘职位的工作说明书和应聘者的个人资料设计的。

①依据招聘职位的工作说明书进行问题设计。工作说明书介绍了岗位职责和工作要求，记录了员工必须遵循的工作原则。依据工作说明书设计面试问题是考察应聘者是否符合职位要求的重要途径，根据应聘者对问题的反应和回答，招聘人员可以了解他是否具备职位所需的基本能力和素质。这种问题在面试问题中占有重要地位，是通过面试了解应聘者能力的基本方法。招聘人员要全面了解把握招聘职位的工作说明书内容，提出高质量的面试问题，以此提高招聘的成功率。

②依据应聘者的个人资料进行问题设计。在面试过程中，招聘人员往往还会根据应聘者的个人资料提出一些问题，以便更全

面的了解应聘者的情况。这种问题往往会涉及应聘者以往的学习经历、培训经历和工作经历等,招聘人员可以根据这些问题更好地了解应聘者的学习背景和各种能力,作为甄选的参考。

面试提问的技巧

招聘人员运用面试提问技巧可以带动面试气氛,提高面试效率,有利于得到更好的面试效果。

①开放式提问。开放式提问是指应聘者自由发言,面试官提出主题或问题让应聘者自由发挥,招聘人员通过应聘者的发言获取有用信息以便接下来的提问。这种提问方式一般用于面试开始,例如自我经历介绍,可以迅速调动应聘者的积极性,进入面试状态。这种提问方式有利于调节紧张的面试气氛,让应聘者调整到最佳的应聘状态。

②封闭式提问。封闭式提问是指招聘人员提出某一问题要求应聘者明确回答。招聘人员提出这种问题主要想知道的是问题的明确答案,并不想过多的了解背景和过程,不需要应聘者主观的发表意见。例如,招聘人员可能会问,你在以往经历中有没有独立策划过大型活动,只需要应聘者回答“策划过”或“没策划过”。

③假设式提问。假设式提问是指招聘人员提出一种假设情境,要应聘者根据假设的背景回答问题。这种提问方式可以考察应聘者的应变能力和处理能力,还可以看出应聘者的工作经验。通过这种提问,可以激发应聘者的想象力,以便招聘人员通过观察看出应聘者的观点和态度。

④连串式提问。连串式提问是指招聘人员向应聘者提出一连串的问题,要求应聘者依次进行回答。这种提问方式主要是考察应聘者的记忆能力、归纳能力和反应能力等。

⑤举例式提问。举例式提问是指招聘人员让应聘者列举与自己所提问题相关的事件进行回答。例如要求应聘者列举与应聘职位相关的工作经历,应聘者要根据对应聘职位的了解,将以

往相关的工作培训经历一一列举，招聘人员通过这种方式考察应聘者的工作经验和能力。

面试环境的布置

面试环境的布置对面试效果有一定影响，营造良好的面试气氛有利于应聘者的发挥，也有利于面试的最终结果。在面试环境方面，应该注意以下几个问题。

①面试的环境必须是安静的。面试地点一定要保证周围环境的安静，最好在会议室、讨论室这些地方，避免外界对面试的干扰。营造安静的面试环境有利于应聘者更好的进入面试状态，同时有利于招聘人员集中精神对应聘者表现做出评价和判断。

②面试的位置安排必须是适宜的。面试中常见的位置安排有两种：一种是圆桌会议的形式，多个面试考官面对一个应聘者；另一种是一对一形式，桌子按一定方式排列，面试考官与应聘者相对而坐。面试的位置安排也会影响面试效果，合适的座位安排有利于缓解应聘者的紧张气氛，保证他的良好发挥。

③面试环境中的颜色布置必须妥当。根据研究表明，颜色可以影响人的心情和行为。因此，面试环境中的颜色搭配也需要注意，尽量营造出可以消除紧张的轻松氛围，以便应聘者可以在面试过程中出色表现自我，让招聘人员看到其最良好的一面。

④光线和温度要适宜。招聘人员要尽量营造出良好舒适的面试环境，所以光线和温度也是关键因素，保证温和的光线和适宜的温度有利于应聘者放松心态更好的投入到面试中。

面试中应该注意的问题

①面试要有计划性。为了面试的顺利进行，招聘人员在面试前应该做好全面的准备，将面试流程、面试问题、可能出现的问题等进行归纳整理，做到面试前充分准备。这样可以避免面试杂乱无章、沟通不畅、场面掌握不当等情况的出现。因此制定面试的计划和目的是很重要的一个环节。

②选择合适的场所。适宜的面试场所有利于为面试营造良好的氛围，尽量选择安静、舒适的会议室或办公室进行面试，让应聘者可以消除紧张情绪，更好地在面试中发挥自己的水准。

③问题设计要合理。招聘人员在面试过程中可以选择一种或多种形式的问题进行提问，以保证面试结果的科学合理。在面试中，应该将重点放在对应聘者能力的测评上，加大体现个人能力的问题在问题中的比重。要注重应聘者实际行为和经历，一些主观的自我评价可以仅作为辅助。例如，让应聘者列举自己的工作经历，项目经历等。

④面试评价要客观。招聘人员在对应聘者的面试表现做出评价时不可避免地会受主观因素影响，这就会影响面试评价的客观性，不利于企业的招聘效果。在面试的过程中，招聘人员要尽量避免这种主观评断，要根据客观的规则和评判标准对应聘者的表现做出评价，这对应聘者而言才是公平公正的，对企业而言才能达到最佳招聘效果，吸纳到适合企业的人才。

⑤了解应聘者的求职动机。在面试过程中，很多招聘人员只关注应聘者的专业素养和专业能力，而忽略了应聘者的求职动机，但往往求职动机会对应聘者今后的工作效率产生影响。应聘者如果对应聘的工作充满工作热情，那么如果被录用，他今后在工作中肯定会有比较高的工作效率；应聘者如果对应聘职位没有什么热情，甚至抱有一种消极态度，那么势必会影响他今后的工作效率。由此可见，在面试中，应聘者的求职动机也应该是招聘人员进行考察确认的重要一环。

(5)心理测试

心理测试是通过设计包含一系列标准化的反映人的某些心理特征指标的量表，对应聘者进行刺激，通过应聘者的反应分析来判断其智力水平、个性和行为特点的科学选择方法。它具有客观性、规范性和可比较性等优点，通过心理测试进行甄选在一些国家得到较为广泛的应用。但心理测试具有专业性，不是每个人都可以进行的，要通过专业的心理测试人员或机构来进行，才能达到客观、规范、标准的要求。

根据职位和企业的不同要求，可以选择不同类型的心理测试对应聘者进行测试。甄选运用的心理测试主要分为三类，能力测试、人格测试以及兴趣测试。能力测试可以检测应聘者的学习能力和学习倾向，如智力测试、语言能力测试、记忆能力测试、反应速度测试和理解能力测试等。人格测试可以检测应聘者的人格特征，比如个性、待人待事态度、人生观、价值观等。人格会影响一个人的工作能力和工作效率，尤其是从事内外联系相关的工作，比如企业管理、公关、销售等，人格特质会对个人创造绩效有一定影响。兴趣测试可以检测应聘者的兴趣所在，通过了解应聘者的兴趣点可以看出他与应聘职位的匹配程度，兴趣点与职位有交集有利于员工的职业发展，也有利于企业的成长。

进行心理测试应遵循以下原则：(1)心理测试必须遵循严格的程序。进行心理测试时，心理测试量表的设计、测试仪器和场地的准备、测试的实施和结果的评判等，都必须按照严格的程序来进行。心理测试人员必须是经过专业培训的专业测试人员，在执行时还需要通过心理专家的指导。(2)企业必须保证应聘者的个人隐私安全。心理测试的内容均为应聘者的个人隐私，企业必须在经过应聘者的同意后才可以开展心理测试工作，并且通过测试得到的检测结果不可随意发布和传播，企业对测试信息的处理方式必须要经过应聘者的同意和认可。(3)心理测试结果不是唯一标准。心理测试结果只是对应聘者在心理特征方面的某些评定，它只可作为企业在甄选中的一种参考，不能作为挑选应聘者的唯一标准。企业可以通过心理测试的结果对应聘者做出更全面的评价，而做最终判断还需要结合笔试、面试等其他甄选方法进行综合的评定与考核。

(6)公文处理

公文处理是评价中心技术用得最多的一种测评形式。具体做法是，假定应聘者接替某管理人员的工作，交给应聘者一系列急需处理的工作文件，如信函、电话记录、工作报告、备忘录等。这些文件来自不同的人员和部门，文件中包括了上级和下级、组织内部和组织外部的各种典型问题和指示。要求应聘者在2～3个小时内将所有工作文件处理完毕。处理完这些工作事物后，应聘者要填写行为问卷，在问卷中说明自己这样处理工作的理由。招聘人员在看过应聘者填写的问卷后，还会对不清楚或想深入了解的地方通过面谈的方式进行了解，随后，招聘人员根据应聘者的表现给予评价。

通过公文处理的测试，招聘人员可以看出应聘者对文件的处理是否有序，能否根据文件的来源和轻重缓急来合理地处理公务。根据应聘者不同的处理方式，招聘人员能够判断出应聘者的工作能力，包括计划、组织、分析、判断、决策等能力和对于工作环境的理解与敏感程度。

根据内容不同，公文处理的形式可以分为以下三种。

背景模拟

采用这种形式进行测试，在正式开始测试前，招聘人员会将一些具体信息告知应聘者，包括应聘者的工作环境、所处企业地位、上级领导的做事风格、情景出现其他人物的人物关系和需求信息等，以此来检测应聘者的应对能力。

公文类别处理模拟

这种形式的测试主要测评应聘者的处理能力，在此测试中，需要应聘者处理的文件有三种类型。第一种是结论且处理完归档的材料，这类材料主要考察应聘者处理方式的有效性。第二种是已经有处理条件，但没有做出决断的材料，这种材料就需要应聘者自己通过分析进行处理决断。第三种是最难处理的材料，缺少处理条件和信息，需要应聘者找出材料的关键点，自己寻找处理文件的条件，主要是考察应聘者提出问题解决问题的能力。

处理过程模拟

这种测试形式是让应聘者模拟成为企业中的某一管理者参与这种形式的公文处理活动，要求应聘者要尽可能使自己的行为符合角色规范。招聘人员让应聘者在规定时间内阅读测试背景材料，告知应聘者递交处理报告的时间，随即开始正式测评。应聘者在规定时间内完成处理报告后，将会开展与招聘人员的讨论，在讨论中应聘者可自由发表自己的观点，为自己的处理方式做出解释说明。经过讨论，要得出一个具体结论，同时应聘者还要预测自己的决断带来的后续反应，从而纠正自己的错误观点和决策，招聘人员用这种方式激发应聘者的内在工作潜能。

(7)小组讨论

小组讨论一般情况下采用无领导式的自由讨论，给予主题或是待解决问题，让小组成员自己讨论解决。招聘人员一般不出现在讨论室，而是通过玻璃洞或电视屏观察讨论情形，主要观察哪个应聘者善于驾驭会议，善于归纳整理意见并得出结论说服他人。

在这种形式中，招聘人员主要靠应聘者的反应进行判断评价。在个人思维方面，观察应聘者是否有自己独到的见解、能否坚持自我发表不同的意见、对自己支持的观点能否坚持到底；在人际能力方面，观察应聘者是否善于改善紧张气氛、能否调解意见不合、能否带动全体参会人员的讨论积极性；在个人素质方面，观察应聘者是否善于倾听他人意见、是否尊重他人的发言；同时还要观察应聘者的语言表达能力、问题分析能力、概括总结能力、反应能力等不同方面的能力。

(8)管理游戏

管理游戏也是评价中心常用的方法之一。这种测试方法，是将几名应聘者编为一个小组，以小组为单位分配任务，一般情况这种任务都是需要小组人员相互配合才能较好解决的。还可以让几个小组同时进行任务，以比较哪个小组完成得更好，通过竞争的形式可以更好地调动应聘者的积极性，激发出更大潜能。

管理游戏有一些显著优点。第一，可以突破实际工作情境受到的限制。通过管理游戏的模式可以将在现实工作中很难遇到的事件进行模拟，非常简单方便。第二，游戏的形式充满趣味性。管理游戏是模拟真实情形展开的，让应聘者可以迅速融入情境中，同时还可以添加竞争性因素来调动参与者的积极性，而且参与者可以立即获得效果反馈。第三，管理游戏具有认知社会关系的功能，通过进行这项活动，可以简单清晰的让参与者了解组织内部结构和各单位之间的关系，有助于他们在今后的工作中灵活运用通过活动得到的体验。

同时，管理游戏也存在一些不足。第一，管理游戏本身是竞争性质的测试，参与者可能会为了获取比赛的胜利而忽略学习过程，无法意识到管理游戏的本质是为了使参与者进行管理原理的学习。第二，可能会压抑被试者的开创性，因为在游戏中具有开创性经营管理能力的人员，在游戏中可能会得到不利的结果；第三，管理游戏需要一定准备，对活动空间还有一定要求，操作起来不太方便，同时招聘人员在观察参与者时也不太方便。

6.3.3　人力资源甄选的有效性

(1)成本效益评估

成本效益评估是通过对招聘中的各项费用进行审核，并与招聘计划中的预算进行对比，以此对招聘的效果做出评价。招聘成本包括直接成本和间接成本。直接成本主要指招募费用、选拔费用、安置费用等；间接成本包括内部提升费用、工作流动费用等。一般采用以下公式计算：

总成本效用＝录用人数/招聘总成本

招募成本效用＝应聘人数/招募期间的费用

选拔成本效用＝被选中人数/选拔期间的费用

人员录用效用＝正式录用的人数/录用期间的费用

招聘收益成本比＝所有新员工为组织创造的总价值/招聘总成本

(2)数量与质量评估

数量与质量评估主要是对招聘过程的控制管理评价，既反映了招聘的质量，还可以检测人力资源部门制订计划的准确性。计算公式如下：

录用比＝录用人数/应聘人数×100％

招聘完成比＝录用人数/计划招聘人数×100％

应聘比＝应聘人数/计划招聘人数×100％

(3)效度与信度评估

效度指的是测量的有效性或正确性。在人力资源甄选中，指证实测试与工作相关的证据。可以理解为，应聘者在测试中的表现是其后实际工作绩效的有效预测因子。若测试结果与工作绩效显示为不相关，则说明测试无效。信度是指测试的一致性和可靠性程度，即在一个目标个体上进行数次相同或是等值的测试，观察测试结果的一致性。测试的效度是信度的前提，如果测试是无效的，则信度数值没有意义。

人力资源甄选中常用效标效度和内容效度来检测测试的有效性。效标效度通过测试分数与工作绩效的相关度来证明测试的有效性。测试分数与工作绩效应该是正相关关系，应聘过程中测试分数高的应聘者，在正式工作后的绩效成绩也好，则证明测试的有效性高；应聘过程中测试分数高的应聘者，在正式工作后的绩效成绩不理想，则证明测试的有效性低或者是无效。内容效度指一项测试对工作内容的反映程度，主要用于系统地检查测量内容的适当性。内容效度是从对工作绩效十分关键的工作行为角度来界定工作内容，然后从中随机挑选一些任务和工作行为作为测试中的行为样本。但是，内容效度的实施比较困难，这是因为，测试内容效度时，首先要证明测试中挑选出的任务是实际工作执行中任务的全面和随机的样本，同时还要证明测试环境与实际工作环境的一致性。因此，内容效度往往还需要效标效度的结果佐证。

有多种方法可以对测试的信度进行衡量。在不同时间对统一目标主体进行重复测试，两次测量结果的比对是重测信度。在此要注意，两次测试的时间间隔不宜过长，否则会导致变化因素太多而影响结果；用等值的不同道具对同一目标主体进行测试，两次测量结果的对比是复本信度。判定测试的可信度是要通过两次测试结果的对比数据得出的，两次测试结果一致度达到70%以上，就可以证明测试是可信的。

检测测试的效果有两种做法。

第一种是同时验证法。即在招聘前，经过工作分析，制定员工素质模型后，从中选择关键的一组或几组行为特征作为预测因子，用挑选的测试方法来对现任职员工进行测试，再将测试所得分数与现有员工的绩效相比较，如果分数高的员工绩效也好，则说明所选择的预测因子和测试方法的效度高。但是，现任职员并不能代表新的应聘者。

第二种是预测有效化法。即用选定的测试方法和预测因子对应聘者施测，并且保证只做这一种测试，不能有其他测试从中干扰。当应聘者被正式录用后，再将他们的实际绩效与测试分数相比较，通过比较结果就能确定测试的有效性。如果对比结果显示测试的有效性高，那么该测试便可运用到今后的招聘工作中去。

6.3.4 人力资源录用

人力资源录用是依据员工甄选的结果做出录用决策并进行

安置的活动。录用决策是人力资源录用中重要的一环，在实施录用决策时，招聘人员要根据人员录用原则，综合考虑甄选阶段的多项考核结果，排除主观因素，科学且理性的挑选适合职位的最佳人选。人力资源录用一般包括以下几个步骤。

(1)录用决策

在做出录用决策时，要系统化地对候选人的能力进行综合评估和比较。系统化的评估方法可以避免招聘人员对应聘者做出以偏概全的评价，如果不系统的进行考量，招聘人员可能只关注到应聘者的突出特质，从而忽视应聘者其他方面的能力特质。同时，在招聘目标设定时注意合理性，不要把录用目标定的太高，一再的等待“最好的”“最优秀的”应聘者出现，可能会错失目前可以录用的人才。

企业招聘的日的应该是吸纳最适合本职位和本企业的人才，而不是最出众、最全面的人才。企业根据不同的职位应该对应聘者有不同的要求，应该有侧重的开展招聘工作。还要注意，最终候选人数应该多于实际录用人数，以防因为一些变化因素导致最终录用人数不足的情况发生。因为完成录用决策后，还要进行背景调查、健康检查、人员试用，在这个过程中不排除一些候选人不能满足企业要求而不能被最终录用的情况，也可能会出现候选人因自身原因退出招聘的情况。

在确定最终录用名单后，要及时通知被录用人员。同时，也要对未被录用者进行反馈。很多企业只会通知录用者录用信息，却忽略未录用者。这种做法不利于良好企业形象的树立，实际上，往往只需要很简单很快速的回复一下未被录用者，就可以让公司的形象得以提升，但许多企业却忽略了这一点。在通知未被录用者时，应该注意措辞，首先要对应聘者表示感谢，其次告诉应聘者未被录用是因为公司目前没有合适的职位可以提供。

(2)背景调查

背景调查的主要目的是了解并核实应聘者的背景信息，以便招聘人员对应聘者有更完整全面的了解，同时还可以对应聘者提供的真实性进行检测。背景调查对象一般是应聘者的朋友、原单位的同事、领导，原单位的人事部门，目的在于了解应聘者的工作表现、性格特征、工作潜力、离职原因及有无违规违法记录等。

进行背景调查时要注意态度，在时间安排上要以对方的方便优先，在进行调查时不要问评价，直接就具体事件进行核实，同时注意对信息的保密。在调查时，要尽量多找几个调查对象，方便确认调查的真实性。背景调查的方法包括上门拜访、电话访谈、要求应聘者提供推荐信等。

背景调查的主要内容包括以下几个方面。

第一，学历学位。很多应聘者为了达到企业的应聘要求在学历上作假，招聘人员要通过背景调查对应聘者的学历学位进行真假辨别。企业可以要求应聘者提供学历证书和学位证书，同时可以在相关网站上进行学历信息查询来分辨真伪。

第二，工作经验。以往的工作经验在一定程度上影响招聘人员对应聘者的评价，尤其是一些需要相关工作经验的岗位。招聘人员应该对应聘者的受聘时间、职位和职责、离职原因、薪酬等问题进行调查了解。招聘人员可以通过应聘者原企业的领导和同事了解相关情况。

第三，过去的不良记录。主要调查应聘者过去是否有违法犯罪或者违纪等不良行为。

进行背景调查时，应该把调查重点放在工作相关的方面；要通过多个渠道进行了解，以确保信息的正确和真实；还要注意不要侵犯应聘者的个人隐私。

(3)身体检查

身体检查可能是企业安排，也可能是自行去正规医院检查向企业提供体检结果，两种方式根据不同的企业有所不同。身体检查的目的是确定应聘者的身体状况是否良好，能否胜任此项工作，是否患有传染性疾病等。如果应聘者患有严重疾病或是传染性疾病，企业可能会取消应聘者的录取资格。

(4)签订劳动合同

劳动合同是企业与员工建立劳动关系的保障。被录用者通过以上各种测评后到企业人力资源部门注册报到，开始进入试用期的工作。试用合格后，被录用者与企业正式签订劳动合同，企业和被录用者双方签字后，合同方生效。企业在签订劳动合同时，不仅要考虑企业及相关职位的具体情况，还要符合相关法律法规的规定，如符合《中华人民共和国劳动法》《中华人民共和国劳动合同法》等法律的规定。在履行合同的过程中，只要一方出现违背合同的行为，另一方就可以依据法律保障其权益。

本章小结

对企业来说人力资源获取是帮助其正常运行的关键环节，只有保证企业的人才储备才能保证企业的生存和发展。从制订计划到实施招聘，再到最终的员工录取，保证每个环节的高效才能保证整个招聘过程的高效完成。

员工招聘方式多种多样，总体上可区分为内部招聘和外部招聘。就外部招聘而言，基层员工通常采用校园招聘和社会招聘的方式，而企业中高层管理者及高级技术类人才的招聘可采用猎头推荐和人才引进等方式实现。高绩效人力资源管理系统需要重视内部招聘，采用内部招聘方式的企业，一般都注重员工的内部培养，内部招聘及与之相辅相成的内部培养，可以为企业员工提供公平竞争的择岗机会，员工更愿意挖掘自身潜力，提升职业发展需要的工作技能。同时，注重内部招聘，有助于调动员工的工作积极性和主动性，有助于增强员工对组织的归属感。在招聘中，针对不同岗位的员工应分别采取最适合的招聘模式，甄选过程中要注重员工的品德考察，要把握员工个体与岗位和企业文化的匹配度。

招聘甄选必须基于岗位特点，强调人岗匹配。目前，绝大多数企业在招聘员工时都十分看重“德”。如三一重工、国美电器、宜宾五粮液和深圳航空员工甄选标准的第一位是“德”，而将“才”放在第二位；新希望集团和万科集团特别强调员工招聘要“举贤避亲”。另外，“人岗匹配”“人与组织的匹配”也是许多企业在甄选员工时特别关注的。例如万向集团招聘员工时强调要对企业文化有认同感；云南白药倾向于招聘非名校毕业、农村出身、踏实肯干的员工，也是独特的实现人与组织相匹配的策略；三一重工则从品行、忠诚、勤奋、责任、聪慧、合作、创新和领导力胜任8个方面考察应聘者，确保人与组织的匹配(王雪莉等，2015)

纺织服装行业作为我国一个发展稳定且竞争激烈的行业，为了能够在竞争激烈的市场中生存发展，就应该重视企业的人力资源招聘工作，保证企业拥有具有竞争力的创新型人才。尤其是在当今的人才资源型社会，纺织服装企业更要重视人力资源获取各个环节的合理性和高效性，为企业的更好发展提供前提和保障。

7　加强企业员工的培训与开发

当今社会，经济全球化发展程度不断加深，高新技术频繁更新换代，使得国际市场竞争日趋激烈。要想使企业不断跟上时代发展的步伐，在激烈的竞争中脱颖而出，就要不断运用现代化的管理方法，对人力资源进行合理地培训，并对其潜力进行持续的开发，充分发挥人力资源的优势。纺织服装行业是典型的劳动密集型产业，对劳动力的需求旺盛。因此，必须做好对纺织服装企业的人力资源管理，加强员工培训与开发，实现员工与企业的共同发展。

7.1　人力资源培训与开发的重要意义

7.1.1　培训与开发在人力资源管理中的地位

培训与开发是指针对企业组织中各类人员工作岗位所需要的知识、技能、理念、素养或素质，乃至岗位规范、职业发展等开展的一系列学习、提升、发展活动的总称（石金涛，2013）。企业中有高、中、低三个层次的人员，他们对培训与开发的需求是不同的。

与传统人力资源管理“老 3P”（position，performance，payment，即岗位分析、绩效考评、薪酬支付）的内容相比，现代人力资源管理的内容更加突出“新 3P”（plan，personal competency，participation，即人力资源规划、人员的胜任能力、员工参与），更加强调战略目标下的科学规划和“以人为本”的管理理念。

就内涵而言,“人力资源”(HR)早已有之,只不过在以前被人们称为“劳动力资源”,是从生产成本的角度去考察的。因此“人力资源管理”(HRM)在过去实际上被“劳动与人事管理”替代了,当时并没有认识到 HRM 更深刻的含义。早在 1911 年,泰勒在《科学管理原理》一书中,就十分精辟地把管理的基本原理归纳为五个方面,分别是科学制定劳动定额与操作标准、按标准化作业培训工人并选拔合格者以及奖惩与晋升淘汰、管理人员与操作人员的合作与均分责任、管理的政策性等。

泰勒的科学管理原理没有一项不涉及人,因此,可以认为他是最早提出人力资源管理的大师。泰勒所处的时代,生产力相当落后,资本家处于绝对统治地位,操作工人处于社会底层,同时存在大量失业者。在这种背景下,泰勒提出的一些科学管理原理是不可能被老板、工厂主、资本家所接受的。1927—1933 年间心理学家梅奥基于其在美国西方电气公司霍桑电话机工厂所做的照明环境试验成果创立了“人际关系学说”,指出人与人之间的互相影响、员工的价值观、士气态度比客观条件(如照明度)对组织绩效具有更直接的作用。后来许多西方学者提出各种各样的理论,如美国麻省理工学院的麦格雷戈教授在 1960 年提出的 X-Y 理论、舒尔茨等在 20 世纪 60 年代创立的“人力资本”理论、麦克利兰在 70 年代提出的“胜任力”理论与模型等。这些理论进一步揭示了人力资源所具有的巨大潜力以及重视人力资源管理的现实意义,同时把培训这一人力资源管理的内容推进到现代阶段——“开发”成为现代人力资源管理的核心内容。

7.1.2 培训与开发的意义

(1)适应不断变化的环境

企业所处的经营环境并非一成不变,而是处于瞬息万变的市场大背景中,很多十年前的专业知识、相关实践经验以及岗位要求都已不再适应。原来合格的员工,如果不经过持续的培训,就会在变化的市场中面临被淘汰的危险。

(2)满足市场竞争的需要

市场是充满着竞争的,这种竞争既是产品的竞争,也是销售的竞争,既是资本的竞争,同时更是人力资源的竞争。如果企业不对其内部的员工进行培训,这些员工就会在竞争的市场中被湮没。

(3)满足企业内员工自身发展的需要

培训固然对企业的长远发展有着至关重要的作用,但是对于员工个人来讲,培训也是一种不断增加其专业知识,增强其业务能力,增长其工作经验的一种途径。通过培训,员工会对工作岗位有更加深刻的认识和了解,会不断在追求公司发展的同时,实现自身的价值最大化。只有不断要求员工学习新知识,不断寻求更好更长远的员工自我充实和自我发展,员工才会在工作中积极上进,不断为公司的发展做出自己的贡献。

(4)促进企业效益的不断提高

从长远来看,培训对公司而言,是有百利而无一害的行为。通过培训,员工对自己的工作更加熟练,对工作有更大的满意度,对企业未来的发展有更深刻的认识。员工会努力将自身的发展与公司的未来进行结合,不断强化自身的主人翁意识,在这种状态下工作的员工,会不断为公司创造更大的价值。

7.1.3 现代培训与开发的特点

现代培训与传统培训的区别源于新旧人力资源的区别,因此,现代人力资源管理与传统人力资源管理最主要的核心区别就是"开发"两个字。而现代培训的含义由于建立在现代人力资源管理原理之上，因此其基本理论依据、方法、手段乃至工具，与传统培训自然有明显差异。

(1)更加注重企业的长远发展

企业员工培训要以企业战略、人力资源规划为依据，培训与开发计划和目标要与公司的长远目标、战略、愿景紧密地联系在一起，需要系统思考。培训已不再仅仅是为了填补昨天某些岗位的空缺，或者为了今天增加生产的产量，或者为了明天提高产品的质量。或许通过技能培训能达到上述短期目标，通过知识学习能达到上述中期目标，但是要注意的是，完整的培训体系，不仅仅是对员工技能、岗位知识的简单培训，而是站在组织发展的角度，从公司的长远利益出发，对岗位与人员契合程度进行深入分析的基础上，制定出来的一个完整的方案。将绩效考评、绩效管理以及薪酬奖励等方面结合起来进行分析，旨在不断提高公司的综合竞争力。

(2)培训对象不再是单个人

在一个企业中，每一位员工都有自身的特定职责，但是公司内部一些复杂问题的解决，得益于整个组织的团队合作。要实现组织的最终目标，需要每一位员工齐心协力，相互合作。"学习型组织"强调的就是组织整体的团队学习。学习型组织理论是美国学者彼得·圣吉在《第五项修炼》一书中提出的，该理论所提倡的组织再造、终身学习及不断自我更新的理念与方法已成为全球范围的企业保持竞争力的有力武器。学习型组织的核心要素是建立共同愿景(building shared vision)、团队学习(team learning)、改变心智模式(improvemental models)、自我超越(personal mastery)、系统思考(system thinking)，这五个要素表明，现代培训不再像一般的学校那样，让学生关起门来独立自修，不是"朝五晚六"地闭门读书，不是背靠背地接受考试以争得个人名次，而是关注培养组织的使命和核心价值观，创造共同的愿景和目标，形成团队合作氛围，培养领导与管理人员的团队服务意识，从而增强组织的持续竞争能力。

(3)更注重激发员工的学习动机

公司固然会要求员工提高技能（包括专业技术技能、管理技能、文化融合与对规章制度的熟知等），但员工自身面临的新问题，往往是公司管理人员在办公室内无法及时知晓的。只有员工自己具有学习的欲望和积极的动机，才能使公司整体绩效更快地提高。

(4)强调以人为本

培训的最终结果是让员工更加适应工作的岗位。更为重要的是，要让员工在此过程中，对培训这一项提高自身能力的活动从内心接受，并产生对培训的需求。这不仅仅是一项需要他们花费体力、脑力以及时间的任务，对他们而言，这更是一种享受，是一种身心愉悦的活动，是一种公司对员工的贡献进行的回报，是一种不断激励他们更加努力工作的激励措施。培训的内容，要重点放在集体主义、互帮互助以及员工思想境界的提升上面，这些“软性”的培训，会使员工的思想境界得以提升，使员工的战斗力不断提高，使整个团队的凝聚力增强。所以说，人性化的培训是十分有必要的。

(5)注重胜任能力的培训

对于高科技企业来讲，这一点特别具有挑战性。高科技行业之所以能有如此令人惊羡的业绩，固然有技术进步、科技创新转化为商品化生产的原因，但高科技行业的发展、高科技企业的成长主要依靠的是它们的主体——作为精英的管理队伍与科技队伍。这些人力资源与传统企业的“劳动力资源”或“行政人员”有几个根本不同的特点。

首先,用以考核员工的标准不同。传统的人力资源考核标准是以岗位的准则,职位的规范性为要求,对员工进行考核。现代人力资源考核标准则更加强调协作精神以及对公司的贡献。

其次,对员工的要求方式不同。传统的企业是通过命令的方式对员工进行要求,而现代的企业是通过将员工的自我成长与企业的未来发展紧密结合的方式不断对员工进行要求,使员工在实现企业目标的过程中,也实现自我愿望,提高自身综合素质。

再次,职业定位模式不同。传统的企业一般是通过专业分工将员工派至不同的岗位,并且这种分工模式在员工职业生涯中不会发生大的变化。现代企业面对的是瞬息万变的市场,因此在对员工的职业生涯进行设计时,更加注重培训内容的及时性,使员工结合最新的发展趋势,对自己的发展前景进行设定。在加大人力资源的投入力度时,现代培训更是对培训经理提出了更高的要求。现代企业培训要从根本上改变传统的只按“红头文件”发发培训通知、点点出席人数、写写总结报告的被动方式,以全面的知识与综合的能力创新设计各种培训课程,把握本行业人力资源发展的动向,以娴熟的培训技巧与富有吸引力的激励手段实施培训,以自己的主动精神把培训与开发纳入企业人力资源发展的轨道。

现代培训突破了岗位技能培训的狭窄界限,实质上是开拓了创造智力资本(intellectual capital,IC)的途径。智力资本实质上是人力资本(human capital)最主要的组成部分,其不仅仅包含基本技能和专业技能,还包括创造技能和管理技能。智力资本不同于一般的岗位规范规定的技能,只有通过持续的学习才能不断获得。

由于现代培训无论在内涵的深度还是在外延的广度上都与传统培训有很大的不同,因此,一些企业已经意识到,培训对象不仅在公司内部,而且要延伸到公司外部。

7.2　人力资源培训与开发的实施

7.2.1　企业人力资源培训

(1)企业人力资源培训的影响因素

影响员工培训的因素主要有两大类:外部因素和内部因素。

外部因素

①来自政府方面的影响。在任何一个国家,企业员工的培训都受到政府的影响。例如,有些国家会明文规定,从事特定行业的任职人员,必须经过一定的专业培训才能胜任工作。

②国家的政策法规。各个国家、地区的政策法规都存在一定的差异,这些差异体现在相关的法律条文上,如要求企业禁止使用童工,不得侵犯少数民族的利益等,这些会直接影响到员工的培训。

③经济发展水平。某一地区的经济发展水平与该地区的人力资源需求量成正比,越是发达的地区,对于人力资源的需求量会越高,因而这样的企业往往对员工的培训也会比较多。这是一种良性的循环,对员工进行培训,进而提高公司效益,在公司效益提高的基础上,又反过来不断加大员工的培训力度。但是在经济相对落后的地区,情况却恰恰相反。这也是区域之间的经济水平不断拉大的原因。

④科技水平。一般来讲,科学技术水平的高低,也会直接影响着员工的培训次数。越是科技水平高的公司,员工的培训会越频繁,这种更新换代比较快的公司,会将科学技术放在比较重要的位置,他们也更愿意不断加大对员工的投资力度。

⑤劳动力市场状况。劳动力市场的状况直接影响着企业员工的培训。一般而言，劳动力市场越充裕，人力资源也就越多，企业更可能会忽视培训；而当劳动力市场上的人力资源比较匮乏时，其质量也良莠不齐，因此，企业一般会加大对人力资源的培训力度。

内部因素

①企业发展前景与经营战略。企业在进行未来蓝图设计时，会对其员工素质能力有相应的要求。一般来讲，前景越远大，对员工的培训需求就越高；反之，一些没有远大战略的企业，会容易忽视员工的培训。

②企业所处的发展阶段。企业所处的发展阶段不同，对员工培训的要求也不一样。处于成长期和成熟期的企业，对员工培训的内容和数量会比较高；处于衰退期和退出期的企业，对员工培训的内容会相对减少。

③所在行业的特点。企业所处的行业不同，员工培训的状况也不相同。一些高科技产业，由于知识的更新换代比较快，因此，需要员工具备更加与时俱进的工作能力。

④企业内部员工的素质水平。员工的整体素质越高，他们会越希望增强自身的能力以不断适应工作的要求，但是一些素质比较低的员工，并不会追求职业的长远发展，会排斥培训。

⑤管理人员的发展水平。管理人员的发展水平是影响员工培训的主要因素。管理人员的水平越高，对员工培训的重视程度也越高，他们会不断增强员工面对瞬息万变市场的处理问题的能力，不断培养员工的各项能力和素质，使公司在市场竞争中立于不败之地。

(2)企业人力资源培训的类型

在职培训

①在职培训的内涵。在职培训是让职工在工作中学会做某

项工作。一般地说，在职培训适合所有类别的人员，但比较而言更适合于技术性岗位的技能培训。在职培训通常是安排(新)职工跟着有经验的人边干边学，由这些经验丰富的人来实施培训。

在职培训的优点是：培训是在真实的工作环境和工作条件下进行的，并由经验丰富的人进行指导，能够使受训人直接掌握工作技能和提高工作能力；由于是通过实干来学习，职工能够快速得到反馈；培训的成本较低。

在职培训的局限性是：在职培训有时可能会打乱正常工作流程，引发生产问题；正常的生产流程可能会限制在职培训活动，无法为受训人提供理想的培训环境。

②在职培训的方式。第一，学徒培训。这是由经验丰富的技工以师父带徒弟的方式向新职工传授技艺。这是一种传统的培训方式，现在一般在需要手工技艺的工作中才使用这种培训方式，如管道工、理发师、印刷工、木匠、机修工等。培训期限取决于技艺要求，比如，机修工的学徒期为四年，模具工为五年。学徒培训效果取决于师父的技艺水平、传授方式和是否愿意把手艺传给徒弟。这种手工业式的传帮带培训不能满足现代社会对人才的大量需求。第二，教练。这是由一个有经验的工人或直接主管在工作岗位上对职工进行培训。教练的特点是一个对一个，一步一步地教。许多工作都可以分解成一系列有逻辑顺序的步骤，按部就班地进行学习。教练的过程通常是先向职工讲解，再做示范，然后让职工练习，观察职工的表现并纠正其中的错误。这种培训方式可以用于经理的培训。

在职培训是企业培养人才的重要途径之一，但有不少主管人员没有将培训下属看作是一项重要的管理职责，更没有养成对下属进行在职培训的习惯，他们或者偶尔为之，或者将培训责任推给人力资源部门或职工本人，自己埋头工作。企业应该将在职培训纳入管理系统，为主管人员提供资源及创造条件，安排他们接受训练技巧的培训，并将在职培训的表现列入绩效考核。那些在培养人才方面做出成绩的主管人员应得到企业的承认。

脱产培训

①脱产培训的内涵。脱产培训是让职工暂时离开工作岗位，集中一段时间学习的一种培训。培训的目的在于让职工掌握新知识和新技能，以选拔人才，或者是适应企业新业务的开办。脱产培训的特点是培训时间集中，主要通过教学手段和其他方式进行强化学习。根据培训的地点可以把脱产培训分为：企业内部的脱产培训，指在企业设立的培训中心等机构进行培训；企业外部的脱产培训，指选送职工到国内其他大公司或学校培训和学习；出国培训，指选派职工到国外大公司或学校培训、学习和考察。

②脱产培训的方式。第一，技校培训。主要用来培训技能，指不在真正的生产岗位上，但使用与生产过程完全相同的设备进行的培训。例如，在培训中心安装车床，职工就可在培训中心学习车床的操作。这种培训方式可以使职工从一边生产一边学习的压力中解脱出来，最能适应那些需要在岗培训，但让职工在实际岗位上接受培训又太危险或成本太高的培训要求。这种方法对培训在流水线上作业的职工也很有效，因为直接将新手安排在岗位上培训可能会降低生产率。第二，模拟培训。与技校培训十分相似，区别是使用的不是真实的设备而是模拟设备，包括从简单的机械装置的纸模型到企业整个环境的计算机模拟。模拟培训的实际效果在某些方面可能不如在职培训，但优点是安全、学习效率高和培训成本低。

(3)培训的具体方法

课堂讲授

许多研究和实践经验表明，课堂讲授是一种十分有效的培训方式。课堂讲授的系统性较好，可以一种快速而简单的方式向一大群受训者传递知识。例如，企业推出一种新产品，销售人员需要了解这些新产品的特性时，通过课堂讲授就是非常有效的培训方式。

课堂讲授一般要遵循如下的指导原则：①不要一开始就犯错误。比如，不要以一个不相干的笑话或者这样的话来做开场白："我真不知道为什么今天会被邀请到这里来讲课。"②给听众提供一些线索。例如，如果要讲一系列的问题，不妨这样开始：有四个方面的理由可以说明为什么销售报告是非常必要的……③关注听众的表现。注意一些听众的消极肢体语言，比如坐立不安或者交叉手臂。④在讲课的过程中要与听众保持目光交流。确保房间内每个人都能听见你的声音。在回答受训者提出的问题之前，首先重复一遍问题是什么。⑤控制你的双手。养成把双手自然放在身体两侧的习惯。⑥根据一些要点来授课，而不是照着原稿读。在大卡片上或者幻灯片上写出几个清晰易读的要点作为授课的大纲。⑦把一段长的讲话分解成若干段5分钟长的讲话。通常情况下，授课者会首先提供一个概要性的简介，然后再用接下来的1小时左右的时间逐个要点地解释材料中的内容。专家建议把长的讲话分解成一系列的5分钟左右一段的讲话，并为每段讲话做一个单独的简介。每一段的简介都要突出即将讨论的问题，为什么这些问题对于听众来说很重要，以及你的资格——也就是他们为什么要听你的授课。⑧重视练习。如果可能的话，在与实际授课的环境类似的地方事先演练一下。

程序化学习

程序化学习(programmed learning)是一种按照一定步骤自学的培训方法，这种方法通常由三个部分组成：(1)向学习者提出问题；(2)让学习者回答问题；(3)对学习者提供答案的正确性进行反馈。程序化学习的组织，首先是给出一些事实及相关问题，当学习者回答完这些问题后，下一个界面就会对这些答案的准确性做出反馈。随后给出的下一个问题往往取决于学习者对上一个问题的回答情况。

节省培训时间是程序化学习的主要优点，受训者可按照自己的进度安排学习,并且能够得到迅速的反馈,降低了受训者出错的风险。但不足是,与通过教材学习相比,通过程序化学习所学到的东西可能会少一些。实践中,需要权衡开发程序化学习所需的程序编制成本,要考虑它在培训速度慢以及学习效果并无优势这两个方面的缺点。

智能导师系统(intelligent tutoring systems)使程序化学习向前迈进了一步,它是一种计算机化的更高级的程序化学习程序。除了程序化学习的传统功能,智能导师系统还能够发现哪些问题以及哪些方法适合学习者,哪些则不适合他们,然后针对特定学习者的需求提出调整学习顺序的建议。

视听培训

DVD光碟、电影、PPT幻灯片以及录音磁带等视听培训技术正在被越来越多的企业广泛使用。例如,福特汽车公司在其经销商培训中就使用了视频录像,以模拟在现实中可能会遇到的各种问题以及应对各种客户抱怨的方式。

视听培训会让人更有兴趣,这是其最突出的优点,但视听培训比课堂讲授所付出的成本相对更高。以下这些情况比较适合采用视听培训:操作流程的说明,比如培训受训者如何修理机器,视听设备的多功能操作对此很有帮助;需要向受训者讲述的事情是其他授课方式难以说清楚的,如虚拟工厂参观或者心脏外科手术的培训;培训对象是整个组织所有人员,如果让培训师跑到各个地方去讲课,成本太高,视频培训则不受时间地点的限制。

技工训练

技工训练是在工作岗位之外的其他地方,让受训者利用实际工作中需要用到的真实设备或模拟设备进行学习。当在职培训的成本很高或者可能会很危险时,技工训练就很有必要。把新的装配工直接安排到生产线上作业可能会减缓生产速度。另外,考虑到安全问题——比如飞行员——这种模拟性质的训练可能就是唯一可行的选择。例如，美国联合包裹服务公司就利用一个与实际大小相仿的学习实验室，为将来做司机的求职者提供长达5天共计40小时的模拟现实训练项目。

远程培训和视频会议

远程培训是指一位培训师在一个中心地点，通过电视网络对身处异地的员工实施的一种培训活动。本田汽车公司一开始的时候利用卫星电视技术来培训工程师，而现在，它在美国俄亥俄州的分支机构则从国际科技大学购买一些研讨课程。国际科技大学是一家卫星教育服务提供商，它整合了众多大学以及一些专业化教育组织所提供的课程。

视频会议允许一个地方的人与位于另外一个城市或国家的人或者位于多个城市的人群进行实时的交流。视频会议培训只需要有个人电脑上用的视频摄像头以及若干远程受训者就可以了，或者是干脆将众多的学习者召集到一个视频会议室来接受培训。在这种情况下，受训者可以通过键盘实现互动。

电子绩效支持系统

人们不可能记住他们学过的所有东西。例如，戴尔公司每年引进的新产品数量大约为80种，所以希望戴尔公司的技术支持人员能够了解每一种产品的所有特性是很不现实的。因此，戴尔公司的培训主要集中在为员工提供他们在日常工作中所需的一些一般性知识上，例如，戴尔公司的各项规章制度、文化和价值观以及各种系统和工作流程。而其他方面的知识，则会在这些员工需要时通过电子绩效支持系统传送给他们。

电子绩效支持系统（electronic performance support system，EPSS）是一套能够自动完成培训、文档记录以及电话支持的计算机化的工具以及相关的显示设备。当你打电话给戴尔公司的客服人员咨询关于新电脑的问题时，他可能会按用电子绩效支持系统提示的问题来对你进行提问，然后你们两个人要一步步地进入一个问题分析程序。如果没有这种电子绩效支持系统，戴尔公司就不得不培训自己的客户服务代表去记住不计其数的电脑问题解决办法。安泰保险公司(Aetna)通过为呼叫中心的新员工提供电子绩效支持系统，做到了将原来长达13周的由培训师亲自指导的培训课程缩短为2周。

电子绩效支持系统是现代化的工作助手。工作助手是指一整套能够在工作场所指导员工完成工作的各种说明、图表或其他一些类似的方法。工作助手对于那些包含多个工作步骤的复杂工作，或者遗漏一个步骤就会造成非常严重后果的工作特别有效。航空公司的飞行员就会使用工作助手(例如，在飞机起飞之前需要完成的所有事务的核查清单)。通用汽车公司的前电力事业部就以图表的形式为员工提供工作助手。这些图表指明了每一条机车配线的走向以及不同颜色的电线接到哪里等事项。

计算机辅助培训

在计算机辅助培训中，培训师利用基于电脑或DVD系统的互动方式来增强员工的知识或技能。

我们可以看到，计算机辅助培训现在变得越来越具有互动性和现实性。例如，互动多媒体培训就综合运用了文本、录像、图片、照片、动画以及声音来营造出一种可以与受训者进行互动的复杂培训环境。例如，在培训一名内科医生时，互动多媒体培训系统会让一名医学院的学生得到一份虚拟患者的病史，对病人进行检查，并分析各项检验结果。然后，通过点击"胸腔检查"按钮，该学生便可以选择一种胸腔检查技术，甚至可以听到病人心跳的声音。接下来，学生要对这种心跳声音做出解释，并得出诊断结论。虚拟现实培训又将这种培训的现实性向前推进了一步。

(4)企业人力资源培训的实施

培训时间的选择

培训时间的选择主要是回答如下一些问题：①对受训者来说，什么时候是最好的受训时间？什么时间培训能与工作配合？什么时间是最可行的？②如果受训者人数较多，当他们接受培训时，是否会打乱企业的正常工作？③什么时候能够获得培训必需的设备？如会议室和投影机。④什么时候进行培训，能取得督导人员或培训人员的合作？⑤考虑预算问题，什么时候是最好的培训时间？

培训师的选择

①培训师的类型。培训师大体上可以分为六种，如表 7-1 所示。

表 7-1 培训师的类型

培训师类型	特点
卓越型培训师	既有丰富的理论知识，又有足够的实践经验，富有个人魅力
专业型培训师	拥有扎实的理论功底和丰富的实践经验，但是缺乏个人魅力
技能型培训师	富有个人魅力，也掌握各种培训技能，但缺乏相关的知识和经验
浅薄型培训师	熟练掌握培训技能，但既缺乏个人魅力，又缺乏必要的知识和经验
讲师型培训师	以大学教师居多，他们有着丰富的知识和经验，但没有受过培训方面的训练，又缺乏个人魅力
弱型培训师	最差的一类培训师，在个人魅力、培训技能、知识经验三个维度上都处于低水平

②寻找培训师的途径。寻找一个合适的培训师，有一定的捷径可循，主要有：第一，参加各种培训班，从中挖掘优秀的培训师。第二，去高校旁听，看是否有相关领域的老师适合担任培训师。

这种方法最适合为讲座找主讲人。第三,参加专业协会活动。第四,与培训公司建立联系。培训公司可以提供专业的培训师,帮助企业进行一些专业水平要求高的培训。

③甄选培训师。企业聘用培训师之前,必须了解培训师。企业招聘及甄选员工的一些方法同样可以用来甄选培训师。比如,要求培训师提供一份个人简历,可以帮助企业对培训师的工作经历有大致的了解;对培训师进行有效的面试,提出一些问题,可以了解简历中无法体现的培训师的性格特征;要求培训师制定一份培训大纲,能够反映其专业水平;还可以通过“试讲”的方式,让培训师做一次小规模的培训尝试,然后再决定是否聘用。

培训对象与内容确定

培训的内容指具体培训什么,不同类型的培训其内容不同。培训的对象指哪些员工需要接受培训,是某部门的员工,还是全体员工或者是新入职员工等。培训内容和培训对象都是培训需求分析的结果。

培训场所和设施选择

培训场所指培训要在什么地方和环境进行,培训场所及设施的选择都会影响培训效果。合适的培训场所有助于创造有利的培训条件和良好的培训环境,从而增进培训效果。培训场所的选择,最主要的是要考虑培训的方式,应当有利于培训的有效实施。例如,采取讨论的培训方式,就应当选择会议室进行培训;采取授课的培训方式,就应当选择教室进行培训;采取游戏法,则应当选择有活动空间的地方组织。此外,培训场所的选择还应当考虑培训的人数、培训的成本等因素。此外,完备的设备也是培训顺利实施的一个重要保证,培训计划中应当清楚地列出培训所需的各种设备,如座椅、投影机、音响、屏幕、白板以及文具等。

培训方法选择与培训费用预算

员工培训的方法多种多样,不同的方法具有不同的特点,企业应当根据具体培训的需要来选择合适的方法。培训需要经费支持，因此在培训计划中还需要编制培训预算，培训费用一般只计算直接发生的费用，例如，培训场地的租金、培训教材费、授课费以及培训的设备费等。对培训的费用做出预算，便于获取资金支持以保证培训的顺利实施，同时也是培训评估的基本依据。

7.2.2 企业人力资源开发

(1)企业人力资源开发的内涵

企业的人力资源开发一般针对核心人力资源，越来越多的企业重视企业核心人力资源的开发。企业核心人力资源开发一般是指为管理者未来发展而开展的正规教育、在职体验、人际互助等活动，以及在学习型组织中为员工未来发展而开展的各种开发活动。

企业人力资源开发的对象是在职员工，其性质属于继续教育的范畴，具有如下四个特点。

①广泛性。员工开发的涉及面较广。首先是有关开发的对象基本上是全员的，不仅需要对管理者进行开发，而且也需要对一般员工进行开发。其次是开发的内容涉及员工的知识、能力、潜能、技能、观念、态度等多个方面。最后是员工开发的方式方法也是多种多样的。

②协调性。对员工进行开发，是一个系统性的工程，这就需要开发活动的各个环节之间进行相互协调，以保证整个系统的正常运转。对员工的开发，首先要着眼于企业的经营战略，在此基础上，确定开发的对象和开发的内容。其次要结合企业发展的规模、发展的方向以及发展的速度，确定对哪些员工进行开发。最后要准确计算好开发的员工人数，合理地开展开发行动。

③实用性。实用性是指人力资源开发活动应当产生一定的实际回报。员工开发系统要发挥其功能，即开发成果能够转化成

现实生产力,能迅速促进企业竞争实力的增强与保持。企业应设计好开发项目,使员工所掌握的技能和更新的知识结构能够适应新的工作,并让开发对象获得实践机会,使其有机会将新的知识、技能应用到实际工作中去。同时,企业要为开发成果的转化创造有利的工作环境,构建一种具有促进学习能力、适应能力和变革能力的学习型组织。

④长期性。长期性是指随着科学技术的日益发展,企业员工必须持续的不断接受和学习新的知识和技术,企业对员工的开发将是长期的。企业需要制定员工开发的长期目标,并将长期目标分解为中短期的、更为具体的目标。

(2)企业人力资源开发的方式

学习型文化的员工开发

这一开发方式的立足点是企业的核心人力资源的开发目的,企业之所以要进行人力资源的开发,最终就是要在公司内部达到一种全员学习的文化,在这样的氛围中,不断提高员工的学习能力和创新能力。通过学习来构建企业文化,主要是从观念的转变入手,在观念改变的基础上,进行有关培训机制的建设,根据员工的个人特征,对其工作的潜能进行开发的科学设计,并有效利用开发的结果,进而在公司内部形成一种学习型的文化,以此不断引导员工的开发行为。

多层面的员工开发需求评估

目前,我国的核心人力资源开发之所以未能取得令人满意的结果,最重要的一个原因就是缺乏系统正确合理的评估分析。要做好开发需求评估,就要从公司整体的发展战略层面以及员工的自我发展这一层面来进行分析。

通过不断分析公司的整体发展战略,确定需要何种技能、何种素质的人才,进而保证企业的开发计划符合公司的整体发展目标。就员工层面而言，对其进行开发，就是要将目前的工作绩效与企业的员工绩效标准进行比较，进而找寻两者之间的差距，针对这些差距进行合理高效的开发。

深度开发

开发的内容会影响开发的结果，开发的结果又直接关系到企业的发展。但是在实际的企业发展过程中，许多企业的开发仍然停留在表面上。现代市场中的企业，要求员工在工作过程中，摒弃传统的工作态度，要积极自觉承担相应的工作任务，在做好自身职业任务，掌握各项工作技能的基础上，立足于企业的未来长远发展。唯有如此，才能在工作中富有协作的精神，不断取长补短，提高整体的工作效率。

企业的深度开发是一个长期的，与企业的发展愿景、发展战略和发展目标相互吻合的开发。同时，企业的深度开发还应对开发结果进行科学、严肃的考评。根据员工的最终开发结果来进行绩效奖金的发放，并且要对开发的方式进行积极反馈，借以激励员工的工作热情。在内外部环境因素发生变化时，要根据需要不断调整开发的战略。

7.2.3 纺织服装企业必须重视员工培训与开发工作

(1)纺织服装企业进行人力资源培训与开发的必要性

许多纺织服装企业没有正确认识到人力资源的价值

许多纺织服装企业普遍不太重视员工的培训，没有根据企业的发展战略制定匹配的培训计划，有些高层管理者甚至视培训为消耗和成本负担，将人力资源简单地视为组织运作过程中的投入要素，往往在“少投入、多产出”的经济学公式中打转，过分追求这一投入要素对组织的产出和贡献价值，只注重人力资源的“可用性”和“配置性”，而忽视了人力资源的“发展性”和“资本性”。

纺织服装企业在人才培养问题上存在着一些短期行为

许多纺织服装企业发展中，通常重视固定资产的折旧以及设备的更新改造，而忽视对员工的再培养。忽视了人力资产也需要追加投资、更新改造的事实，往往使老员工在知识、技术上无法及时更新和提高。当急需人才时，多数纺织服装企业宁肯到市场上招用相关专业人才也舍不得花钱去提早培养自己的员工。由于企业多处于成长发展阶段，规模小、资金少、投入低，实践中又面临难以招聘到合适人才的困境。

纺织服装企业制定的人力资源培训与开发策略存在缺陷

一些企业虽然认识到培训是人力资源开发的重要手段，也投入了一定的人力、物力和财力开展培训，但往往由于各种原因，导致员工参训积极性不高，培训后员工素质和技能提高不明显，整体培训效果不理想。其原因主要是人力资源培训与开发的具体策略存在缺陷，如缺乏培训要求的需求调查、缺乏培训规划、培训形式单一、培训方法不当、培训者专业化素质不高、缺乏合适的教材及培训设施不到位等。正是对员工培训工作的长期忽视或不当操作，使我国纺织服装企业发展中普遍存在人才短缺的现实。

(2)纺织服装企业人力资源培训与开发的原则

纺织服装企业人力资源培训与开发需要坚持以下原则。

①符合成年人的学习规律。成年人理解他们为什么应当学习时，往往更理性，乐于接受对他们工作有用的知识。如纺织服装企业人力资源专业人员会将其职业生涯定位于从事管理工作(比方说薪酬或福利)，如果他们认识到并接受将外包和技术工具作为完成其传统工作的手段，他们就会更愿意了解和学习新的工作任务。

②注重应用。从事劳动的成年人更感兴趣的是理论如何能

帮助他们工作而不是理论本身。因此，纺织服装企业人力资源专业人员更感兴趣的是人性以及激励理论对建立一种能使员工注重高附加价值工作绩效和行为的薪酬体系的意义，而不是该理论本身。他们必须了解作为形成管理风尚的依据的理论，但是只有在这种理论与其所带动的行动一起展现出来的时候，他们才能最充分地吸收这种理论。

③认可不同的学习风格。大部分成年人都有自己的学习风格，或更中意的学习方式。创造型领导力中心归纳出四种成年人学习风格：主动型、反应型、寻求建议型以及情绪型。该中心还发现，在提供符合其自身风格的特定材料时，人们学习的效果最好。因此，纺织服装企业人力资源专业人员培训与开发计划必须有一定的弹性，以便适应学习者的多样化学习风格；同时，这些计划还必须能将个人特点与开发方法匹配起来。

④通过多种渠道提供信息。成年人通过阅读、聆听、观察、看录像、研究案例或实际案例分析、角色扮演、讨论等方式来学习和改变自己。参加学习者可以通过面对面的方式学习，也可以通过远程的方式学习；可以单独学习，也可以集体学习。纺织服装企业人力资源专业人员开发课程必须使用各种学习技术手段，便于所有学员都能真正参与学习。

⑤因人而异制订计划。成年人如果认识到自身的长处和短处并且制定了切实可行的个人改进计划，其就能得到长进。但是，诚实的评价总是难以得到的。坦率、公开的反馈很少，因为人们总是偏向于控制着信息。有益的评价也是难以给出的，因为很少人能准确地领会正好需要的。而且信息是难以解释的，大部分信息接收者通常对奇闻轶事反应过度而对行为模式却反应不足。很少人真的想知道自己的短处。因此，纺织服装企业人力资源专业人员开发计划应当始于诚实的自我评价，并认真地考虑所有可能得到的反馈。

⑥清晰而明确的目标。知道自己想得到什么的成年人会更容易集中注意力。纺织服装企业在制定专业人员培训与开发计

划的过程中，可以将自己与别人进行比较，与企业战略要求具备的胜任能力进行比较，与上司及其他客户的期望进行比较，与自身所认为的人力资源专业发展方向进行比较。这些比较结果能界定未来的发展，能够确定应当将精力集中到什么方面。一种清晰、精确的未来愿景能成为一种真正的指南针，指导三个层面的活动：什么人力资源管理战略能使人力资源部为组织贡献最大价值？什么人力资源管理活动能落实人力资源管理的价值前提？人力资源专业人员必须扮演什么角色和具备什么胜任能力才能实现目标？人力资源专业人员开发计划只有将这些要素都纳入其中才能提供切实的指导。

⑦尊重是最好的良师益友。成年人从他们所尊重的人那里学习最有效，缺乏可信性的教师最终会缺乏影响力。如果这个学习过程是为了分享经验和见识的话，人力资源专业人员从同事那里学到的东西可以与从专家那里学到的东西一样多。一个有效的纺织服装企业人力资源专业人员开发计划包括同事分享的论坛以及由具有实际经验的教师讲授课程。

⑧营造一个友好的学习环境。在成年学习者从所提供的资料得出他们自己的结论时，他们就会付诸行动。他们通常很不喜欢传统的学校教室，因为在那里只有教师教、学生学，这使他们很恼火。因此，纺织服装企业人力资源专业人员需要一种非正式的、双向的、非传统的、提问多于指示的学习环境。

(3)纺织服装企业人力资源培训与开发的措施

加强纺织服装企业人力资源培训与开发的具体措施有：

①增强专业技能，提高纺织服装员工的综合素质。随着经济全球化的迅速发展，纺织服装企业也开始大规模地走向国际市场，对外交流贸易日益增多。在这种情况下，企业就需要一些外语较强的员工来协助企业展开对外交流。此外，这些员工还需要具有较高的服装专业知识，可以在产品质量检验、打板、跟单、采购等方面发挥专业优势。随着纺织服装企业对员工需求的逐渐

增加，一些高校也可以开设专门的服装质量检验、服装外贸、服装电脑设计等选修课程，在培养学生专业技能的同时，还可以拓展学生在纺织服装企业方面的技能，增强学生的竞争力，为纺织服装行业培养潜在的人才。对于大多数的纺织企业来说，其需要的主要是从事在生产一线和技术管理岗位的人才。因此，高校在培养纺织服装专业人才的过程中，要结合企业对人才的需求，制定专门的人才培养方案，培养具有高技能水平的应用型人才。此外，高校还应与纺织服装企业进行合作，在让学生了解企业对人才要求的同时，学会对知识的转化，增加学生的实践经验。

②纺织服装企业要重视培养专业技术人才。当前，纺织服装市场繁荣，企业对人才的需求量很大，但是企业没有对人才加以充分的爱护和利用。据调查显示，在纺织服装企业中，大专学历以上的员工，工作年限超过五年的不到员工总数的一半。这些企业中的高学历人才，主要是那些刚刚毕业，技术经验有待增加的高校毕业生，这对实现纺织服装企业的可持续发展极为不利。出现这种情况的主要原因是，企业在人才引进方面存在问题，虽然增加了对高学历人才的聘用，但是却降低了工作年限长的员工的比例。在这种情况下，作为企业的管理者，所面临的最重要的问题就是如何留下这些工作年限即将满五年的员工，使之能够继续为企业提供服务。为了达到这一目的，企业应当加强对员工的职业规划，实施奖励政策，提高员工的归属感。对于那些新员工，企业应对其职业规划进行指导，鼓励他们参加行业考评，然后通过后期考核获得相应的行业认证证书。纺织服装企业可以在内部建立起一套完善的职业考核体系，为员工的上升打通渠道，得到企业甚至整个行业的认可。企业要充分调动起员工的开拓创新精神，提高员工的创新能力，在企业的发展中不断积累经验，实现员工自身与企业的共同发展。

③纺织服装企业要注重对多层次人才的培养。纺织服装企业对人才需求呈现多层次性的特点，既需要那些学历层次较低，但专业操作技能高的一线生产员工；同时也需要那些学历层次

高，理论水平丰富的高级科研、管理人才。随着行业的不断发展，纺织服装企业也不再是单纯地追求员工的高学历，而是更加注重员工的实际技能操作水平和为企业带来的效益。随着科学技术的不断发展，纺织服装企业的生产技术和设备也在不断更新升级，这也就对员工的技能操作水平提出了更高的要求，他们需要不断学习新的知识，适应行业的发展要求。

7.2.4 企业人力资源培训效果的评估

培训效果评估是检验公司和受训者是否从培训当中受益以及受益程度的过程，这一过程需要对培训效果进行不断收集，以便衡量培训是否有效。需要注意的是，在对培训效果进行评估之前，需要做一些准备工作，主要是对评估的方案进行设定。设计培训方案，最关键的是培训信息的收集，包括所要收集的信息的种类，以及何时收集信息，从何处收集信息，以及如何收集信息，最终判断培训项目的可行性及有效性。培训评估包括事前评估和事后评估。

事前评估是为对培训过程进行有效改进的评估，事前评估的内容繁多，但主要是对所要进行的培训项目进行定性的分析，需要采集一些定性的数据，需要不断明确对于即将进行的项目的看法、信任度以及感觉。通过调查问卷的方式，对一些潜在的受训者以及相关的管理人员进行深度访谈的办法，可以收集到这一类型的信息。

事后评估是衡量受训者参加培训项目的改变程度，并且对公司从这些培训中得到的投资进行测量。事后评估的测量更倾向于对一些定量数据的收集与分析，通过行为打分的方式可以分析受训人员的素质改进状况，通过一些绩效的客观评价标准可以分析受训成员的具体工作指标。一项好的评估应该在培训项目实施前就先进行项目评估，从需求评估和特定的可测量的学习目标中获得的信息有助于确认应在评估方案设计中包括哪些测量成果。

(1)评估的依据

在培训效果评估过程中,重要的是要开发出可测量的学习成果,并为这些成果设定测量尺度。开发可测量的学习成果的目的是给效果评估提供判断依据。如果在需求评估中采用了胜任素质模型,那么在进行效果评估时就可以直接对照模型展开,而不用重复开发。没有采用胜任素质模型的,可以从认知成果、技能成果、情感成果、绩效成果和投资回报率这五个方面进行效果评估。

认知成果可以通过考察一些标准来进行衡量,培训项目中的原理、实事、技术或者程序的熟悉程度都可以作为培训结果的指标,这些指标一般是通过笔试的方式来进行评价。技能成果的评价,主要是通过一些技术以及运动技能方面的改进情况进行评价,对技能的评价不仅仅体现在简单的工作技能的直接获得,还需进一步考察这些相关的技能在具体的工作中的应用,这可以通过考察员工在工作抽样中的绩效进行评价。情感成果是指包括态度和内在动机的成果,这是受训者对其所进行的培训项目的感性认识的直接反应,是他们对于培训中的教师以及相关培训内容的直接感受。一般而言,这种成果的评定是通过调查问卷的方式进行的,通过问卷,进行受训者情感成果信息的收集。绩效成果是用来衡量公司从培训计划中所获得的绩效收益,一般会考察在经过培训之后,员工的流动率,相关事故的发生率以及成本的下降或者上升率。

在选择培训成果作为评估依据时,很重要的一个方面是判断这些培训成果的好坏,即这些培训成果可否作为判断培训项目有效性的最佳方法。一般而言,良好的培训成果应该是相关的、切实可行的,可靠并且是有区分度的。所谓相关,是指培训成果要能直接反应或体现培训项目的学习内容。可靠的培训成果的测试结果应该是长期稳定的。区分度是指受训者取得的成果能真正反映绩效差别的程度。可行性表明了收集培训成果的测量结果的难易程度。

在实际的培训评估实践中，反应成果和认知成果是最常用的两项成果，但是这两项内容并不能说明是否发生了培训成果的转化，也就是说，并不能仅仅从反映成果中判断出员工是否发生了技能上的改变，或者态度上的转变，也不能推断出他们是否应用了所学的知识解决了工作中的一些难题，或者通过培训他们对公司效率有何直接的影响。哪种成果的衡量尺度有效，取决于培训目标。因此，要根据培训目标来选择可测量的培训成果。

(2)评估方案的设计与选择

选择一套合适的评估方案也是效果评估中的一个重要方面，它可以提高评估结果的可信性。方案的选择尤为重要，在进行方案的比较时，应综合考虑其内在和外在效度的威胁，同时对培训的目标、受训人员受训之前的专业水平以及培训的特点进行详细的分析。内在的效度是指评估结果的可信性，外在效度是指将培训的结果进行推广的程度。效度威胁表明了人们对效度的怀疑，可以通过前测与后测、对照组和随机抽样的方法来降低效度威胁。

根据是否包括培训前和培训后的成果测量及受训组与对照组，可将评估方案划分为不同的类型，主要有后测、前测与后测、有对照组的后测、有对照组的前后测、时间序列和所罗门四小组控制实验等方案，这里不再详细介绍。这些评估方案没有最好或最差之分，选择时要根据重要性、培训范围、培训目标、组织文化、成本等一些影响因素来综合考虑。

7.3 系统的企业员工职业生涯管理

企业员工职业生涯管理的一项主要内容就是进行职业规划。职业生涯规划是个人和企业共同参与的一项活动。员工进行职业生涯规划为的是追求个人发展与自我实现;企业协助员工规划职业生涯,其目的在于最大限度地挖掘人力资源的潜力、有效利用人才;只有双方相互配合,才能实现各自的目标。在现代人力资源管理中,所承担的一项重要任务就是要为员工的职业发展提供一个良好的环境。可以帮助员工制定职业生涯规划,为其提供培训与开发的渠道,聘请专业的人员对员工的职业发展进行指导,实现企业与员工的共同发展。

7.3.1 个人的职业生涯规划

(1)自我分析与职业定位

通过对自己的兴趣爱好、学识技能、性格特长、智商情商以及协调、组织、管理能力等多方面的分析,剖析自我、认识自我、了解自我,准确地做出自己的职业定位。

自我分析是职业生涯规划的基础,是对自己能力、兴趣及其目标的评估,直接关系到个人的职业成功与否。自我分析的过程,实际上是自我暴露和剖析的过程。自我分析的重点是分析自己具备的优势条件,特别是兴趣、特长、性格与需求等。兴趣是工作的动力,清楚了自己的兴趣,找到一个与自己的兴趣相符的工作,那么工作就会成为一种享受和乐趣。特长分析就是要找出自己的能力与潜力。性格是职业选择的前提,不同性格的人适合的职业会有所不同。需求分析主要是明确自己的职业价值观,弄清自己究竟要从职业中获得什么。

(2)职业生涯机会评估

职业生涯选择受到很多因素的影响,职业生涯机会评估主要是分析内外环境因素对自己职业生涯发展的影响。环境分析主要是对组织环境的分析,如社会经济环境分析、组织发展战略分析、人力资源需求分析、晋升发展机会分析等,弄清楚环境对职业发展的影响，以便更好地做出职业路线的选择和职业目标的规划。人是社会的人，任何人都是生活在一定的环境中，特别是要生活在一个特定的组织环境中。一个能很好利用外部环境的人，他的事业成功的机会一定会高。不同环境为每个人提供的活动空间、发展与成功的机遇均不同。在制定职业生涯规划时，要分析具体环境的特点、个人与环境存在怎样的关系、环境对个人有何影响、个人在环境中的地位以及环境对自己有利与不利之处等。

(3)职业生涯目标确定

依据自己的最优性格、最大兴趣、最佳才能和最有利的环境确定职业生涯的方向与目标，是每个人职业发展的关键。

职业生涯目标的确定要注意以下几个方面的问题：①目标要适合自身的特点，要能发挥自身的优势。②目标要尽可能符合社会与组织的需要。③目标本身要合适，不能太高也不能太低。④要将长期目标与短期目标相结合。⑤职业目标要与个人及家庭的其他目标相结合。⑥目标要明确具体。⑦目标涉及的职业领域不能太宽。

(4)职业生涯路径选择

职业生涯路径是指一个人选定职业后确定的实现自己职业目标的线路，是职业发展的方向，比如选择专业技术方向或者行政管理方向等。职业发展方向不同，相关要求及发展结果也不同，选择了职业生涯路径，就可以有目的的安排今后的学习和工作，使自己沿着职业生涯路径确定的方向发展。

职业生涯路径的选择需要对各方面影响因素进行系统分析，主要考虑以下几方面的问题：①自己希望向哪条职业路径发展，主要决定于自己的职业价值观、个人理想及成就动机。②自己适合向哪条职业路径发展，主要是通过对自己的性格、特长、兴趣、经历、学历、能力等条件分析确定的，决定于自己的能力取向。

③自己能够向哪条职业路径发展，通过分析自身所处的社会经济环境及组织环境来确定。职业生涯路线选定后，还要画出职业生涯路线图。

(5)职业生涯策略选择

职业生涯策略是指为了实现职业生涯目标而采取的各种行动和措施。如采取哪些措施提高效率？采取哪些措施提高业务能力？采取哪些措施进行潜能开发？等等。确定了职业生涯目标及路径后，要实现职业生涯目标必须有相应的职业生涯策略做保证。构建人际关系网络、参加公司组织的各类培训开发等都是职业生涯目标实现的具体策略。职业生涯策略要具体明确，以便有效实施和定期检查落实。依据职业生涯策略，通过各方面的不懈努力，实现个人工作业绩的提升，促进职业生涯发展和职业成功。

(6)职业生涯规划执行中的反馈与修正

职业生涯规划是在一定时间通过对自身及外界环境的分析确定的，最初的职业生涯目标及路径往往不是特别清晰明确，有时甚至是错误的。由于自身条件及外部环境处在不断变化中，职业生涯规划也要随着时间的推移而修正调整。因此，职业生涯规划在执行过程中，要有意识地回顾和总结，检查自己的职业定位、职业目标、职业方向、职业路径是否合适，自觉总结经验和教训，评估职业生涯规划，通过反馈与修正纠正职业发展偏差，保证职业生涯规划行之有效。职业生涯修订的内容包括职业生涯设计的方方面面，如职业生涯方向、职业生涯路径、职业生涯目标及职业发展策略等。职业生涯规划在执行中通过反馈、评估与修正，可以帮助自己职业发展的正确性，从而极大地增强员工实现职业目标的信心。

7.3.2 企业的职业生涯规划

企业的职业规划应该在一个人最初的工作安排和上岗引导的时候就开始了。管理层通过观察员工的工作绩效并拿之与工作标准相比，从而得出该员工的绩效评价。在规划阶段，员工的优势和劣势将会被记录在案，这能帮助管理层为员工做出暂时性的工作安排。一般来说，这个决策是基于个人需要、个人能力和志向以及企业的需要等诸多因素而定的，它在日后能够进行调整。

虽然职业规划的首要责任在于个人，但是如果企业想要保留其最优秀的员工，那么企业的职业规划就必须和个人的职业规划紧密相连。员工必须看到企业的职业规划与其各自的职业目标直接相关。因此，公司必须帮助员工确定其职业目标。更为重要的是，帮助他们建立职业安全感，所以企业还要给他们学习和从事不同工作的机会，因为只完成相同和相似的工作并不能促进他们的发展。通过有效的企业职业规划和职业发展，他们便能在将来的任何组织中蒸蒸日上。

只有职业规划项目有助于企业实现其现在和未来的目标，企业才应该采用它们。因此，每个企业都可以有不同的职业规划项目。在当下的环境中，这样的职业规划变得越来越重要了。职业规划项目一般要完成以下的一个或多个目标。

①对可用人才的有效开发。许多人对符合特定职业计划的培训项目承诺和投入程度较高。通过这种方式，他们对发展的目的会有更好地了解。职业规划和发展在员工的期望排行上一直位居前列，比起加薪和奖励，它们往往是企业更为经济的选择。

②给员工提供一个自我决定的机会，让他们去思考新的或非传统的职业道路。一些出色的员工并不把传统的升迁动力作为一种职业选择，因为在现在的公司里，晋升的余地已经越来越小了。另一些人认为自己的工作是没前途的，所以一直在寻求解

脱。公司不应该轻易放弃这些员工,而是应提供职业规划去帮助他们确定新的和不同的职业道路。

③跨部门和跨地域的职业道路发展。发展不应该局限于公司某一个小范围内。

④对 EEO 及平权法案明确地接纳,并在行动中给予支持。组织的任何一个级层都可能产生违反这些规定的做法。在此方面注重其行为的企业往往更容易找到合适的女性和少数族裔人员去填补空缺位置。克服此方面问题的一个方法是进行有效的职业规划和培训项目。

⑤满足员工特定的发展需要。那些看到自己的发展需要被满足的人,会对其工作和组织更为满意,他们也更愿意留在原先的企业中。

⑥对绩效有所提升。工作本身对于职业发展来说是最为重要的,而且每一个工作能提供不同的挑战和经验。

⑦提升员工的忠诚度和动机,使人员流动率降低。那些认为企业能够帮助自己进行职业规划的员工更有可能留在原来的组织。

⑧确定培训和发展需要的一种方法。如果一个人想要从事某种特定的职业道路但现在尚不具备合适的条件,那么这种欠缺就是培训发展的需要。

成功的职业规划依赖于企业有能力满足员工的职业发展要求,并达到组织的目标。企业要关注员工的职业发展,采取措施对员工的职业生涯做出规划和指导,首先需要明确晋升通道,能够为员工搭建管理和专业技术双通道的职业发展路径;其次,通过岗位轮换、竞争上岗等方式,提升员工的专业技能和综合素质,提供多元化的公平发展机会;最后,实施后备人才计划,有意识地培养各层级岗位的接班人,既促进了员工的职业发展,又保障了企业人才梯队建设。

提供多元化的职业晋升通道,开拓每个员工职业发展的空间,使每个员工都有可供选择的合适的职业成长路径,对于公司吸引、保留优秀员工至关重要。任何一个积极上进的员工,都会渴求发展,希望得到组织重用,并在追求职业成功的过程中追求自我实现。为了保证员工工作与生活相平衡,除了有吸引力的薪酬水平、公平合理并有激励性的薪酬模式以及合适的职业发展通道,弹性工作制是灵活而有效的工作组织方式,使员工工作内容设计尽可能结合其工作目标和个人兴趣,丰富工作的乐趣和意义,增强工作挑战性。同时,顺应数字化时代的发展,可借助互联网平台,开放虚拟工作环境,实现对企业员工特别是年轻员工的友好管理。

另外,须重视企业文化建设。对员工激励除了有吸引力的公平合理的薪酬激励外,企业必须重视精神激励的作用,通过企业文化建设,营造兼容并蓄、积极向上的文化氛围,主动用企业文化的内在力量感召、凝聚和激励员工,使员工的个人价值观与企业的愿景相符,以构建企业期望的心理契约。

本章小结

当前,纺织服装企业快速发展,与其发展不相符合的是,该行业员工的综合素质并未得到相应的提升,在岗人数逐年下降。导致这种情况出现的原因多种多样,其中一个主要的原因是,纺织服装企业不注重对人力资源的培训与开发,没有真正意识到人力资源对于推动企业发展的重要性。本章着重阐述了企业人力资源培训与开发的方法与措施。企业对人力资源的培训与开发具有重要的意义,不仅可以满足员工个人发展的需要,同时还可以满足市场环境变化与竞争的需要,有利于提高企业的经济效益。纺织服装企业必须看到人力资源对于实现企业可持续发展的重要性,运用正确的方法对员工进行培训与开发,提高员工的专业技能,激发出员工的最大潜能,为企业的发展做出更多的贡献。此外,纺织服装企业还要帮助员工进行职业生涯规划,满足员工职业发展的要求，为员工及企业的发展提供更多的机会。

就培训与开发而言，要做好专业技能、管理技能和企业文化三个方面的培训与开发工作，加强企业内部在岗培养。企业普遍采用的培训方式可区分为内部培训和外部培训，内部培训有自主开发培训课程进行内部集中培训，采取师傅带徒弟、督导、在岗辅导等不同形式进行岗位培训；外部培训可以是邀请企业之外的专家、学者、优秀管理者通过授课和讲学进行培训，也可以是指派员工到合作高校、优秀企业学习或考察。针对特殊需求可开展一些专项培训，如专门针对团队意识、团队能力及团队建设开展专题培训，对后备管理人才开设专门的课程进行能力提升培训。

构建基于胜任力模型的员工岗位培训开发体系是目前许多优秀企业的做法。基于胜任力模型，首先为员工培训提供准确的需求分析，可以评估出员工胜任力的不足；然后有针对性地设计培训内容及方式，提高员工具体岗位要求的相关知识、技能，包括工作技能、人际技能、环境适应能力、抗挫折的能力等。确保员工能力开发和组织培训需求的一致性，为员工职业生涯奠定能力基础，对员工自我发展和企业绩效的提升会产生长远的积极影响。

实践证明，类似于师傅带徒弟的“导师制”管理模式，是一种行之有效的员工培训、开发及职业发展的培养方式。企业工作场所中，导师制是一种基于人际互动的“结对子”式的双向沟通、交流和学习的机制，导师制除了给员工提供业务技能上的指导之外，也是帮助员工快速融入公司环境的有效手段。企业实行“导师制”的一般做法，是由敬业负责、知识面广、经验丰富的老员工作导师，指导新员工的工作，这种方式为新员工提供了可借鉴的工作经验，为老员工配了助手，双方各取所长，更好地促进了新员工的能力提升和职业成长。研究发现，导师制不仅有助于徒弟提高工作技能，适应公司环境，减少工作压力，还可帮助徒弟建立与他人相互关怀、互信合作的人际关系，提高了徒弟工作及为人处世的能力，对员工的职业发展有积极意义。

另外，一些有实力的企业已成功建立了自己的培训学校，如三一学校、国美管理学院、万科的学习发展中心等。有条件的企业通过创建企业大学，或者让员工进入专业的企业大学进行培训，以及引入企业 MOOC(Massive Open Online Courses，即大型开放式网络课程)培训模式，通过 E-learning 平台给员工提供系统的、全面的培训。培训系统需要特别加强企业道德建设，引导员工树立正确的价值观和积极的社会责任感。培养员工妥善处理复杂的人际关系，适应不断变化的工作环境，增强面对工作挫折的积极心态。企业应注重在岗培训与学院教育相结合，构建员工综合素质培养体系，核心目标是将知识转化为价值，通过这一教育培训体系为员工个人学习、职业成长及企业发展服务。

8 发挥薪酬与绩效管理的激励作用

纺织服装行业高速发展的同时，从业人员的数量却大幅下降。不论一线员工还是企业中高层管理与技术人员，人员流动率都很大。近些年，企业“用工荒”愈演愈烈，从“珠三角”蔓延到“长三角”，现在中西部也出现了“用工难”，员工流动率少的在30%左右，严重的达到100%，企业成了地地道道的“培训基地”。从绩效与薪酬角度看，导致这种情况出现的一个重要原因是，在很多纺织服装企业内部没有建立起一个科学的薪酬与绩效管理体系。如何解决纺织服装企业员工的激励问题，进而提高员工队伍的稳定性和生产积极性，是眼下一个值得探讨的重要课题。

8.1 薪酬与绩效管理概述

8.1.1 薪酬的内涵

(1)薪酬的定义

薪酬的本质是组织为员工劳动提供的回报或报酬（王少东等，2012）。薪酬与我们每个人都息息相关，各国的学者也对薪酬做了各方面的研究，但是一直以来薪酬的定义并没有一个统一说法。参考各国学者的研究成果并结合我国的具体国情，可以认为薪酬是指员工因为雇佣关系的存在而从雇主那里获得的各种形式的经济收入以及有形服务和福利的总和。在实践中,通常把薪酬与福利两部分之和称为总薪酬,并且将构成总薪酬的薪酬称为直接薪酬,而将福利称为间接薪酬,同时直接薪酬又可划分为基本薪酬和可变薪酬两大部分。

(2)薪酬的内容构成

一般来说,企业员工薪酬是由三部分组成的,即基本工资、奖金和福利。

基本工资是企业向员工提供的保障性工作报酬,通常根据员工所承担或完成工作本身的劳动强度、员工自身的素质和能力以及工作资历等因素确定,具有比较高的稳定性。基本工资是薪酬的重要组成部分,体现着员工自身的价值。由于企业经营状况的不同,员工的基本工资可能会与行业水平存在或多或少的差距,其主要原因是员工的内在价值与外在价值之间产生了冲突,这是企业薪酬体系设计中着重需要解决的问题。在同一企业中,由于不同员工在知识、技能、资历和业绩等方面不同,因此即使他们从事的是同一个岗位,其薪酬水平也会有所区别。一般来说,对于从事相同工作的员工来说,经验丰富的老员工的薪酬都要高于新员工。企业基本工资差异的设置,目的在于尊重和保护老员工的利益,同时激励经验不足的新员工。

奖金是企业针对员工超额劳动或劳动绩效突出部分所支付的报酬,奖金属于奖励性报酬,支付员工奖金的主要依据是绩效标准。实践中奖金的获得有一定的标准约定,如果员工或者团队能够达到企业预先建立的标准,那么他们就可以拿到这一部分的激励性报酬(如全勤奖、绩效奖金等)。不同于基本工资的稳定性,奖金在薪酬的整体构成中属于变动性较大的薪酬类型,其主要目的是激励和刺激员工的积极性。

福利是报酬的重要组成部分,设置福利的主要目的是为了提高员工的满意度和忠诚度。福利大多表现为非现金收入和非劳动收入,通常采取间接支付的形式发放,属于一种普惠制的报酬形式。实践中福利不以货币的形式出现,一般没有反映在员工所获得的直接薪酬之中,成为工资的附加部分。所以员工对自己总体薪酬的公平性进行评价时,福利常常被低估。但实际上福利对改善员工的工作和生活状态,保证员工的身心愉悦,调动员工工作积极性有重要的作用。

8.1.2 绩效与绩效管理

(1)绩效的内涵

对于绩效的理解主要有两种视角:一种是指工作结果,另一种是指工作行为。应当说,这两种理解都有一定的道理,但不是完整的理解,从综合的角度理解,绩效是指员工在工作过程中所表现出来的与组织目标相关的并且能够被评价的工作业绩、工作能力和工作态度。这里的工作业绩就是工作的结果,工作能力和工作态度则反映了工作行为。绩效管理中的绩效,首先是一种结果即做了什么;其次是过程即用什么样的行为做的;最后是绩效本身的状况。

理解绩效的内涵应当把握以下几点:①绩效与工作过程直接联系,是基于工作而产生的,换一种说法就是,工作之外的行为和结果不属于绩效的范围。②绩效对组织目标应当有直接的影响作用。组织目标体现在各个职位上,因此绩效与职位的职责和目标紧密相关。③反映绩效的工作行为和工作结果是可以被评价的,也就是说,不能被评价的行为和结果不属于绩效。④绩效是表现出来的工作行为和工作结果。如招聘录用时的选拔评价体现的是可能性,并不是绩效。

(2)绩效管理的内涵

绩效管理是管理者和员工就目标及如何实现目标达成共识,并促使员工成功地达到目标的管理过程。绩效管理首先要解决以下几个问题。①管理者和员工就目标及如何实现目标达成共识。②绩效管理特别强调沟通、辅导和员工能力的提高。③绩效管理不仅强调结果导向,而且重视达到目标的行为过程。因此从本质上说,绩效管理是一种帮助员工完成工作任务的管理手段。通过绩效管理,员工知道自己要做什么,上级希望做什么,自己可以做什么,必须把工作做到什么程度,以什么样的更有效的方式完成工作等。通过有效的绩效管理,既可实现员工个人价值,又可提升企业管理水平,促进企业的效益增长。

绩效管理所要解决的问题主要包括:如何确定有效的目标;如何使目标在管理者与员工之间达成共识;如何引导员工朝着正确的目标发展;如何对实现目标的过程进行监控;如何对实现的业绩进行评价并对目标业绩进行改进。

需要强调的是,绩效管理是管理者与员工之间持续不断地进行的业务管理循环过程,目的是实现员工及组织绩效的改进。

8.1.3 企业薪酬与绩效管理的功能表现

企业实行绩效管理的一项重要手段,是充分发挥薪酬的激励功能,即绩效管理必须和薪酬相结合才能产生应有的管理功能。绩效管理的功能在一定程度上是通过薪酬激励的功能体现的,企业薪酬管理所具有的主要功能,可以从雇佣者和雇主两个不同的方面来进行分析。

(1)薪酬对雇佣者的功能

薪酬形成了员工的主要经济收入,直接满足了员工的基本物质需求和安全需求。现代企业管理中,薪酬的激励功能已不仅仅限于有形的物质或经济方面,员工精神需求的满足成为全面薪酬概念更为高级的激励功能。具体而言,薪酬对雇佣者的功能体现在以下几点。

①经济保障功能。通过获取薪酬,员工可以获得经济收入,

保障自身或是家庭生活的物质需求。随着市场经济的不断发展，更多的人选择参加工作成为企业的员工，并通过自己的劳动获得一定的报酬，以此来满足个人和家庭的生活需求。从当前来看，通过工作获得报酬仍然是保障员工家庭生活的主要方式。

②薪酬激励功能。薪酬激励功能是企业为了加强对员工的控制，让员工遵从企业命令，从而采用的一项激励手段。一般来说，企业所实行的激励手段主要有两种，一种是促使员工实现自我价值的精神激励，另一种是满足员工物质需求的激励。在现实社会中，每个人都会对价值实现和利益实现有一定的追求。因此，企业实施恰当的薪酬制度，不仅可以满足员工对于经济利益的追求，提高自身生活水平，同时还可促使员工自身价值的实现，为企业的发展做出贡献。

③满足安全需求。员工的安全需求主要包括两方面的内容，一方面是员工的生活保持稳定，另一方面是员工的价值得到企业的认同。企业为员工提供稳定的薪酬，不仅可以增强员工的安全感，同时还可以提高员工对企业的归属感和信任感。反过来，如果企业为员工提供的薪酬不能保持稳定，那么就极易引起员工的心理失衡，丧失对企业的信心，甚至会降低工作效率，产生不良的工作状态。

(2)薪酬对雇主的功能

薪酬对雇主的功能体现在以下几点。

①导向功能。企业制定的薪酬政策可以体现出企业的管理政策、目标、计划和意图。企业把薪酬当作一种管理工具应用时，一定要看到其价值导向作用，这是企业对薪酬进行战略管理的主要目的。实际上，在现代企业管理中，薪酬制定已经成为管理的一项重要手段，同时也是企业战略管理的一项重要组成部分，被赋予了新的内涵。

②增值功能。支付员工的薪酬来自企业的经营收入，企业和投资者为员工支付薪酬实际上可以产生更高的企业收益。企业

在进行生产之前，必须做的一项工作就是雇用劳动力，而为其支付薪酬同样也是雇用劳动力的前提，是交换劳动的一种手段。无论何种企业，不能创造出更高价值的员工企业是不会聘用的，因此以薪酬为核心的人工成本投入的前提，是可以为投资者带来预期的巨大收益的。

③竞争功能。从一定程度上可以说，企业的薪酬水平代表着企业的实力。这是因为，在激烈的市场竞争条件下，企业为了获得竞争优势，就会通过提高薪酬的方式来招募更多的高素质人才为企业服务。毕竟在当今社会，人才已经成为企业经营成败的关键，能招募到企业需要的人才，就可以有效提高企业的生产率，从而提高其在商品销售市场的竞争力。

④配置功能。薪酬影响着企业的经营成本，要达到较低水平的人力成本下实现劳动生产率的提高，就必须明确区分企业的岗位和职责，依据不同岗位和职责的价值进行合理分配。企业制定并推行的报酬机制，可以让员工明确企业的运行和管理的目标，促使员工个人目标与企业目标相融合。此外，还可以对不同生产和经营环节的人员进行合理调节，实现企业内部资源的合理流动。

⑤改善经营绩效。薪酬是连接员工与企业的关键纽带，员工与企业之间的关系既对企业的经营绩效和利润获得产生很大的影响，同时又受到薪酬状况的直接影响。无论是员工的工作状态、工作行为还是工作业绩，都会受到薪酬水平的影响。从这一角度上来说，企业对于员工的吸引力在很大程度上是由薪酬来决定的。对于企业的员工来说，如果其对自身的薪酬满意，那么在薪酬的激励下，员工的工作状态、工作效率和出勤率都会有较大的提高。如果员工对当前的薪酬水平不满意，其在工作中就会出现完全相反的表现。员工对获得薪酬的感知，不仅仅体现为企业对其劳动所支付的报酬，同时也是企业对其工作成效的评价。如果员工认为企业对其支付的薪酬存在不合理或是不公正的地方，那么员工的工作状态就会受到影响，导致员工工作效率的降低，

不利于企业经营目标的实现。企业想要实现科学管理，就必须充分利用薪酬手段。因此，在企业内部建立起恰当的薪酬制度，并将其灵活运用到企业经营管理之中，提高企业的效益，已经成为企业普遍关注的焦点。

⑥控制企业成本。在企业的成本构成中，最重要的一项就是人力成本。企业的薪酬水平会对企业的劳动力市场能力产生直接的影响，同时对企业所生产产品的市场竞争力也会产生重要的影响。企业想要实现可持续发展，一个关键性的因素就是要保持较高的薪酬水平，这对提高企业对人才的吸引力是极为重要的。但同时也应注意的是，这会在一定程度上增加企业的成本，削弱企业的市场竞争力。从这里可以看出，企业的薪酬水平与企业的成本和市场竞争力方面是存在矛盾的，具体来说主要表现在两个方面：一方面是，企业想要吸引更多优秀人才的加入，就必须适度提高薪酬水平，这就会增加企业的成本；另一方面，企业想要提高市场竞争力，或是增加新产品的市场占有率，就必须将薪酬水平控制在一定范围之内。该种矛盾的存在是长久性的，并且是不可避免的，企业能做的就是尽可能降低该种矛盾对企业产生的负面影响。显然，薪酬成本在企业成本核算中是一个不可忽视的因素，企业在管理过程中必须把握好一个度，防止损害企业利益的情况出现。

8.1.4 企业薪酬管理的主要内容

(1)确定薪酬管理目标

企业设定薪酬管理目标的主要依据是人力资源战略规划。可以从以下三个方面进行考虑：第一，要保障员工队伍的稳定，吸引更多的高素质人才参与到企业团队的建设中；第二，提高员工的工作积极性，最大限度地提高员工的工作效率；第三，在实现企业发展目标的同时，推动员工个人目标的协同发展。

(2)选择薪酬政策

薪酬政策指企业管理者对企业薪酬管理的目标、任务和手段进行的选择和组合运用。企业的薪酬政策主要表现在以下几方面:第一,企业的薪酬制度要与企业的实际发展情况相适应,对企业进行全面的分析是制定薪酬制度的基础;第二,企业员工的薪酬水平及组成结构;第三,企业对人力资本的薪酬投入总体规划。

(3)制定薪酬计划

企业薪酬政策的具体实施,表现为薪酬计划的制订,然后再根据薪酬计划来实现企业的薪酬目标。企业的薪酬计划,涉及员工的薪酬水平、薪酬结构和薪酬管理等内容。企业薪酬计划的制订需要遵循两个原则:第一,企业薪酬计划制定的目标要有利于提高企业的市场竞争力;第二,企业制定的薪酬计划要与企业的发展目标相协调。

(4)调整薪酬结构

薪酬结构是指不同员工的薪酬水平状况及员工总薪酬中各要素之间的构成比例。具体来说,主要包括以下三项内容:第一,企业对于不同员工的工资分配;第二,根据员工职位和工作内容的不同来确定员工的薪资水平;第三,员工基本工资、辅助工资和浮动工资比例的确定,以及员工奖励工资等的调整。

8.1.5 企业薪酬与绩效管理的影响因素

(1)外在环境因素

外在环境因素最直接的反映是劳动力市场供求状况和居民生活水平。近年来,随着改革开放的深入发展,我国市场经济呈现出一片繁荣的景象,市场对劳动力的需求不断增加,员工的薪酬也受到劳动力市场供求状况的直接影响。劳动力市场的供求状况成为调节劳动力薪酬水平的重要杠杆，进而调节着劳动力的市场流向。同时，我国市场经济体制的建设还处于探索时期，劳动力市场发育仍不完善，因此从总体上看，劳动力市场的供求状况对企业员工薪酬的影响还不够明显。但是随着我国市场经济体制的逐渐成熟，基本趋势是劳动力市场供求状况对劳动力薪酬的影响会更加明显和深入。

企业制定薪酬制度时，必须考虑当地经济发展水平，要与当地居民的生活水平相适应。实际上，企业的薪酬水平与当地居民的生活水平之间存在着一种比较关系。企业如何确定自身薪酬制度的水平，以及与居民生活水平间保持怎样的比较关系，这是企业制定薪酬制度时必须考虑的一个重要方面。

(2)组织内在因素

组织内在因素会直接影响到企业的薪酬管理。例如，企业的财务能力、预算控制、公平因素等都会对企业的薪酬管理产生直接的影响，尤其是对企业员工的非固定收入水平如奖金、福利等影响更大。

(3)个人因素

每个人都是一个独立的个体，都有其特殊性。对任何人来说，不论是在性格、绩效、年资、经验、受教育程度和个人能力等方面都有很大的不同，员工的这些个人特征会对其薪酬水平产生很大的影响。

8.1.6 几种典型的薪酬体系

(1)职位薪酬

职位薪酬是目前比较成熟、稳定、运用最广泛的一种较传统的基本薪酬制度。所谓职位薪酬体系，指员工的薪酬主要根据其所担任职位的重要程度、任职要求的高低、工作环境对员工的身体和心理影响等来决定的薪酬体系。这种模式最大的特点是员工的薪酬只与所担任的职位相挂钩，不考虑个人的其他因素，只对事不对人。因此，在这种薪酬模式中，需要通过职位评价来对员工的薪酬结构和薪酬水平进行确定。

职位评价也称为工作评价，是职位薪酬体系设计的基础，指的是依据不同职位为实现组织目标所做出的贡献，通过专业的技术和程序对组织中各职位的价值进行综合比较，最终确定组织中各个职位的相对价值差异。

企业人力资源管理体系一般以职位为基础，职位评价在其中起到了承上启下的重要作用。具体来说，主要表现在以下几方面。第一，通过职位评价，可以表现出组织战略认可的报酬要素，可以有效衔接组织战略与报酬体系，对获取企业核心竞争力和实现企业的发展起到重要的导向作用；第二，职位评价集中体现了薪酬体系的"内部一致性"，在企业建立内在序列和报酬体系中起到了基础性的作用；第三，从整体上来看，企业的职位评价过程，实际上就是组织与员工建立起心理契约的过程，有效体现了组织对员工在工作职能和能力等方面的期望。

职位薪酬的优点体现在三个方面：①真正实现了同工同酬。职位薪酬体系基于严格的职位分析与评价，员工只有达到岗位要求才能上岗，在一定程度上排除了安排工资标准的主观性，比较客观公正。②操作简单，管理成本低。按照职位系列进行薪酬管理，操作比较简单，透明直观，容易理解，管理成本较低，有利于统一管理。③激励员工提高自身技能。由于晋升和基本薪酬增加之间具有连带性，能激励员工不断地提高自身的技能和能力。

职位薪酬的缺点也体现在以下三个方面：①对职位评价的合理性、公正性和准确性的要求很高。这恰恰是职位薪酬体系成功与否的难点和关键所在。通常员工对于这种薪酬模式的质疑多集中在职位评价上，因为职位评价直接决定了该职位上员工可获得的薪酬水平，而职位评价本身并不能完全排除主观因素，同时职位分析、职位评价都是专业性、技术性很强的工作，没有专家参与很难成功。②不承认超出职位需要的个人能力或跨职位的其他技能，因而不利于充分发挥能力强的员工的积极性，不利于员工的能力发展与职业发展，也不利于及时反映多变的外部经营环境对工作的新要求。③由于薪酬与职位联系紧密，高层职位相对有限，因此当员工晋升无望，且无其他激励因素的情况下，员工获得较大幅度加薪的可能性很小，从而员工的工作积极性必然受到很大影响，甚至会导致离职行为的发生。

(2)能力薪酬

能力薪酬也称为胜任力薪酬，它是基于员工能力素质或胜任特征来确定员工薪酬水平的一种薪酬管理制度。员工的个人能力反映为一个人的知识水平、操作技能、个性与内驱力等，是其做好本职工作的基础。因此，通过能力来对员工的薪酬水平进行评定，具有一定的公平性。

一般来说，能力特征更为适合较为复杂的工作，包括管理工作、专业技术工作等。因此，能力薪酬体系通常适合那些技术型、创新型等技术密集型的企业，尤其适合组织中的管理和技术职位薪酬评定，如基础研究、基础教育、技术开发等，产出周期长、技术含量高、创新要求高、绩效难于考核测度的职位。处于这些职位的员工，其工作性质都具有一定的创新性、开拓性和非常规性，因此其工作职责和工作任务很难用职位描述或者职位说明书中的固定条款来进行描述。对于这些职位来说，员工个人所具有的综合素质和能力是其获得成功的关键，而其所获得的成功，对于企业目标的实现也会产生重要的影响，甚至还会为企业带来超额效益。在这种情况下，一些企业所选择的薪酬模式就会偏向于以能力为基础的“投入型”薪酬模式。

由于个体无论是在生活环境、教育经历还是在工作经验等方面都会有所差异，因此个人所具有的能力也一定存在独特性。员工的能力模型主要有几下几种(表 8-1)。

表 8-1　员工能力模型类型及释义

模型类别	模型释义
核心能力模型	核心能力模型是适用于整个组织的能力模型,是用来界定企业各层各类人员所通用的核心素质,适用于整个组织
职能能力模型	职能能力模型是指围绕关键业务(财务管理、市场营销、生产制造)职能建立起来的能力模型,适用于特定领域
角色能力模型	角色能力模型适用于在一个组织中的某些人所扮演的特定角色,比如技师、经理等,适用于以团队为基础的组织
职位能力模型	职位能力模型是指适用于单一类型的职位的能力模型,适用的范围最狭窄

(3)绩效薪酬

绩效薪酬指的是在员工基本工资基础上,随着个人或团队绩效的某些衡量指标的变化而随之发生相应变化的一种薪酬制度。在实际工作中,通常会在员工完成相应工作,达成了企业的发展目标之后,才会对员工进行绩效奖励,这对强化组织规范,提高员工的工作积极性具有重要的作用。绩效薪酬是企业绩效与薪酬管理的最直接的联系。

绩效薪酬通常有以下几种类型。

①绩效加薪。绩效加薪是指将员工基本薪酬的增加与其在某种绩效评价体系中所获得的评价等级联系在一起的一种绩效奖励计划。通常做法是,企业在一个年度绩效评价完成之后,根据已经确定的绩效加薪规则,依据员工的实际绩效评价结果确定员工下一周期的基本薪酬水平。员工绩效加薪计划的制订,会涉及加薪的时间、幅度及具体的实施方式等三个重要的因素。一般来说,员工加薪的幅度主要是由以下几方面的因素来决定的:一是企业的实际支付能力;二是企业确定的薪酬水平与市场薪酬水平之间的对比关系;三是员工所在的管理层级以及企业内部相对

收入水平高低等因素。从时间上来说，绩效加薪属于短期的绩效奖励类型，通常为每一年一次，特殊情况下也可缩短为半年一次或延长为两年一次。绩效加薪的实施可以分为两种方式，一种是基本薪酬累计增长，另一种是一次性加薪。

②一次性奖金。一次性奖金是企业设置的较为普遍的一种绩效奖励方式。在绩效奖励薪酬管理模式中，无论是从应用频率还是从使用范围上来说，一次性奖金都是一种最为常见的奖励方式。实际上，一次性奖金也是绩效加薪的一种，但需要注意的是，该种奖励方式是一种一次性支付的加薪方式，而不是在基本薪酬基础上的积累性增加。

③月/季度浮动薪酬。月/季度浮动薪酬是指，根据每月或每个季度对员工的绩效评价，采用月绩效奖金或季度绩效奖金的方式对员工支付薪酬的一种绩效薪酬形式，同样体现了对员工工作态度或工作结果的一种认可。在企业实践中，通常员工所获得的绩效奖金还会受到其所在部门工作绩效的影响。

(4)技能薪酬

技能薪酬是指企业根据员工工作所掌握的技能与能力的高低所支付薪酬的一种薪资制度。一般来说，技能薪酬通常被用于那些工作内容较为具体并且能够被明确界定出来，具有操作性质的技术岗位或是办公室行政岗位等。在技能薪酬体系中，员工的薪酬与知识、一种或多种技能以及能力联系在一起，而与职位间没有明确的联系。

技能薪酬制度所针对的员工技能主要表现在三个方面。①深度技能，指企业员工完成同一项工作所掌握的更深层次的技能和知识。②广度技能，指员工不仅掌握了其所在职位的技能，而且还掌握了其他职位相关的技能。③垂直技能，指员工为了进行自我管理与控制，掌握与工作相关的领导、计划及团队合作等技能。

技能模块定价是指根据员工具备的技能水平来确定每一个

劳动单位的货币价值。企业实行技能薪酬,最关键的就是要进行技能模块定价。需要注意的是,由于不同的组织所进行的调价存在很大的差异,因此当前针对技能等级定义还没有一个明确的标准。技能模块定价具有两个基本特点:一是可以确定技能模块的相对价值;二是可以确定对技能模块的定价机制。

(5)长期激励

长期激励是指绩效衡量周期在一年以上的对既定绩效目标的达成提供奖励(主要以股票的形式)的一种薪酬计划。之所以将长期界定为一年以上,是因为组织的许多重要战略目标都不是在一年之内能够完成的。事实上,长期激励计划的支付通常是以3～5年为一个周期。长期激励计划强调长期规划和对组织的未来可能产生影响的那些决策,它能够创造一种所有者意识,有助于企业保留和激励高绩效的员工,为企业的长期资本积累打下良好的基础。

长期激励的主要形式是股票所有权计划。常见的股票所有权计划可分为三类:现股计划、期股计划以及期权计划。现股计划指的是,企业会通过奖励的方式直接向员工赠与股权 ,或是根据当前股权在市场上的价值对员工进行股票出售,这都会让员工真正获得企业的股权。需要注意的是,企业实行现股计划通常都会对员工进行严格的规定,要求在一定时期内员工可以持有股票,但是不得进行出售。期股计划指的是,企业与员工之间进行约定,按照当前的股权价格,在一定时期内将部分股权向员工进行出售。需要注意的是,期股计划也会对员工出售股权的期限进行限制。期权计划与期股计划类似,都是规定企业在一定时期内以一定价格对员工进行部分股权出售。不同的是,在到期时,员工可以接受这项权利,同时也可以放弃这项权利,股权价格的确定同样是参照当前的市场价格。与前两项计划相同的是,期权计划同时也对员工出售股权的时间进行了限制。

上述三种股权计划都可以使员工获得股权的增值收益权,包括分红收益和股权本身的增值收益等。其中，现股计划和期股计划的奖励方式是预先购买了股权或是签订了股权购买协议，因此当股权贬值时，员工同样也要承担相应的贬值损失。但是对于期权计划来说，如果股权发生了贬值，那么员工可以通过放弃期权的方式，避免承担股权贬值的风险。

(6)保密薪酬

组织总是出于各种原因对员工的薪酬进行保密，其有利于保护个人隐私防止员工之间进行无意义的攀比。薪酬保密也会带来消极的后果，如果员工不能通过正式沟通渠道获得薪酬数据，小道消息就会盛行。小道消息传播快、缺乏准确性，因而会成为错误信息的源头，加深员工之间以及员工与组织之间的误解。此外，员工通常倾向于高估自己周围管理者的薪酬，而低估更高层级管理者的薪酬。这种感觉会削弱差别工资系统的激励作用。

(7)自助式薪酬

自助式薪酬是指员工根据自己的需求、喜好及家庭具体情况选择个人的薪酬模式。自助式薪酬由企业和员工双方共同决定员工自己的薪酬模式，是一个交互式薪酬管理模式，在这一互动过程中，企业根据自身实际及员工的需求制定薪酬支付方式，再由员工自由选择。如同超市购物，超市依据自身实力和顾客需求配备货品种类，再由顾客自己决定自己需要购买的货品，这种方式更好地满足了顾客的购物需求。

自助式薪酬由不同的薪酬成分组成，突破了单纯薪资的概念，形成了一种综合性的投资和回报体系。这种薪酬模式结合了当今员工所期望的不同类型的薪酬意向，适合于企业的全体员工，扩大了人们传统观念上的薪酬范围，让员工享受到了个性化薪酬模式带来的愉悦。

8.2 具有竞争力的绩效薪酬设计

纺织服装企业中，对企业内部的管理制度与程序普遍都较为重视。部分纺织服装企业虽然设立了专门的人力资源管理部门，但却没有充分发挥该部门的作用，没有对人力资源产生足够的重视，忽视了对人力资源的利用和开发，没有调动起员工的工作积极性。这些企业过度强调绩效的非判断性测量，强调结果导向，因此缺少对员工客观绩效的判断，忽视了对员工个体行为的评价。一些企业只看重企业自身的发展，对员工的激励只采取物质激励的方式，而忽视了对员工精神方面的肯定和激励，这就导致企业的目标与战略绩效无法形成统一性，员工的发展需求无法得到满足，最终导致人才的大量流失。因此，针对这一问题，纺织服装企业内部需要建立起科学的薪酬与绩效管理系统，特别是需要构建具有竞争力的绩效薪酬体系，以留住人才，满足员工的物质需求，提高员工的工作积极性。

8.2.1 绩效薪酬系统的设计原则

(1)公平原则

公平原则是保证员工积极性的基础，不公平的薪酬体系不仅会影响员工的积极性，还会对企业形象造成一定的影响。薪酬制度的公平原则主要包括以下两个方面：一是内在公平，二是外在公平。

内在公平指企业的薪酬制度要得到员工的认可，使员工得到心理上的平衡。这一点很难把握，企业薪酬管理人员除了了解员工的薪酬期望外，还要采用公平、公正、透明的薪酬管理制度，打消员工对薪酬公平性的疑虑。

外在公平是企业薪酬水平应该参考同行业其他企业的薪资水平，这也是保证企业在人才市场加强竞争力的需要。如果企业的薪酬水平比同行业其他企业的薪酬水平高，那么企业所提供的薪酬是具有竞争力的，这样就可以招聘到优秀的人才，留住现有的优秀员工。为此，要进行薪酬调查从而保证企业的薪酬水平处在一个合理的区间，保证企业人才的低流失率。

(2)竞争原则

薪酬水平往往是人们在择业时考虑的最主要因素，高薪对任何人才都有很强的吸引力。在技术创新更迭频繁的今天，企业一旦停止进步就会面临被迅速淘汰的命运，企业制定较高的薪酬水平，会增加企业对各类人才的吸引力，保证企业发展的活力和动力。但是企业的薪酬水平并不是越高越好，而是要以企业的财力以及对人才的需求程度为依据。企业在人才市场的竞争力是一个综合指标，它既可以是企业的薪酬水平，也可以是企业声誉、形象或者工作环境。

劳动力市场的供求状况也影响到薪酬设计。在我国，劳动力市场总体处于供大于求的状态，但是这并不意味着所有行业和领域都处于这样一个相对饱和的状态，就某种类型的人才来说，可能会出现供不应求的情形。因此，管理者在进行薪酬设计时要充分考虑劳动力市场的供需状况。

(3)经济原则

薪酬是企业留住员工的重要手段，因此，部分企业不惜一切代价提高企业的薪酬标准，这是一种错误的做法。其原因我们可以从两个方面来考虑：一是薪酬并不是留住人才的唯一原因，有时候企业在其他方面不能让人才得到满足的话，即使是高薪也难留住人才；二是高薪酬的工资结构会使企业的成本增加，如果吸引来了人才却创造不出相对等的绩效，会影响企业的利润。因此，在进行薪酬设计时要以经济为原则，进行人力成本核算，保证人力成本在一个合理的范围内。

(4)合法原则

法律是我们进行一切社会活动的准则,薪酬设计当然也要遵守国家法律和政策。合法性是企业活动获得法律保护的基础,在薪酬设计中,管理者要严格遵守法律的相关规定,特别是国家有关强制性的法规,如最低工资规定、加班工资支付等,这是企业运营必须遵守的法律规定。合法原则对企业人力资源管理者特别是薪酬管理者提出了严格的要求,管理者必须对国家有关法律法规,特别是劳动法的有关规定进行全面的了解。

(5)战略性原则

战略性原则也是企业薪酬体系设计的一个重要原则。传统的薪酬体系设计中人们往往会忽视这一原则,但是随着人们认识的不断发展,近几年来战略性原则在薪酬设计诸原则中的重要作用得到了越来越多的认可和重视。坚持战略原则主要体现在要坚持薪酬体系与企业战略体系目标的一致性,以及企业战略对薪酬体系设计的指导性两个方面。

战略原则包括以下三个层面。

①战略层面。每个企业都有自己的战略定位,有的是为了赚钱,有的是为了做大做强。不同的定位催生不同的价值取向,这也决定着企业是关注长期利益还是短期利益。不论哪种战略定位,人力资源都要与企业的战略目标相匹配,从而保证企业战略目标的顺利实现。

②制度层面。制度是企业战略理念价值导向的载体,也是企业战略目标实现的基本保障。企业战略为制度设计明确了方向,制度保障了战略目标的顺利实现,二者相辅相成。因此,在薪酬制度的设计中要综合考虑各种要素,以保障企业在发展过程中遇到不同的问题可以及时得到解决。薪酬制度是伴随着企业的发展形成的,工资制度、奖金制度、福利制度、股权制度可能是在企

业发展的不同时期制定的，最终才形成完善的薪酬制度。企业在设计这些制度时要充分考虑工资、奖金、股权之间的关联性，在对薪酬制度系统进行结构优化的同时，还要保证其价值导向的正确性。

③技术层面。薪酬设计技术属于操作层面的工作，但在实际工作中，有许多人力资源专业人员经常陷入设计误区，为了追求所谓先进的科学方法，却舍本逐末地忽略了技术设计的战略要求。因比，人力资源部门设计的制度经常会遭到高层管理者的否定。技术是完成制度设计的手段和方法，而不是设计工作的出发点。企业人力资源部门在制度设计时应找准核心，在其指导下采取先进灵活的技术手段完成设计工作。

8.2.2　绩效薪酬体系的设计流程

(1)制定薪酬策略

这是任何工作都不能缺少的重要组成部分，薪酬体系的设计首先要明确企业的战略目标和价值导向，这也是企业文化的一部分，对企业未来工作的开展起着重要的指导作用。企业薪酬体系的策略包括多方面的内容，主要有职工人性观、总体价值、管理骨干及高级专业人才的评估等核心价值观，以及员工薪资分配策略等。

(2)市场薪酬调查

市场薪酬调查指的是，企业需要对自身所处地区和行业的薪酬进行调查，在具体调查的过程中，企业需要注意两个方面的问题，一是调查什么，二是怎么去调查。调查的内容，也就是调查的问题，主要指的是本地区、本行业尤其是竞争对手的薪资水平。有了参照标准企业可以科学合理地制定自身的薪酬制度，既保证了自己在人才市场的竞争力，又可以减少人力资源成本，保证企业的利润水平。

(3)职务分析与工作评价

职务分析实际上就是工作分析,主要包括两方面的内容,一方面是组织结构设计,另一方面是编写工作说明书。工作评价主要包括确定薪酬因素和选择评价方法。职务分析和工作评价是企业建立薪资制度的重要依据,它可以设计产生组织机构系统图以及详细的工作说明书,有利于保证薪资的公平性,需要通过薪资的具体金额来表示出企业职位的相对价值,同时也表现出企业对职位工作者的总体要求。需要注意的是,虽然企业已经确定了工作职位的相对价值,但是在实际工作中并不代表相应职位的员工就可以获得相应的薪资数额,在这个数额确定之前还需要进行薪资分级与定薪的工作。

(4)薪资结构设计

经过职务评价和工作分析,企业可以确定每一工作价值,但是还必须将这种价值转换成实际的薪资值,因此需要进行薪资结构设计。一般来说,工作的难度性越大,就会为企业带来更大的利益,对企业来说就更为重要,同时也说明其所蕴含的价值也就越大。在企业经营中,为了保证企业薪资制度的内在公平性,企业员工的薪资可以按贡献大小来确定。

可以看出,企业的薪资结构实际上反映了企业中各个职位的相对价值与其实付员工薪酬之间所保持的关系。

(5)薪资分级和定薪

薪资分级和定薪,指的是针对企业中所设置的不同岗位制定与之相应的薪资水平,确定薪资的数值范围。薪资分级和定薪是在企业对工作进行评价之后才能进行,这样才能根据岗位所蕴含的不同价值,将岗位的薪资分为不同的等级,最终组合成一个完整的薪酬体系。通过该流程,企业可以确定不同职位的薪资范围，确保员工薪资水平的公平。

(6)薪资制度的控制与管理

通常情况下，企业在制定薪资制度之后，在短时间内不会轻易变动，这样有利于维护企业经营的稳定。在不断变化的经济发展形势下保证企业的薪资制度的正常运作，并保证其在人才市场上的竞争力，需要企业对之实行科学合理的控制与管理，使其发挥应有的功能。

8.2.3　做好企业员工的绩效考核工作

绩效薪酬要以员工的绩效考核结果为依据。绩效考核是对员工一段时间的工作、绩效目标等进行考核，是前段时间的工作总结。同时，考核结果可以为相关人事决策如晋升、解雇、加薪、奖金等提供参考依据。绩效考核指在考核周期结束时，选择相应的考核主体和考核办法，收集相关的信息，对员工完成绩效目标的情况做出评价。实践中，企业可采用的绩效考核方法多种多样，如简单排序法、交错排序法、关键事件法、行为对照表法、行为锚定评价法等。考核主体指对员工的绩效进行考核的人员，一般包括上级、同事、下级、员工本人和客户等。

上级对员工承担直接的管理责任，他们通常最了解员工的工作情况。上级作为考核的主体还有助于实现管理的目的，保证管理的权威性。上级考核的缺点在于考核信息的来源单一，容易产生个人偏见。

下级作为考核主体，给上级一定的压力，可以促使上级关心下级的工作，建立融洽的员工关系。下级最为了解上级的领导能力，最容易发现上级在工作方面存在的问题。下级考核的缺点是，由于上下级关系，下级多要顾及上级的反应，往往不敢真实地反映情况，形成虚假考评结果；同时，下级考评上级有可能削弱上级的管理权威，造成上级对下级的迁就，影响实际工作成效。

同事对员工的工作情况比较了解,同事可以对员工进行全方位的考核,避免或降低了考核中的个人偏见。此外,同事考核有助于促使员工在工作中与同事配合。同事考核的缺点是人际关系的因素会影响考核的公正性,和自己关系好可能就会给高分,和自己关系不好的可能给低分。当考核面临不利结果时,还有可能造成同事间的相互猜疑,影响同事关系。

客户也可作为考核的主体,即由员工服务的对象考核员工的绩效,这里的客户包括外部客户和内部客户。客户考核有助于员工更加关注自己的工作结果,提高工作质量。缺点是客户更侧重于工作结果,不利于对员工进行全面的评价;另外,有些职位的客户比较难以确定,不适于用这种方法。

让员工本人作为考核主体进行自我考核,能够增加员工的参与感,有助于员工对考核结果的接受,也加强了员工自我开发和自我约束的意识。但实际操作中,员工对自己的评价往往容易偏高,而且当自我考核的结果和其他主体考核结果差异较大时,相信自己排斥别人,容易产生矛盾。

为了保证绩效考核的客观公正性,应当根据考核指标的性质来选择考核主体,且选择的考核主体应当是对考核指标最为了解的。如协作性适合由同事进行考核,培养部属能力适合由下级进行考核,服务的及时性适合由客户进行考核等。

8.3 用福利丰富员工的报酬体系

8.3.1 企业员工福利的内涵

现代企业福利管理中,对福利内涵的理解,存在狭义和广义两个方面。

狭义员工福利是指企业为满足员工的生活需要,除了向员工支付薪酬之外,额外向员工支付的货币、实物或其他形式的服务等。福利是企业在工资收入之外,向员工本人及家属提供的货币、实物及服务形式,以满足员工的基本需求。对企业员工而言,狭义的福利主要包括法定福利和企业福利两个层次。法定福利是政府通过立法形式,要求企业必须提供给员工的福利和待遇,主要包括医疗保险、养老保险、失业保险、工伤保险以及生育保险。企业福利是企业提供给本企业员工的福利,包括企业兴办的集体福利和企业为员工及其家庭提供的实物和服务等福利待遇,如企业儿童看护计划、健康服务计划、集体人寿保险等。

广义员工福利比狭义的福利具有更广阔的外延,主要包括三个层次的内容:一是政府提供的公共福利和公共服务,如教育、文化、卫生、假期、社会保障等;二是企业兴办的各种集体福利,如企业依据自身情况为员工个人提供的各种福利措施;三是工资以外的其他收入,如企业为员工个人及其家庭提供的实物和服务等福利形式。

8.3.2 现代企业福利的特点及分类

(1)福利的特点

现代企业福利的特点反映在以下几个方面。

①补偿性。员工福利是企业对劳动者提供的一种补偿性奖励,是对员工薪资的补充和完善。福利的补偿奖励不一定是以货币形式实现的,考虑到福利发放的公平性,企业不宜以个体的形式支付。

②均等性。均等性的主要表现是,只要在企业中履行了自身劳动义务的员工,都有享受企业所提供福利的权利。在企业中设置有不同的职位,由于员工在自身能力和工作职能等方面都存在一定的差距,因此使员工之间的收入水平也各不相同。企业员工间收入的差距应保持在一定的范围之内,适当的差距有利于提高

员工的工作积极性，但差距过大则会降低员工的工作热情，不利于工作效率的提高。由此可见，员工福利的均等性，在调节员工收入差距等方面发挥着重要的作用。

③集体性。企业福利的集体性特征主要表现在，员工集体消费或共同使用公共物品是员工福利的主要表现形式。企业提供的集体福利，保证了福利的平等性，同时还有利于增强员工的归属感，有利于提高企业的凝聚力。

(2)福利的类型

企业员工福利总体上可分为个人福利和集体福利两大类。

员工个人福利主要是指以货币或实物形式直接支付给员工个人的福利待遇。常见的个人福利主要包括工资补贴、伙食补贴、交通补贴、取暖补贴、通讯补贴、婚丧假和年休假工资以及探亲假期等。员工个人福利并不是法律规定的企业福利，只有在劳动合同、内部劳动规则中明确规定才能具有法律上的约束力，具有法律的强制效力。

集体福利的创办主体是企业或社会公共服务机构，他们通过一定的经济投入为员工提供集体享用的福利性设施和服务，保障员工的生活水平和质量，常见的有单位宿舍、集体生活设施和服务、带薪休假、免费旅游等。企业福利的内容丰富多样，具体的福利内容与企业的经营效益间有很大的联系。一般来说，大型企业或是效益良好的企业对员工的福利待遇要更为重视，福利水平也较高；而小型企业或是经济效益不佳的企业，员工的福利待遇则相对较差。

8.3.3 企业员工福利管理的主要内容

在企业的薪酬体系中，福利占据了其中的重要一项。企业的战略、目标、文化以及价值取向，都会通过福利反映出来。福利制度对企业管理会起到重要作用，企业管理者必须引起足够的重视。许多纺织服装企业，虽然也建立了专门的福利管理制度，在福利方面投入了较大的人力和物力，但是所收到的效果却并不理想。福利支出的增长增加了企业的财务负担，却没有留住优秀人才，导致企业的效益不断下降。因此，加强企业的福利管理至关重要。具体来说，企业对福利的管理主要包括以下几方面内容。

(1)福利管理目标的确定

尽管不同企业所面对的内外部环境有很大的区别，所确定的福利目标也不同，但有一部分福利目标是共通的，具体来说，主要有以下几点。(1)企业设立的福利目标应与企业发展目标相协调。(2)福利目标的基本出发点是满足员工的需求。(3)福利目标与企业所设立的薪酬管理制度相契合。(4)福利的设置水平应在企业可承受的范围之内，不能对企业的正常生产活动造成影响。(5)福利能对大多数员工起到激励的作用。(6)企业提供的福利尽可能满足员工的眼前需求和长远需求。(7)福利设置应符合法律法规的相关要求。

(2)员工福利的成本核算

企业进行生产经营活动，一个最为主要的目的就是获取利润。企业为员工发放福利，在一定程度上会造成企业成本的增加，这些增加的成本是否会对企业的获利能力产生影响，这是福利管理需要考虑的一项重要内容。在企业福利管理中，涉及成本核算的内容主要有以下几点。①通过对产品销量和利润的核算，企业财务部门明确福利费用的最高支出水平及最终发放水平。②与其他的企业尤其是竞争对手的福利水平进行比较，保持企业在人才市场中有较高的竞争水平。③科学预算主要的福利项目。④详细计算所有员工福利项目所涉及的成本。⑤制定相应的福利项目成本计划。⑥在满足福利目标的前提下，尽量降低企业的成本。

(3)福利管理沟通

企业福利的发放并不是标准越高、范围越大越好,而是要将满足员工的需求作为评判福利的标准。因此,想要满足员工的需求,在发放福利之前必须与员工进行沟通,了解员工的想法。企业与员工进行福利沟通,通常采用的方法主要有以下几种。(1)通过问卷法掌握员工的福利需求。(2)通过观看视频的方式对企业的福利项目进行介绍。(3)与典型员工进行面谈,了解某一层次或某一类型员工的福利需求。(4)向所有员工公示福利项目,让员工自己挑选。(5)利用企业内部的刊物或是网站向员工介绍福利项目。(6)收集、整理和分析员工对福利的信息反馈。

(4)企业福利调查

企业对员工发放福利的主要目的是激励员工,提高员工对企业的忠诚度和归属感。企业在福利发放之后,是否达到了该种目的,以及员工是否对福利的项目和水平满意,都需要企业在事后进行福利调查,以便弥补福利发放的不足之处。一般来说,企业福利调查的形式主要有事前调查、年度调查和福利反馈调查三种。

事前调查指的是企业在制定具体的福利项目之前,首先与员工进行沟通,针对员工对福利的看法展开调查。其主要目的是了解企业员工对福利的态度或需求等状况,以便确保福利的发放可以满足员工的需求,达到发放福利的目标。

年度调查指的是在一个年度结束之后,针对福利的发放向员工进行调查。企业的年度福利调查是企业进行福利分析的基础,也是企业制定下一年度福利发放计划的基础。其主要目的是明确在一个财政年度内,员工享受了哪些福利,各项福利所占的比例以及员工对福利发放的满意度等。

福利反馈调查指的是企业针对其发放的福利,了解员工的反映或态度,确定是否要对福利项目进行改进,是企业调整福利发放的依据。

8.3.4 企业福利方案的设计

企业福利方案的设计要按照法律规定向职工提供法定福利的基础上进行，企业应该考虑的问题有：提供什么福利；向谁和提供多少福利；谁来承担福利成本三个方面。

(1)提供什么福利

提供什么福利是从福利的作用为切入点进行思考，后续的问题包括：是否实行这项福利，实行之后的作用怎样。企业在确定提供何种福利的过程中要考虑的因素主要是：企业现有福利状况、竞争对手的福利选择及企业需求的职工类型。

企业的性质和经营状况不同，其对职工类型的需求也不同。例如，如果企业需求流动性小的员工，可以增加退休金在福利中的重要性；如果希望吸引年轻的女性职工，则要考虑托幼、产假等福利。“知己知彼，百战不殆”，企业在进行福利种类的决策上要充分了解“市场行情”，考虑企业职工福利的竞争力。既有的福利的取消往往会造成职工的不满，影响他们的积极性。因此，企业有必要维持现有福利的稳定性，没有充足的理由，不宜撤销或者变更当前福利。

(2)向谁和提供多少福利

企业福利具有平等性，但是这种平等性绝不是所有职工提供一样的福利。出于企业成本和员工贡献等因素的考虑企业应该根据具体情况区别对待。企业福利发放的参考标准主要考虑：工龄、对企业的贡献、是否在职及是否全职等因素。

工龄是企业福利发放的重要参考标准，工龄较长的员工企业应该给予其较好的职工福利。因为企业对老员工的态度体现着其价值导向，并且深深地影响着员工的忠诚度。一般来说，对企业的贡献越大，职工享受的福利待遇也就越好，但需要注意的是，过大的差异会引起待遇较低职工的不满，影响他们的工作积极性，因此企业在福利待遇的高低和发放方法上要合理安排。在职职工享受的有些福利如带薪假期等，退休职工或离岗退养职工则不享受。一般情况下，全职职工享受的有些福利兼职职工不需全部享受。

(3)谁来承担福利成本

福利会产生经营成本，不合理的福利成本承担方式会造成企业盈利的下降甚至亏损。一般情况下，企业福利成本的负担原则有三种，即完全由企业承担、企业与职工共同承担、完全由职工承担，企业可以根据自身的情况合理决策。

完全由企业承担这种成本承担方式是指福利费用直接由企业支付，不计入职工收入。其优点是职工可以不纳税，管理也比较简单；缺点是容易出现福利开支浪费，造成成本上升。企业与职工共同承担这种成本承担方式是指福利费用由企业和职工共同分担。其优点是使职工参与福利支出过程，使其谨慎使用福利，节约开支；缺点是职工的收入需纳税，职工个人福利成本上升。完全由职工承担这种成本分担方式是指福利费用完全由职工承担。其优点是扩大了福利的范畴；缺点是管理困难，并会增加职工福利待遇上的差别。

8.3.5 企业福利方案的实施

企业在设计出福利方案之后，更重要的是要在企业内部实施，其实施过程需要做到以下几方面。

(1)宣传福利政策

企业的福利政策和计划应该是透明的，企业有必要将它们告知所有职工，并向职工解释企业福利的基本内容、享受福利待遇的条件和费用承担。编订和发放《职工福利手册》、举办企业讲座和个别谈话是经常用到的企业福利政策告知和宣传方法。

(2)审查和帮助职工获得福利

企业进行福利政策宣传的目的是使更多符合条件的员工享受企业福利，提高其忠诚度。因此，企业人力资源部门应该积极帮助符合条件的企业员工申请企业福利，并向不符合申请条件的职工解释原因。

(3)降低福利成本

福利是企业在薪资之外给予员工的额外补偿，其不能向薪酬一样产生投资回报，它会大大加重企业的负担。企业福利的实施与管理必须节约开支，降低福利成本。企业降低福利成本的方法主要有：通过企业合作分担双职工的福利费用，通过谈判降低购买福利的成本等。

(4)福利方案实施需要注意的问题

企业制定福利方案的一个重要目的是，为福利的具体实施提供依据。这并不代表企业的福利计划可以顺利实施，这需要企业在实施的过程中，要根据企业发展的实际情况和员工的需求，来对福利计划不断进行调整。企业在实施福利方案的过程中，还必须注意以下几个方面的问题。①根据确立福利目标去实施；②落实具体预算；③按照各个福利项目的计划有步骤地实施；④实施中要注意一定的灵活性；⑤注意存在问题的分析；⑥定时检查实施情况。

本章小结

当前，纺织服装企业发展中存在的一个重要问题是，人员的流动过于频繁，导致这种情况出现的一个重要原因是，在很多纺织服装企业内部没有建立起一个科学的薪酬与绩效管理体系。本章从薪酬与绩效管理出发,论述了企业绩效与薪酬管理的内容、类型、功能及影响因素等。并且针对纺织服装企业的行业发展与内部人员结构特点,讨论了绩效薪酬体系的设计,提高企业薪酬设计的科学性。福利是构成企业薪酬体系的一项重要内容,纺织服装企业也必须注重对现代福利体系的设计,根据企业的实际情况与员工的实际需求,设计出最为合理的福利体系,提高员工对企业的满意度,增强员工的归属感,为工作的开展提供更多的动力支持。

在系统有效的绩效管理中,绩效考评指标是企业绩效管理的核心,在考核指标的设计上,应包括可以量化测评的业绩指标和主要通过主观评价的行为、能力、素质指标。业绩指标主要根据企业经营战略逐层分解得到,是客观的定量化指标;能力素质考核指标侧重于工作态度、品德、行为规范等综合表现,这类指标很难量化,一般为定性指标。绩效考评主体宜采用360度绩效考评理念,根据考评对象及目的,除了直接领导,还可选择同事、顾客、外部专家等不同的考评主体。考评周期根据需要确定,通常以每个月、每个季度、每一年为绩效考评周期,也可在短期考评的基础上,考虑较长周期的考核,以防止企业经营管理中的短期行为。如新希望集团在公司每个月、每个季度、每一年的绩效考评基础上,创新性地提出“5年稳健经营考核机制”,以5年为周期进行的绩效考评,有效防止和克服了各级分、子公司经理的短期经营行为。绩效沟通在绩效管理中至关重要,应充分认识绩效沟通的重要性,特别是关于绩效考评结果的沟通,应该由主管领导负责,在绩效考评得出结果后,直接主管主动与下属员工进行交流和沟通,及时了解员工的工作状态,帮助员工分析存在问题的原因,以有效地提高员工工作业绩。同时,通过绩效沟通有助于管理者和员工之间建立起良好的关系,提高员工的工作满意度。企业绩效考评结果应该应用于奖金发放、薪酬调整、评选优秀、职位升迁等方面。

有吸引力的薪酬福利待遇，高薪才能引入、留住人才，是企业薪酬实践中较为一致的共识。高绩效人力资源管理实践中，薪酬方面应提供有竞争力的薪酬水平，薪酬结构上须体现激励性，要有一定比例的绩效薪酬。绩效薪酬是企业人力资源管理实践中采用最多的员工激励方式，企业给予表现突出的员工以高强度的绩效薪酬奖励，可调动员工的工作积极性，激发员工的荣誉感和自豪感，从而激励员工更努力地工作。企业定薪的依据应该以岗位为基础，同时考虑学历、技能和个人素质。在薪酬模式上，宽带薪酬及保密薪酬是许多企业所采用的、富有吸引力的、绩效导向的薪酬体系。不论新老员工，一般都特别重视现实需要和现实价值，薪酬福利通常都是首要的激励因素。薪酬激励成功与否不仅决定于薪酬的多少，员工更在意薪酬的成就信号功能，即薪酬制度的公平合理性。因此，设计一个薪酬水平在市场上有吸引力、基于员工绩效的薪酬制度，是激励员工工作动机、引导员工做出组织所期望行为的最有力举措。

当前，宽带薪酬体系以员工的胜任力及其对组织的实际贡献为支付薪酬的依据，打破了以岗定薪的传统观念，较好地契合了企业员工的分配诉求，是可以对员工动机产生积极影响的激励性薪酬模式。在宽带薪酬体系中，处于薪酬水平较低等级的新员工，只要具备岗位要求的个人胜任能力，努力工作取得良好的个人绩效和团队绩效，同样可以获得与高资历员工相同甚至更高的薪酬待遇。显然，宽带薪酬体系有助于降低因薪酬分配不公而导致的员工离职和跳槽行为，对提升员工的工作积极性有很强的鞭策作用，可有效改善员工的组织认同感和组织公平感。

福利待遇也是企业激励员工的有效方式，许多优秀企业的人力资源管理实践在这方面除了提供法定的社保外，企业还给予员工丰富的生活福利待遇，如员工旅游、房补、车补、餐补、婴幼儿保育服务等。这些丰富的福利待遇体现了企业对员工的关心，增强了员工对企业的归属感。

9　实施人性化的劳动关系管理

随着我国市场经济的迅速发展和国有企业改革的深入推进，企业的劳动争议逐年增多，尤其是外商投资企业和私营、民营企业较为严重。导致劳动争议的原因很多，其中一个重要原因是企业经营管理者对有关法律法规不熟悉或不重视，不能依法办事和处理问题。因此，为避免或减少劳动争议，企业经营管理人员必须在掌握相关法律法规的基础上对劳动关系管理中的相关制度和措施加以完善，依法办事，既维护企业的利益，又不损害职工的合法权利。管理实践中要将员工放在重要的位置，切实考虑员工的安全、健康及合法权益，构建企业和谐的劳动关系。

9.1　企业劳动关系管理概述

9.1.1　劳动关系及其特征

顾名思义，劳动关系是建立在劳动基础上的一种关系，它的适用主体为用人单位与劳动者。劳动关系是生产关系的一种，在正常的劳动中用人单位与劳动者需按照规定履行劳动权利和义务并且可获得相应的利益，但是在实际生活中双方的劳动权利和利益往往发生着矛盾，劳动关系体现的正是这种权利和利益关系。劳动关系主体包括雇主、员工、工会及政府等。

雇主又称雇佣者、用人单位，即生产资料所有者，与雇主概念相对应的是雇员，即被雇佣者、劳动力或是现代意义上的员工。雇主是指在一个组织中，使用雇员进行有组织、有目的的活动，并向雇员支付劳动报酬的法人或自然人。

员工即用人单位的工作者，又被称为雇员、雇工、受雇人、劳工。员工涵盖的人群十分广泛，包括教师、医务工作者、蓝领工人、社会工作者、底层管理者等等。

工会是企业内部维护员工权益的组织，其成员皆为企业的员工。工会运作时主要针对的是员工的社会地位、就业条件、工资水平以及福利待遇等。工会是企业内部员工的集体性组织，维护员工的合法权益、改善员工的生活条件是其成立和运行的主要目的。工会的职能有社会民主职能、经济职能、代表职能等；行动方式有直接行为、集体谈判、政治行动等。其中，集体谈判是工会代表劳动者争取合法权益的最主要方式。就我国目前的情况来说，虽然大多数企业都建有工会这一组织，但是行政效率不高，一部分企业的工会形同虚设，“只搭台子不唱戏”的现象普遍存在。我国工会的主要任务有：维护职工的合法权益；为职工提供思想政治教育和文化技术培训；代表和组织职工参与国家社会事务管理和参加企事业单位的民主管理。主要职权有：代表职工与企业进行平等协商或谈判；签订集体合同并监督合同的履行；参与劳动争议的调解和仲裁。

政府在人们的生活中扮演着重要的角色，其行为渗透到社会经济、文化、政治生活的方方面面，在各个领域产生着不容忽视的影响。政府作为劳动关系主体的一方，在劳动关系运作过程中的作用集中表现在：政府既是雇主和员工的政府，也是调解者和立法者的政府，法律不仅要规定当事人双方的权利和义务，而且要同时规定作为第三方的政府的权利和义务。三方性原则表明了劳动关系制度对公共权力的承认。

劳动关系的特征主要反映在三个方面：①劳动关系体现在劳动力与生产资料的结合过程中。在具体的劳动过程中，劳动关系一方为劳动力的所有者和提供者，另一方为生产资料所有者和使用劳动力者，前者称为劳动者，后者称为用人单位，二者之间存在雇佣关系，实质是劳动者将其劳动力与用人单位的生产资料相结合。②劳动关系具有从属性。一旦劳动者和用人单位确定劳动关系，前者便成了后者的员工，双方依照相关规定履行各自的职责和义务。虽然二者在法律上是平等的，但是在劳动过程中，劳动者需按照用人单位的要求履行职责，行为上具有从属关系。③劳动关系离不开人身依附关系。劳动力的存在和使用与劳动者人身不可分离，劳动者向用人单位提供劳动力时，必然将其人身在一定限度内交给用人单位使用。

9.1.2 劳动争议与处理

在实际生活中，劳动者与用人单位之间时常会发生各种各样的利益冲突，通常表现为用人单位未按约定付给劳动者报酬、劳动者未按规定履行自身的权利和义务，由此而发生争执。劳动争议又称劳动纠纷，具体指劳动者与用人单位在《劳动法》调整范围内，因适用国家法律、法规和订立、履行、变更、终止、解除劳动合同以及其他与劳动关系直接相联系的问题而引起的纠纷。劳动争议体现了用人单位和劳动者之间存在不协调的关系，只有按照法规妥善对这一问题加以解决，才能维护当事人的合法权益，体现司法的公正性。

劳动争议的特征表现在以下三个方面：①劳动争议的当事人必须是存在劳动关系的用人单位和劳动者。就用人单位这一方来说，在进行仲裁活动时，出席者必须是法定代表人或主要负责人；就劳动者这一方来说，出席者可以是按照国家和地方法律、法规，与企业建有劳动关系的劳动者，具体包括普通员工、企业的管理人员、外籍员工等。②劳动争议的范围是有限制的。我国的法律对劳动争议的内容做了具体规定，只要用人单位与劳动者之间出现的纠纷在劳动争议的法律范围内，当事人即可提起申诉。③不同的劳动争议适用不同的程序。按照法律规定，处理劳动争议的程序一般为协商、调解、仲裁和诉讼。具体指一旦发生劳动争议，用人单位和劳动者首先进行协商，若是圆满解决则皆大欢喜，若是双方或其中一方不愿协商以及协商不成功，则需进行下一环节。当事人向其所在企业的劳动争议调解委员会提出调解申请，若是仍然不成功，可向劳动争议仲裁委员会提请仲裁。当事人也可以省去前面的协商和调解步骤，直接向劳动争议仲裁委员会申请仲裁。若是争议仍未得到妥善解决，当事人可向人民法院提起诉讼。

劳动争议处理的目的反映在两个方面：①保障企业与员工的合法权益。劳动争议的处理只有受到法律保护，才能合法、合理，才能公平、公正，也才能切实保障当事人的合法权益。②维护正常的生产经营秩序，发展良好的劳动关系。劳动争议特别是大范围的集体劳动争议，如果不能及时预防和有效解决，就会引起员工的不满和愤怒情绪，甚至会出现停工、罢工等情况，给企业经营造成损失，给社会秩序造成不良影响，不利于经济的发展和社会的安定。由此可见，事先对劳动争议加以预防和事后及时加以妥善处理至关重要。这就需要制定处理劳动争议的法律法规，设立专门解决劳动争议的机构，使劳动争议得以顺利解决，从而促进劳动关系及整个社会的协调有序发展。

9.2 劳动关系管理要以人为本

9.2.1 员工是企业最重要的资产

企业的劳动关系管理是企业管理中的核心内容，涉及的方面相当广泛，如企业与员工，员工与员工，管理者与被管理者，各种制度、体系、行为等。当今世界的竞争归根结底是人才的竞争，企业也不例外，在各个岗位上辛勤劳动的员工为企业创造了财富、帮助企业获得了成功，因而企业应该清楚地认识到员工是企业最重要的资产。

与以往不同，现代企业的设置模式越来越倾向于倒金字塔式，管理者越来越认识到企业中最重要的人不是坐在办公室里的领导者，而是冲刺在第一线的员工。倘若员工不认真对待工作，又如何能生产出高质量、高效率的产品？倘若员工不竭诚为顾客服务，又如何能顺利实现产品的销售、使企业获得利润？假使员工受到了管理者适度的、发自内心的信任和期望，员工就会努力迫使自己不断进步，以期得到肯定；假使员工觉得自己被重视，就会激发自己的工作热情和潜力，出现更优异的绩效表现，为企业做出更大的贡献。因此，将员工视作企业最重要的资产，给予员工恰当的激励具有不可小觑的现实意义。

9.2.2 企业劳动关系管理要适应员工的需要

美国心理学家马斯洛于 1943 年提出了著名的人类需求层次理论，将其从低到高分为生理需要、安全需要、社会需要、尊重需要以及自我实现的需要。

当前社会处在经济高速发展、物资较为丰富、人民生活较为安居乐业的时代，只有少部分地区还时常发生战争，人民动荡不安、处在水深火热之中。就我国目前的情况来说，员工的生理需要和安全需要已经基本得到保障，人们不用为自己的生存问题而过多地担忧，但如何能生存得更好、如何能充分满足自身和社会的需求也成为现代人不断探索的问题。处在当今这个全球化和信息化的时代里，员工可以通过各种媒介了解到世界各个地方的资讯，眼界开阔了，精神层次也有所提高，更为突出的特征是劳动力群偏年轻化，80 后、90 后逐渐走上工作岗位，在社会生产和劳动力结构中扮演着越来越重要的角色。他们中大多是独生子女，从小受尽宠爱且文化水平较高，所以不仅在工作中希望获得他人的接纳和关爱，还渴望获得成功，得到关注和认可，此时社会需要和尊重需要对员工而言就显得尤为重要。

传统管理中强调服从意识、狼性管理，随着时代的发展，这些管理理念和方法早已落伍。现代员工需要的是平等、尊重、关怀和真诚，需要管理者能够转变身份成为自己的引导者，为其提供资源、给予鼓励，最终帮助自己充分发挥潜能，做出应有的贡献，最大限度地实现自身的价值。

9.2.3　以人为本管理的五个层次

以人为本的管理即人本管理，是指将人视作企业最重要、最可贵的资源，运用各种手段充分调动人的积极性、满足人的需求、开发人的潜能、尊重人的价值，引导全体员工为了企业的经营目标和长足发展做出不懈的努力。

很多学者和专家将人本管理上升到理论层次，通过大量的实践研究认为人本管理具有不同的形态，这些形态又体现出层次性，从低到高大体可以分为情感沟通管理、员工参与管理、员工自主管理、人才开发管理和企业文化管理。

(1)情感沟通管理

情感沟通是人类最基本的需求，是进行一切工作的前提和基础，它直接决定了员工进行某项工作时的态度和效率，甚至决定了员工的去留。情感沟通管理处在人本管理金字塔的最底端，在该层次中，劳动关系管理者不再是传统意义上的命令发布者，员工也不再是简单的命令实施者，他们之间架起了一座桥梁，有了工作之外的其他沟通，主要表现为情感的沟通。在这种情况下，管理者会通过各种方式主动了解员工对工作或者对生活的想法和需求。假使管理者就工作问题倾听员工的声音，与员工进行交流，就能制定出满足员工需求、对员工有益的决策，切实保障员工的工作和生活。

在沟通时，领导可以通过正式渠道了解员工的想法，如与员工谈话;也可以通过非正式渠道掌握员工的情绪,如通过微博平台。现代社会,人们的生活被QQ、微博、微信所充斥,拿着手机不停地“刷刷刷刷”已成为常态。人们在这些社交平台上发布言论以宣泄自己的情绪,表达自己的喜怒哀乐。就拿微博状态来说,虽然只是三言两语,或加个配图,但所蕴藏的价值却是巨大的。企业员工通常将自己最真实的一面透露在微博状态中,管理者应正确把握这一契机,从只言片语中准确地了解员工的情绪状态,对症下药,以取得良好的沟通效果,赢得员工的信任。

(2)员工参与管理

要想让员工真正热爱自己的工作,总是充满主动性和创造性,想领导之所想、急领导之所急,切实为了企业的发展而奋斗,就要使员工具有主人翁意识。让员工参与管理是一个不错的方法,员工参与管理又称“决策沟通管理”,在这一阶段,管理者不是自上而下地发号施令,也不再局限于对员工的嘘寒问暖,而是给予员工鼓励,为员工提供资源和培训,不断提高员工的文化水平和技能,并就一些工作中的问题与员工进行沟通、商讨,听取员工的看法,采纳员工的合理建议,在此基础上做出决策,从而使工作计划和目标更加合理,增强员工的积极性和创造力,促进企业的发展。

(3)员工自主管理

在员工参与管理的基础上,其自觉性必然会大大提高。在当今这个知识型和技术型的社会中,远程会议、越洋电话等越来越普遍,很多员工不再满足于坐在格子间里进行工作,而是需要更大的自主和便捷。如果员工确实拥有一定的才能,企业不妨对当前的管理体制进行适当变革,指出公司整体或部门的工作目标,让员工拿出自己的计划,在商议觉得可行后,自主实施。

员工的自主管理模式可以给员工提供较大的决策权,让员工在较为轻松的外在环境下充分发挥自身的主动性和创造力,并且为自己的行为买单，增强责任感。在该阶段，员工会受到锻炼、逐渐成长，工作水平和综合能力得到大幅度提高，一些具有突出才能的员工也会以锐不可当之势脱颖而出，成为企业选拔人才的后备力量，为自己的进一步发展创造条件。

(4)人才开发管理

当今社会飞速发展，各种科技成果不断更新换代，知识就是生产力，而不学习、不进步就会落后。为了更好地促进员工发展、提高员工的知识水平及工作能力，企业要有选择性地对员工进行适时的人力资源开发。员工工作能力的提高即员工开发主要有三种途径：一是在平时的工作中学习；二是与别的企业或员工进行沟通，在交流中学习；三是企业为员工提供专业培训，邀请专家学者或各领域的成功人士开展讲座。人才开发管理的重点是要为企业的员工提供可以相互学习和探讨的环境，塑造浓郁的学习氛围，形成力争上游的风气，促使员工不满足于现状，不断进步。

(5)企业文化管理

简单地说，企业文化就是员工的工作习惯和企业的整体风格。企业文化的形成不是一蹴而就的，而是在漫长的发展和不断的积累下形成的。从企业文化的视角看，员工的工作习惯大致会朝两个方向发展，即好的习惯和坏的习惯。如果企业不能将员工的工作习惯朝好的方面引导，它就会向坏的方面发展。企业文化的作用就是建立一种大家认同的导向，使员工的工作习惯能向着好的方面发展。企业文化随着公司的发展而不断发展。企业文化宣传可以塑造公司形象，但企业文化管理的关键还是对员工的工作习惯进行引导。

9.3 加强员工的安全与健康管理

随着社会的发展和人们生活水平的提高，企业员工的职业健康受到越来越多的重视。通俗的理解，员工安全就是指员工不会受到与工作有关的伤害，员工健康就是指员工的身心均处于健康状态，不患疾病或无心理问题。在企业实践中，员工的安全与健康管理是一个复杂的系统，涉及诸多方面，包括企业的各项安全管理措施、政府监管、劳动者的安全与健康意识、社会经济发展水平等等。就我国的纺织服装企业来说，员工的安全与健康管理依然存在一些问题，有待完善和加强。

9.3.1 纺织服装企业员工安全与健康管理现状

纺织服装企业的员工包括多个工种，有车间工人如服装缝纫工、纺织挡车工；有销售类员工如业务员、客服；还有后勤员工如保安、清洁员等。相对来说，直接参与生产活动的一线员工的安全和健康更不易得到保障，这些工人具体包括平车工、裁剪工、烫工、手缝工、针织套口工、包装工等。

(1)生产方式威胁企业一线员工的身心健康

现代化的纺织服装生产采取流水作业的方式，很多一线员工必须长时间、高强度地呈坐位或者站位进行工作，由此造成了精神紧张以及一些职业病。通过对北京一家大型服装厂的工人进行随机调查，发现一些员工除伴有视觉紧张和神经衰弱外，站位工人和坐位工人还分别患有腰痛、下肢胀痛、肩部酸痛，腰痛、肩部酸痛、背部疼痛等。这些不适症状发生率很高，在服装行业一线工人的身上普遍存在。由于肌肉在长时间的静力负荷下处于等张收缩状态，血液不能正常循环，肌肉、关节积劳成疾，表现为相关部位酸痛。除此之外，部分员工还会出现大便干燥、月经紊乱、盆腔瘀血、静脉曲张、脚痛等。

(2)工作强度大，工作付出与薪酬回报经常不符

服装行业在薪酬方面一般采取的是绩效管理制度，即多劳多得、少劳少得，且存在剥削劳动力的现象，常采用加班的方式来增加企业的利益，全然不顾员工的身心健康，如表 9-1 所示(李晓波，2010)。

表 9-1 影响员工主动离职的各种因素

因素	具体原因	人次	占总调查人数的百分比
工作强度与工作条件	工作时间太长，感觉身体负荷太大	102	50.0
	劳动强度大，工作量大	43	21.1
	工作环境、工作条件不理想	50	24.5
薪酬与劳动保障	没有签订劳动合同，没有为员工购买社会保险	50	24.5
	对薪酬福利不满意，分配不公平	83	40.7
家庭与个人事务	家庭、个人事务或临时有事	31	15.2
	公司安排的假期太短	25	12.3
	健康原因	8	3.9
	怀孕生孩子	8	3.9
	回老家结婚	7	3.4
	其他原因(公司搬迁、离家太远等)	1	0.5
管理人员素质和管理规范	工作成绩得不到上司应有的肯定	23	11.3
	公司管理不规范，对公司管理人员素质不认同	18	8.8
	工作岗位职责不清	8	3.9
公司业务与发展前景	公司业务不稳定，前景不看好	24	11.8
	经济危机影响，公司订单下降，收入不稳定	22	10.8

续表

因素	具体原因	人次	占总调查人数的百分比
人际关系	公司内部人际关系复杂,工作环境压抑	34	16.7
	与上司关系存在问题,不能顺利合作	5	2.5
	与同事相处产生矛盾,不愉快	4	2.0
个人职业发展	想改变职业发展方向	16	7.8
	回老家另有发展	5	2.5
	找到了有职位升迁机会的新单位	1	0.5
学习培训交流	没有相应的学习培训交流的机会	17	8.3

上表是对宁波一家纺织服装企业员工离职原因的调查,由表中数据可以明显地看出,工作时间太长,感觉身体负荷太大是促使员工离职的最主要原因,这也从侧面反映出了当前服装业普遍存在的问题。就调查的企业来说,员工每月工作 26 天,每天工作时间不少于 9 小时,此外还存在加班加点的状况,但是人的体力是有限的,当身体感到疲劳,生产效率就会下降,也会影响到产品的质量,于企业和个人而言都会产生不利的因素。

可以看出,纺织服装企业员工所面临的安全形势比较严峻,劳动强度与工作量大,工作环境与条件很不理想,不签订劳动合同、不为员工购买社会保险普遍存在,员工对薪酬福利不满意、分配公平感不高。这些也都反映出了企业的制度和规定不能满足员工的需求,不能使员工的身心健康得到充分的保障。

(3)工作环境恶劣,危害员工安全与健康

纺织服装企业的一线员工在车间内工作,环境较为恶劣,容易对自身的安全与健康造成威胁。如剪裁车间,布屑满天飞,容易引起皮肤过敏、呼吸道疾病等。又如缝纫车间,一是机器声音较大,容易对鼓膜造成伤害,使得听力下降;二是操作缝纫机可能会造成扎手等的事故;三是光线较暗,而穿线、缝针等工作对视线要求较高,眼疲劳不适的状况时有发生。

(4)员工自身安全和健康意识不强

很多员工并未将安全条例牢记在心，尤其是一些男员工，酗酒和在工作地点吸烟情况较为严重。酗酒是一种由不健康的心理状态产生的强迫性行为，在醉酒状态下进行工作发生工伤的概率极大增加；吸烟有百害而无一利，除会影响自身的健康，还会给企业造成安全隐患，如发生火灾等，无论对自己还是对企业，稍有不慎便会造成无法弥补的损失。除此之外，一部分员工由于知识的匮乏、维权意识的不强烈，在未与用人单位签订劳动合同或者用人单位不提供养老保险、工伤保险、失业保险、医疗保险、生育保险等的情况下就为企业打工，致使自身的权益没有保障，一旦发生安全和健康问题难以得到妥善解决。

(5)地方保护主义损害员工的安全与健康

有些纺织服装企业既不为员工缴纳工伤保险费，也不为员工购买人身损害保险，一旦发生安全事故，多采用企业与受害人“私了”的方式解决。相关主管部门多从领导人的业绩和本地经济利益着想，常睁一只眼闭一只眼，任由企业私自处理，不做过多监察也不上报，使得事故统计、监管难度加大，员工利益不能得到合法保障。

(6)劳动争议调节机制不够完善，员工维权难度大

在我国，一些偏远、贫困地区的劳动力到珠江三角洲、长江三角洲等发达地区的城市打工的现象屡见不鲜，而先仲裁后起诉的法律规定则为外来务工人员的诉讼增加了难度。根据相关统计，外来务工人员如果发生了与工作有关的安全事故，正常的诉讼时间长达1070天(万希，2007)。因为时间过长，很多自身权益受到损害的外来务工人员最终不得不放弃。更为重要的是，《劳动法》规定，将用人单位的代表作为仲裁委员会的成员，这种组织设计在一定程度上影响了仲裁的公正性。

9.3.2 纺织服装企业员工安全与健康管理措施

纺织服装企业员工安全与健康管理的具体措施体现在以下几个方面。

(1)领导要重视不安全行为

纺织服装企业的领导要对不安全行为引起充分的重视,通过各种手段了解企业内存在的各种安全隐患,如机器老化、作息时间安排不合理、工作车间不通风等,制定相应整改措施并切实加以推行。安全工作离不开相应的人、财、物的投入,领导的重视和支持至关重要。

(2)加强安全教育,遏制安全事故的发生

在员工进入一个新的工作单位时,企业首先应该对员工进行安全教育,具体可以采取专业培训、自学安全条例、考试等方式。同时企业的相关领导还要及时了解员工的动态、发现员工的问题并予以解决,以免发生一些安全事故。

(3)严格事故管理

事故管理涉及事故的分类、调查、分析、统计、报告等各个环节,是企业员工安全、健康管理的重要内容。对安全事故的处理必须做到以下几点:必须查清事故原因,必须严肃处理事故责任人,事故责任者和群众必须受到教育,必须采取切实可行的防范措施。只有真正坚持这些做法,才能避免类似的事故再次发生,才能依法对相关责任人进行惩处,才能切实推进企业员工的安全与健康管理。

(4)关注工业卫生管理和安全工程

对于纺织服装企业来说,管理者要对员工的健康状况有详细的了解，如员工若对布屑有过敏症状，可视情况对其工种进行适当调整或是增大发放口罩的力度；机械若是噪音过大，可设置专门的设备间，为相关员工发放耳塞，减少对其他员工的噪音污染；针对缝纫工扎伤手指等问题，可发放护指具等防护用品；工作环境也要力争符合标准，为员工的健康着想，保证车间内通风透气、装有保暖降温设备。

(5)营造“企业安全文化”

纺织服装企业要大力宣传安全的重要性，使安全意识在每一位员工的心中根深蒂固，从而“高高兴兴出门去，平平安安回家来”。企业对安全具有强烈的使命感，就会采取各种措施，使组织内部弥漫着“安全文化”。如强生、杜邦等公司就将安全问题作为组织文化的一部分来强调而闻名。

(6)实施员工援助计划

纺织服装企业员工的身心健康问题、工作和家庭问题等都会影响工作时的状态和效率。现代人患抑郁症的概率大大增加，部分员工可能面临离婚、疾病等问题，企业要在自身能力范围内尽可能地帮助员工处理各种问题，以让员工无后顾之忧，全身心地投入工作之中。

(7)其他措施

主管部门要推动企业实行服装职业安全健康体系认证并加以监督；加快仲裁解决速度，保障弱势群体的正当权益；设立安全生产的举报机制，如建立举报电话、信箱等，从多渠道对纺织服装企业进行监管；加强执法力度，按相关规定严格执法；发挥新闻、广播等公共媒介的作用，对安全生产进行宣传教育。

总之，无论从员工自身的利益考虑，还是从企业发展的角度考虑，对企业员工加强安全与健康管理都具有重大的现实意义，应该作为企业工作的重要内容加以推进。

9.4 广泛的员工参与机制

9.4.1 员工参与机制的内涵

员工参与的管理理念在现代企业管理制度已得到广泛推广与应用。员工参与机制是指员工在履行自己职责的同时，直接或间接地参与到企业管理中，本质上是将民主决策根植于企业管理过程中的一种制度安排。

员工参与和“员工代表”“参与管理”“产业民主”等思想的核心是一致的，“产业民主”起源于19世纪末的西方国家，以批判和抵制管理者及雇主专断的旧式管理方式为特征，提倡劳动者充分的发表意见的权利。之后，随着人力资源管理领域理论及实践的发展，强调操作方面的“共同决策”“高承诺管理”等理念，西方发达国家将这种参与式管理称之为“第三次管理革命”。

产业民主思想在1880年被提出之后，极大地改变了员工在雇佣关系中的被动地位，增强了其对工资、工作环境、各项权利的发言权，工会也是这一理念的产物，用来更好地维护员工的利益，工人在工作中有了自己的“声音”，以主人公的姿态管理企业事务对企业来说是极其有利的，产业民主思想推动了工作委员会、利润分享等员工参与机制的普遍应用。

“员工参与”强调员工以自身知识和能力，对组织发展和企业生产经营决策发挥更大的作用。员工在参与的过程中能够增强对企业的使命感及自身职业生涯发展的掌控感。

员工参与的形式丰富多样，有直接分享管理权的直接参与，有通过代表、组织等进行参与的间接参与。员工直接参与管理事务，主要的原因是这些事务与自身利益相关。在直接参与过程中，员工之间要互相信任，建立良好的意见表达机制。直接参与多指向低层次的决策，是对一些具体事务决策的表达；而代表参与多属于高层次的决策参与，比较常见的方式有管理委员会、董事会等。真正的员工参与意味着雇员代表具有管理实务的决策权，而不仅仅是享有知情权、咨询建议权等。

目前，企业员工参与机制对企业的发展产生了深远影响，有研究表明，参与式管理对劳动生产率、产品质量、生产过程等各方面均具有较大的影响。

9.4.2 员工参与的主要内容

员工参与管理的主要内容包括以下四个方面。

(1)资本参与

企业形成需要多种资本，股东出资形成资金资本，形成企业法人，形成权力机构和决策机构；而公司的运营和发展也需要人力资本。人力资本的参与是员工参与管理的前提与基础，是决策参与的物质保障。

(2)放权参与

市场经济体制改革给企业带来了新的管理理念及思维方式，企业组织结构也发生着实质性的变化，那种金字塔式的垂直管理结构得到革新，代以扁平式的分权、授权管理，员工的自由度加大。

(3)决策参与

员工平时在自己的工作岗位上，周而复始地工作，枯燥无味，也会产生倦怠感，若企业能够授予员工一定的决策权，则会激发员工的责任感，进而产生更大的工作积极性。在参与过程中，要充分授予员工自主权，使其自己决定日常事务，管理者只起指导作用，这样能够密切管理者与员工的关系，充分发挥每一位员工的才智,使企业人力资源充分发挥作用。

(4)心灵参与

心灵参与就是大家不遮掩自己的想法,真诚表达自己的意见,管理者也认真倾听员工的意见和建议,给予员工更多的宽容和关心,大家坦诚相见,共同为企业发展贡献力量。涉及员工利益的企业决策应广泛征求员工的意见,参与的员工越多可能获得员工的支持也就越多。心灵参与要求员工对相关事务具有充分的知情权,员工考核、评优评先要公开透明,使每一位员工都信服。心灵参与能够使员工感觉受到重视、尊重、信任,是将员工参与作为为人才提供施展才华的途径和方法。

9.4.3　纺织服装企业员工参与机制存在的问题

(1)参与制度不够健全,导致参与管理滞后

制度因其稳定性、约束性,具有相对其他途径和方法不具备的优势。目前大多数纺织服装企业更加注重领导层的作用,对员工参与的重视程度还不够,相关的制度还未完全建立,这样就导致员工参与发展滞后和缓慢。在今后企业发展中,要着重对企业员工参与的方式、监督、反馈、评价、激励机制等进行完善,使制度的作用充分发挥出来。

(2)领导层支持度不够,形成员工参与障碍

领导一般想获得更快的执行效率,想要自己的指示和命令得到更快的执行,而员工参与可能会影响效率,所以员工参与得不到领导层的支持和认同。当然,一些提倡民主式管理方式的领导充分认识到了参与的重要意义,对员工充分授权,鼓励其对管理事务建言献策。总体上说,当前我国纺织服装企业中领导层与员工的沟通、交流还比较少,对员工参与还不能采取积极态度,对员

工参与还存有疑虑和担忧。

(3)员工参与意识薄弱，参与缺乏积极主动性

我国纺织服装企业中，员工对自己的参与权利认识不到位，思想上还存在不正确的观念和认识，有时无形中就认为员工参与机制就是一种形式，管理层和领导者谁也不愿听到异样的声音，有的员工认为自己与企业是一种雇佣关系，有专门的领导层进行事务的管理，自己只要做好自己的本分工作就可以了，即使参与，认为自己也起不到作用，或者在参与中，只从自己的利益出发，很难顾及公司及集体利益等等，这些造成了员工在参与企业事务管理中缺乏积极主动性。再加上企业本身的参与制度不健全，员工参与实践滞后等因素，员工参与根本无法兴盛起来。

(4)参与缺乏组织保障，员工消极情绪严重

组织保障涉及员工参与的时间保证、员工参与后利益分享的组织氛围以及信息透明度、组织层级结构等因素。企业中组织成员关系、同事之间的关系本来就比较复杂，谁也不愿意将自己推上风口浪尖，在组织保障不完善的情况下，参与管理员工反而担心自身各方面的利益会受到损害，害怕自身前途受到影响，员工参与压力较大。所以应加强组织保障，增强员工参与管理的积极性。

9.4.4 纺织服装企业员工参与路径

(1)公司职工代表大会制度

职工代表大会制度是企业职工参与管理的最基本制度，我国企业已普遍建立了职工代表大会制度，这一制度能够有效保证民主管理的进行。企业应充分利用这一平台加强员工参与。企业职工代表大会制度能够充分调动员工的参与热情，对企业经营发

展、公司内部人事关系等有一定的促进作用。

(2)公司内部事务公开制度

公司事务公开制度是企业员工参与管理最常见的运作模式之一，能够有效保证员工的知情权，是企业参与公司事务的前提。只有做到企业内部事务的公开，才能够有效保证企业上下级之间、管理层和员工之间交流沟通的顺畅，从而保障企业积极参与企业管理，提出有建设性的意见和建议。

(3)公司员工持股制度

给予员工一定的股份，能够确立员工的归属感和主人公意识。这种制度使企业盈利状况与员工息息相关，所以能够调动员工参与企业事务的积极性。企业员工持股制度有赖于企业创新性的制度规范，员工持股后，公司利益多元化，更需要企业建立相关的参与制度，鼓励员工对公司事务发表意见。

(4)职工董事、职工监事制度

吸收员工代表参加董事会、监事会，能够增强员工对公司事务的深入了解，使其充分发挥监督权。建立职工董事、职工监事制度能够使员工代表直接参与到企业的管理与决策中来，是一种较好体现企业员工参与管理的运作模式和民主管理制度。

(5)员工合理化建议制度

员工合理化建议制度是员工参与管理的最直接和有效的形式，由于员工对公司事务的体验是无处不在的，任何时候都可能有自己的想法和意见，所以，举行不定期的合理化建议活动，并将好的建议和意见进行采纳，这样员工的意见才能发挥出应有的作用。这一制度能够帮助员工认识到自身的价值，真正参与到企业管理中来。

(6)劳动争议调解制度

劳动争议调解制度也是员工参与的路径之一，企业与员工发生劳动争议后，在工会组织下开展劳动争议调解活动，让企业职工代表负责协调本公司内部劳动关系方面的争议，尽量将劳动争议解决在企业内部。这也是职工参与企业管理以保障自身权利的重要渠道。

9.4.5 纺织服装企业优化员工参与机制的对策

(1)健全企业员工参与制度

其一是构建参与式企业文化强化员工参与意识。文化氛围是一种无形的约束力，处于参与文化氛围中，一个人不可能对公司事务漠然，这样会脱离集体和组织，难以产生归属感、积极性。参与文化需要培育，需要每个员工的参与实践。参与式企业文化能够提高员工的参与意识，有利于员工间的沟通协调和团队精神的培养，也使员工正确认识到参与的价值，调动参与的积极性，从而真正地主动参与到企业管理中来。

其二是完善员工的参与奖励机制。员工参与行为需要激励，尤其是一些奖励制度，能够提高员工的参与积极性，企业要适当对积极参与的员工表示物质及精神上的奖励，并构建完善的奖励制度。要合理分析员工利益，制定相关的奖励标准，对积极参与的行为要给予奖励，可以根据具体情况采取不同的奖励形式，做到物质奖励与精神奖励并重。物质奖励可以是提高工资福利及晋升等，如给予适当的职业晋升，对有真知灼见的员工可给予提拔晋升。精神奖励包括给予通报、授予称号等，还可对员工的参与的表现给予备案，将其纳入绩效考核中，为绩效奖励提供参考依据。同时，要对员工参与进行引导，或创造条件锻炼员工参与能力。

其三是构建信息沟通系统,创新参与方式。随着新媒体的兴起,人们沟通交流的方式也增多,信息沟通渠道和系统成为员工参与的一条有效途径。企业应积极组建信息沟通系统,使员工对企业信息充分了解,这也是员工有效参与的前提与保证。信息沟通系统能够使员工建议反馈更加高速化、简洁化,能够推动企业组织的扁平化发展。在构建企业信息沟通系统时,要注重意见箱、邮箱、会议、QQ群、微博等新兴的参与方式,这些便捷的沟通方式能够成为重要的渠道。

其四是完善员工参与反馈机制。员工反馈机制能够使员工了解自己意见的有效性,这样员工才能更好地把握参与的方式,衡量参与的内容、领导的态度、公司的反应等等。若员工参与不能得到有效的反馈,那么其参与积极性就会降低。对员工参与的反馈形式可以多种多样,可以是书面形式的,也可以是面谈方式等等。总之,要及时给予员工反馈,使其认识到自己参与的价值。

(2)转变领导观念,培育民主管理风格

首先,要充分正视员工参与的价值。领导只有充分认识员工参与的价值才能够持支持、鼓励的态度。所以,企业内部良好参与氛围的形成,第一,应从领导抓起,企业应对领导层进行思想引导,增强其思想认识;第二,要转变管理者的管理理念和方式,员工参与就其实质而言是对领导方式的一种革新。企业领导者要树立人本化管理理念,对员工价值充分肯定,积极认同,将员工视为高素质人才,重视其想法,相信其能力,相信他们能为企业提供科学合理的建议。

其次,要培育民主管理风格,授予员工一定的权利。在管理中,领导层要树立民主风格,对员工的积极性、创造性进行鼓励,对员工采取包容与接纳的态度,主动与其沟通交流,将对员工的信任和尊重落实到实处,以公平的态度对待每一个员工,不以自己的喜好分远近。这样员工才能对领导充分信任,才能与领导开诚布公,才能勇于施行自己的参与权利。

(3)增强员工参与意识,提升员工参与技能

第一,要强化员工的参与意识。员工参与作为一项实践活动,需要把握一定的技巧与方法。在对企业信息的把握上,在与其他员工合作上,在如何表达自己的意见、建议上,每个人都要不断学习,这样才能在参与活动时更加顺利。因此,首先要对员工进行参与教育,使其认识到参与的价值,这种教育方式可以多样,如召开座谈会、宣讲会、个别沟通、网络渠道等等;其次,要将员工参与意识纳入员工培训课程,实施有针对性的培训。如采用案例分析、角色表演等这些生动的培训形式,可以有效加深企业员工对参与管理作用的认识,强化员工参与的意识。

第二,需要提升员工参与的知识与技能。员工参与能力与其知识储备、实践训练有很大关系,所以要不断提高员工的参与知识、参与技能。企业应本着员工参与能力的提高、参与效果改善的目的,开设相关培训课程,使员工的管理经验、经营决策经验能够得到提升。

(4)营造良好的组织气氛

现代企业的内部经营管理已经逐步引入竞争机制,这种机制在提供工作效率的同时,也使员工的关系变得紧张起来。企业在不激起员工矛盾的前提下,应本着平等、公平、公开的理念鼓励员工参与,使每位成员都能够获得平等参与管理的机会。应多开展有利于增强企业凝聚力的活动,增进员工感情。企业凝聚力强,员工才能团结一致、攻坚克难。企业可以在节假日组织员工参加一些户外交流活动、文娱活动等,以增加员工间彼此了解、互相信任,从而加深员工间的感情,增强企业凝聚力,消除员工参与的后顾之忧。

(5)完善员工参与受挫应对机制

员工怀着较高的热情参与企业事务,若其积极性得到挫伤,

就会产生负面的心理影响和作用。企业应该对员工参与受挫做到事前预防，事后改善：首先，员工应该做好心理准备，毕竟每一次意见的提出，不一定都得到反馈，即使反馈也不一定得到充分的重视，所以，这时员工要进行自我安慰与疏导，这样受挫心理就会得到平复，下次还能够以一定的热情与积极性参与到管理之中。其次，员工若无法排解心理疙瘩，那么，企业就要建立相关的事后制度，对其进行疏导。最后，要建立健全员工参与受挫差异管理。因员工受教育程度、社会历练程度、心理承受能力不同，企业也可以对员工进行区别对待，对一些心理素质差的员工进行重点疏导，这样能够使企业挫折管理目标更加明确，效果更加显著。

9.5 有效的劳动争议解决机制

9.5.1 有效化解劳动争议意义重大

劳动争议就是劳动纠纷，又名“劳资争议”，发生争议的原因是劳动关系的不协调，主要是用人单位和劳动者之间因劳动权利与义务发生争执。劳动争议的起因多种多样，主要有以下几种形式：(1)劳动关系确定而引起的争议；(2)在劳动合同的订立、变更、终止方面发生的争议；(3)因职工离职、辞退等发生的争议；(4)因工作时间、休假、福利等问题发生的争议等等。劳动争议既包括劳动者个别争议，也包括劳动者集体争议，个别争议主要指个别、单个的劳动者与企业因劳动合同、劳动关系而发生的纠纷，而劳动者集体争议则涉及的劳动者人数较多，这类争议的引起通常是基于劳动条件的变更而引发的集体不满，造成众多劳动者利益受损。

劳动争议的特征体现在以下几个方面：①劳动争议的当事人是处于一定劳动关系中的劳动者和用人单位，用人单位不论是否具有法人资格，在劳动争议发生后，都会成为争议的当事人，具有法人资格的单位应派其法定代表人参加仲裁活动，而不具备法人资格的单位应由其主要负责人参加仲裁活动。劳动争议当事人中的劳动者，主要指企业的管理人员、专业技术人员和工人以及外籍员工等。②劳动争议的范围是限定的。法律法规对劳动争议有明确的范围界定，只要在受理范围之内，当事人均可向当地劳动争议仲裁委员会申诉。③劳动争议的解决有多种方式。劳动争议的处理方式主要有协商、调解、仲裁和诉讼。劳动争议发生后，先协商解决；若协商不成功的，可进行调解；调解不成的，可以进行仲裁程序；最后对仲裁裁决结果不服的，可以向人民法院起诉。

有效化解劳动争议对保障劳动者的权益、维护企业正常生产秩序及经济社会发展都具有重要意义。①在劳动关系中，劳动者一般处于弱势地位，其权益的维护要靠法制的力量，只有这样，劳资之间才能处于一种平等的地位。②维护正常的生产经营秩序，劳动争议程序及方式的设立，就是为缓和劳动争议当事人双方关系，使二者能够尽快解决纠纷，以免双方关系持续僵持、恶化，以致发展到停工、罢工，影响社会生产和社会治安的地步。所以，为达成这一目的，事先预防和事后公正处理劳动纠纷具有重要意义。劳动纠纷机制的顺畅也很重要，能够给劳动争议当事人提供纠纷解决的平台。③促进经济与社会的和谐发展，是劳动争议立法的根本目的。因此，加强劳动法制建设的最终目的，是为了保证改革开放事业和经济社会和谐发展的顺利实现。

9.5.2 依法化解劳动争议的程序

《劳动法》第七十七条规定，“用人单位与劳动者发生劳动争议，当事人可以依法申请调解、仲裁、提起诉讼，也可以协商解决”。“调解原则适用于仲裁和诉讼程序。”劳动争议解决的基本方法是：申请调解、仲裁和提起诉讼，劳动争议双方当事人也可以自行协商解决。

协商和调解不是劳动争议处理的必经程序，而仲裁是劳动争议处理的必要程序；同时只有不服仲裁裁决的，才可以向人民法院提起诉讼，不能一发生劳动争议就向人民法院起诉。我国劳动争议处理的法定程序包括以下几个环节。

(1)劳动争议的调解

劳动争议的调解是指调解委员会在查明真相、促使争议双方当事人在法律法规的基础上和在相互谅解的基础上达成协议的处理方法。

劳动争议调解的特点

当事人自愿是调解的前提，若当事人双方没有调解的意愿，不得进行强制调解。调解机构通常由企业组建，如由企业职工代表大会选举出的调解委员会，调解机构是群众性组织，有别于司法部门和行政机构，其解决事情的原则和机理也不同。调解的方法主要是说服，通过摆事实、讲道理、分析利害关系使双方的纠纷得以解决，最后达成调解协议。调解协议不具有强制性，要靠当事人双方自觉履行。当劳动者与用人单位不存在对立的不可调和的矛盾，运用这种方式还是比较有效的，只要调解委员会能够公平、平等、态度诚恳地进行调节，争议的解决也不是困难的事情。总之，调解劳动争议需要坚持民主协商原则、双方平等原则、尊重当事人仲裁和诉讼的权利原则。

需要注意的是，调解的方式和原则同样适用于仲裁和诉讼程序，即调解是其他程序也可运用的方法，其他程序开始前，可先调解，调解不成的，才能做出裁决和判决。

调解机构

根据《劳动争议调解仲裁法》第 10 条，发生劳动争议，当事人可以到下列调解机构申请调解。

①企业劳动争议调解委员会。劳动争议调解委员会可在企业内部设立，主要组成人员有职工代表、企业代表和企业工会代表。职工代表一般由职工代表大会产生，企业工会代表由企业工会委员会产生，企业代表的人数不得超过调解委员会成员总数的1/3。

②依法设立的基层人民调解组织。除了村民委员会、居民委员会设立的人民调解组织外，根据《人民调解工作若干规定》，为调解劳资关系的需要，乡镇、街道、区、企业、事业单位等也可设立人民调解委员会。

③在乡镇、街道设立的具有劳动争议调解职能的组织。主要是区域性、行业性劳动争议调解组织、劳动行政部门在乡镇街道设立的劳动争议调解中心等，这类组织覆盖范围较大。

劳动争议调解的程序

①申请和受理。当事人首先填写《劳动争议调解申请书》，并在其权利受到侵害之日起30天内向调解委员会提出申请，若发生争议的劳动者在3人以上的，可集体申请调解。调解委员会接到调解申请后，还应征求双方的意见，并在3日内通知当事人。对方当事人愿意参加调解的，应在4日内做出是否受理的决定，对不受理的，应向申请人说明理由。

②调查与调解。首先对争议事项进行调查核实，还原事实；其次，若是简单的争议，可由1～2名调解委员调解，若是复杂争议，由调解委员会主任主持调解；最后由调解委员会做出调解决定。

③制作调解协议或调解意见书。调解达成一致后，可根据达成结果，形成调解协议书，并由双方当事人签名或者盖章，协议需要双方当事人自觉履行。若调解不成功的，也要做好相关记录。

④调解期限。自劳动争议调解组织收到调解申请之日起15日内未达成调解协议的，当事人可以依法申请仲裁。

(2)劳动争议仲裁

劳动争议仲裁是指劳动争议仲裁委员会对用人单位与劳动者之间发生的争议，在核实真相、以法律程序做出裁决的活动。

劳动争议仲裁的特点

①强制性。只要劳动争议一方当事人提出仲裁申请就能引起劳动争议仲裁程序的开始，相比之下，我国《仲裁法》规定其他类型仲裁必须采取自愿性原则，即争议双方都必须在自愿的前提下采用仲裁方式解决纠纷。

②先调解后裁决。在维护双方利益的基础上，促使当事人双方自愿达成协议，调解不成才进行裁决。

③裁审衔接制。当事人对仲裁裁决不服时，可依法向法院提起诉讼。

劳动争议仲裁的程序

仲裁程序是处理劳动争议法定的必经程序。只有经过这一程序，对裁决仍不服的，才能向人民法院起诉，否则法院不予受理。

劳动争议仲裁的基本程序。具体为：

①申请仲裁的期限。劳动争议申请仲裁的时效期间为一年。仲裁时效期间从当事人知道或者应当知道其权利被侵害之日起计算。如果超过这一期限，就丧失了申请仲裁的权利，即使申请了，也不会被受理。

②提交书面申请。劳动争议当事人要求劳动争议仲裁委员会进行仲裁，应当以书面形式申请。劳动争议当事人提交申诉书时应当载明：双方当事人基本情况、仲裁请求和所根据的事实和理由、证据等材料。劳动争议申诉书要按照被诉人数提交副本。

③仲裁受理。受理决定的做出应在5日内完成。这一时间应自收到当事人的仲裁申请之日起算起。决定受理的应当自做出决定之日起将申诉书的副本送达被诉人，并组建仲裁庭；决定

不受理的应当说明理由。

④做出裁决的期限。在收到仲裁申请的45日内做出仲裁裁决。

⑤仲裁裁决的效力。当事人对仲裁裁决不服的，自收到裁决书之日起15日内，可以向人民法院起诉。若当事人对仲裁裁决无异议，或者对裁决不服但在超过法定期限后未起诉的，裁决书即发生法律效力。

(3)劳动争议诉讼

劳动争议诉讼的含义

劳动争议诉讼，指劳动争议当事人对劳动争议仲裁委员会的裁决不服，又向人民法院起诉，人民法院进一步对劳动争议案件进行审理的活动。这一程序是处理劳动争议的最终程序。

劳动争议处理的"裁审衔接制"规定，如果劳动仲裁委不受理仲裁，劳动争议就无法得到解决，因为法院也不会受理。在《最高人民法院关于审理劳动争议案件适用法律若干问题的解释》中对这一问题做了解释规定，劳动仲裁委如果不受理劳动争议，必须出具不受理通知书，而争议当事人可以凭此向法院起诉。

人民法院对劳动争议的管辖

劳动争议诉讼案件的管辖权的确认，根据用人单位所在地或者劳动合同履行地来进行，主要由这些地方的基层人民法院进行管辖，劳动合同履行地不明确的，由用人单位所在地的基层人民法院管辖。

人民法院对劳动争议的审理程序

人民法院对劳动争议的审理实行二审终审制。当事人对劳动争议仲裁机构的仲裁不服的，可以在15日内向人民法院起诉；当事人不服一审判决的，可在一审判决书送达之日起15日内向上一级即中级人民法院提起上诉。二审法院的判决是劳动争议的最终判决。劳动争议案件由各级人民法院的民事法庭受理。

本章小结

将企业内部的劳动关系规范化是纺织服装企业发展的基础，这要求纺织服装企业的管理者了解劳动法和有关的法律法规，重视员工健康，确保员工安全，鼓励员工积极参与，合理解决劳动争议和纠纷。

一般而言，纺织服装企业工人的劳动时间较长，工作环境中安全隐患较多，在这种情况下，企业应进行人本化管理，尽可能保证劳动者的基本权利，确保员工的安全与健康，这样才能形成和谐的劳动关系。

纺织服装企业有赖于广大员工的主动参与，只有这样才能保证其产品的高质量。因此，企业要重视培养员工的归属感和合作精神，通过授权，鼓励员工参与决策或通过团队建设让员工自主决策。重视工作实践中员工的参与和交流沟通，借助网络技术，实现必要信息的透明和共享，构建员工参与沟通及学习交流的平台，为员工发挥自身才能提供良好的工作环境和沟通机制保障，调动员工工作的积极性，帮助员工更好地开展工作。有效的管理者应主动淡化等级观念，尊重员工差异化的心理需求及工作方式，给予必要的民主决策权利，积极创造沟通渠道，提供充分的工作指导与支持，尽可能提供足够的学习机会，通过管理风格与策略的调整，提高员工对组织关怀的心理认知，最终提升员工的组织承诺。在满足员工个性化、自主性需求的同时，达到员工工作与生活的平衡，并创造一种对企业与员工都有利的工作环境和组织氛围，实现员工和组织的共赢。

根据劳动法的规定，用人单位与劳动者发生劳动争议，当事人可以协商解决，也可以依法申请调解、仲裁、提起诉讼。一般情况下，劳动争议通过协商或调解解决，对于纺织服装企业和劳动者而言成本较低，而通过劳动争议仲裁委员会仲裁也不失为一个比较好的方法。

参考文献

[1]曹丽君. 南京A纺织服装企业一线员工离职原因与对策研究[D]. 南京农业大学，2014.

[2]崔勋，张义明，瞿皎姣. 劳动关系氛围和员工工作满意度：组织承诺的调节作用[J]. 南开管理评论，2012，15(2)：19—30.

[3]常凯. 劳动关系的集体化转型与政府劳工政策的完善[J]. 中国社会科学，2013(6)：91—108.

[4]陈云云，方芳，张一弛. 高绩效HRM与员工绩效的关系：人力资本投资意愿的作用[J]. 经济科学，2009(5)：117—128.

[5]程德俊，王蓓蓓. 高绩效工作系统、人际信任和组织公民行为的关系——分配公平的调节作用[J]. 管理学报，2011，8(5)：727—733.

[6]程德俊，蒋春燕，戴万稳. 所有制特征、人力资源战略与企业绩效：战略柔性的视角[J]. 南大商学评论，2006(a).

[7]程德俊，赵曙明. 高参与工作系统与企业绩效：人力资本专用性和环境动态性的影响[J]. 管理世界(月刊)，2006(03)：86—93.

[8]程德俊，赵勇. 高绩效工作系统对企业绩效的作用机制研究：组织信任的中介作用[J]. 软科学，2011(04)：96—105.

[9]陈万思，丁珏，余彦儒. 参与式管理对和谐劳资关系氛围的影响：组织公平感的中介作用与代际调节效应[J]. 南开管理评论，2013，16(6)：47—58.

[10]陈晓萍，徐淑英，樊景立. 组织与管理研究的实证方法

[M]. 北京：北京大学出版社，2008.

[11]范秀成，比约克曼. 外商投资企业人力资源管理与绩效关系研究[J]. 管理科学学报，2003，6(2)：54－66.

[12]傅升，陈建勋，赵懿清. 高绩效工作系统与智力资本的关系研究[J]. 商业经济与管理，2011(1)：36－43.

[13]黄海林. 博士硕士平均月薪都破万[J]. 南方都市报，2012，7(13).

[14]黄培伦，田在兰. 员工离职倾向影响因素述评[J]. 科技管理研究，2006，26(5)：153－155.

[15]蒋春燕，赵曙明. 企业特征、人力资源管理与绩效：香港企业的实证研究[J]. 管理评论，2004，16(10)：22－31.

[16]孔繁敏. 高效的人力资源管理高效吗？[J]. 北大商业评论，2004(1)：38－40.

[17]寇肯，卡兹，麦克西. 美国产业关系的转型[M]. 朱飞，王侃，译. 北京：中国劳动社会保障出版社，2008.

[18]李丽林，鲍晓鸣. 高绩效工作系统与雇员工作满意度的关系研究——基于 Meta 分析的探讨[J]. 中国人力资源开发，2012(8)：10－14.

[19]李晓波. 宁波服装企业一线员工主动离职原因与对策研究[D]. 浙江大学硕士学位论文，2010.

[20]李燚，魏峰. 高绩效人力资源实践有助于组织认同？——一个被中介的调节作用模型[J]. 管理世界，2011(2)：109－117.

[21]刘善仕. 价值取向与管理模式关系研究[J]. 广东社会科学，2004(1)：38－43.

[22]刘善仕，符洁莹. 西方最佳人力资源实践在中国的现状[J]. 企业活力，2006(4)：52－53.

[23]刘善仕，刘辉健. 投资型人力资源管理系统与企业绩效的关系研究[J]. 管理工程学报，2008，22(4)：8－18.

[24]刘善仕，刘学. 中国企业的最佳人力资源实践[J]. 科技

管理研究，2008(5)：199－201.

[25]刘善仕，巫郁华. 电信运营企业人力资源管理系统与组织绩效关系研究[J]. 管理学报，2008，5(1)：101－109.

[26]刘善仕，周巧笑，晁罡. 高绩效工作系统与组织绩效：中国连锁行业的实证研究[J]. 中国管理科学，2005，13(1)：141－148.

[27]刘善仕，周巧笑，黄同圳，等. 企业战略、人力资源管理系统与企业绩效的关系研究[J]. 中国管理科学，2008，16(3)：181－192.

[28]彭剑锋，童汝根. 世界级饮料企业最佳人力资源实践质性研究——以可口可乐公司为例[J]. 中国人力资源开发，2012(9)：5－10.

[29]秦剑. 高绩效工作实践系统、知识扩散与突破性创新[J]. 科研管理，2012，33(1)：71－78.

[30]戚振江. 人力资源实践与组织绩效关系综述：基于过程和多层次分析范式[J]. 科学学与科学技术管理，2012，33(5)：169－180.

[31]苏中兴. 转型期中国企业高绩效人力资源管理系统研究[M]. 北京：中国劳动社会保障出版社，2010(a)：96－99.

[32]苏中兴. 转型期中国企业的高绩效人力资源管理系统：一个本土化的实证研究[J]. 南开管理评论，2010(b)，13(4)：99－108.

[33]苏中兴. 中国情境下人力资源管理与企业绩效的中介机制研究——激励员工的角色外行为还是规范员工的角色内行为[J]. 管理评论，2010(c)，22(8)：76－83.

[34]苏中兴，曾湘泉，赖特. 人力资源管理与企业绩效：国内外实证研究的评论与思考[J]. 经济理论与经济管理，2007(6)：61－69.

[35]孙健敏，张明睿. 所有制对高绩效工作系统与员工满意度关系的调节作用[J]. 经济理论与经济管理，2009(10)：5－13.

[36]孙艺. 沂蒙地区传统民间服饰文化研究[D]. 天津工业大学，2010.

[37]单红梅，胡恩华，黄凰．工会实践对企业绩效影响的实证研究[J]．管理科学，2014，27(4)：33－50.

[38]石金涛.培训与开发[M]．北京:中国人民大学出版社，2013:3.

[39]施杨，李南．国外高绩效人力资源实践理论回顾、分析与展望[J]．管理评论，2011，23(10)：83－90.

[40]田立法，高素英，张金．高绩效工作系统对企业绩效的影响模式研究[J]．河北工业大学学报，2012，41(1)：113－118.

[41]王虹．中国企业背景下高绩效工作系统的结构维度研究[J]．科学学与科学技术管理，2010(9)：178－183.

[42]王虹．高绩效工作系统的结构维度及其对企业绩效影响研究[J]．软科学，2011，25(1)：140－144.

[43]王林，杨东涛，秦伟平．高绩效人力资源管理系统对新产品成功影响机制研究[J]．南开管理评论，2011，14(4)：108－117.

[44]王雪莉，马琳．中国优秀企业高绩效人力资源管理实践模型探究[J]．管理学报，2015，12(11)：1598－1606.

[45]王震，孙健敏．人力资源管理实践、组织支持感与员工承诺和认同——一项跨层次研究[J]．经济管理，2011，33(4)：80－86.

[46]王少东，张国霞，邓瑾，吴晓荣．企业人力资源管理[M]．北京:清华大学出版社，2012:160.

[47]万希．我国企业安全与健康管理中的问题及其对策[J]．未来与发展，2007(12).

[48]徐国华，杨东涛．制造企业的支持性人力资源实践、柔性战略与公司绩效[J]．管理世界，2005(5)：111－116.

[49]阎海峰，陈灵燕．承诺型人力资源管理实践、知识分享和组织创新的关系研究[J]．南开管理评论，2010，13(5)：92－98.

[50]巴德．劳动关系:寻求平衡[M]．于桂兰，于米，于楠译．机械工业出版社，2013：28－38.

[51]赵曙明．人力资源战略与规划[M]．北京：中国人民大学出版社，2002.

[52]赵延昇，赵有靠．高绩效工作系统与企业绩效——中国金融业的实证研究[J]．北京理工大学学报(社会科学版)，2010，12(5)：39－43.

[53]张传庆，田旭．知识密集型服务企业高绩效工作系统结构及量表开发[J]．科技进步与对策，2013，30(10)：147－152.

[54]张弘，赵曙明．人力资源管理实践与企业绩效——沪深两市生产制造型企业的实证研究[J]．预测，2006，25(4)：21－25.

[55]张徽燕，李端凤，姚秦．中国情境下高绩效工作系统与企业绩效关系的元分析[J]．南开管理评论，2012，15(3)：139－149.

[56]张一弛，李书玲．高绩效人力资源管理与企业绩效：战略实施能力的中介作用[J]．管理世界，2008(4)：107－116.

[57]张一弛，黄涛，李琦．高绩效工作体系人力资源管理措施的结构整合与内涵回归[J]．经济科学，2004(3)：63－73.

[58]张一弛，张正堂．高绩效工作系统生效的条件[J]．南开管理评论，2004，7(5)：70－76.

[59]张正堂．人力资源管理活动与企业绩效的关系：人力资源管理效能中介效应的实证研究[J]．经济科学，2006(2)：43－53.

[60]张正堂，赵曙明，杨东．异地复制式快速成长企业的高绩效人力资源实践：跨案例研究[J]．南京大学学报(哲学社会科学版)，2011(2)：134－146.

[61]周菲，张传庆．高绩效工作系统对员工工作行为的影响——心理资本中介作用的实证研究[J]．北京社会科学，2012(3)：33－40.

[62]2009—2013年中国纺织服装制造行业企业数量增长趋势监测[EB/OL]．中商情报网：http://www.askci.com/news/201402/25/2515821150993.shtml.

[63]Ahmad S，Schroeder，R G. The Impact of Human Management Practices on Operational Performance：Recognizing Country and Industry Differences[J]. Journal of Operations Management，2003，21:19－43.

[64]Alvaro L C, Ana pérez-Luno, Ramon V C. Knowledge as a Mediator between HRM and Innovation Activity[J]. Human Resource Management, 2009, 48(4): 485—503.

[65]Andriopoulos C, Lewisw M. Exploitation-Exploration Tensions and Organizational Ambidexterity: Managing Paradoxes of Innovation[J]. Organization Science, 2009, 20(4): 696—717.

[66]Appelbaum E, Bailey T, Berg P, etal. Manufacturing advantage: Why high performance work systems pay off Ithaca [M]. New York: Cornell University Press, 2000.

[67]Appelbaum E, Batt R. The new American workplace [M]. New York: ILR Press, 1994.

[68]Arthur J B. The Links Between Business Strategy and Industrial Relations Systems in American Steel Mini-mills[J]. Industrial and Labor Relations Review, 1992, 45(3): 488—506.

[69]Arthur J B. Effects of Human Resource Systems on Manufacturing Performance and Turnover[J]. Academy of Management Journal, 1994, 37(3): 670—678.

[70]Aryee S, Budhwar P S, Chen Z X. Trust as a mediator of the relationship between organizational justice and work outcomes: test of a social exchange model[J]. Journal of Organizational Behavior, 2002, 23(3): 267—285.

[71]Bae J., Lawler J J. Organizational and HRM Strategies in Korea: Impact on Firm Performance in an Emerging Economy [J]. Academy of Management Journal, 2000, 43(3): 502—517.

[72]Bae J., Chen S., Wan T W D., Lawler J J., Walumbwa, F. O. Human Resource Strategy and Firm Performance in Pacific Countries[J]. International Journal of Human Resource Management, 2003, 14(8): 1308—1332.

[73]Barker J R. “Tightening the iron cage: concertive con-

trol in self-managing teams"[J]. Administrative Science Quarterly, 1993, 38(3): 408—437.

[74]Barney J B. Looking Inside for Competitive Advantage[J]. Academy of Management Executive, 1995, 9(4): 49—61.

[75]Batt R. Work Organization, Technology, and Performance in Customer Service and Sales[J]. Industrial and Labor Relations Review, 1999, 52(4): 539—564.

[76]Batt R. Managing Customer Services: Human Resource Practices, Quit Rates, and Sales Growth[J]. Academy of Management Journal, 2002, 45(3): 587—598.

[77]Barrett R. Factors affecting preceptions of a workplace industrial relations climate[J]. International Journal of Employment Studies, 1995, 3(2): 77—90.

[78]Becker Brian, Barry Gerhart. The Impact of Human Resource Management on Organizational Performance: Progress and Prospects[J]. Academy of Management Journal, 1996, 39(4): 779—801.

[79]Becker B E, Huselid M A, Pinkus P S, Spratt M F. HR as a Source of Shareholder Value: Research and Recommendations [J]. Human Resource Management, 1997, 36 (1): 39—47.

[80]Becker B E, Huselid M A. High performance work systems and firm performance: A synthesis of research and managerial implications[J]. Research in Personnel and Human Resources Journal, 1998, 16(1): 53—101.

[81]Becker B E, Huselid M A. Strategic Human Resources Management: Where do We Go from here[J]. Journal of Management, 2006, 32(6): 898—925.

[82]Benson G, Young S, Lawler E. High-involvement Work Practice and Analysts Forecasts of Corporate Earnings[J]. Human Re-

source Management, 2006, 45(4): 519—537.

[83]Bjorkman I, Fan X. Human Resource Management and the Performance of Western Firms in China[J]. International Journal of Human Resource Management, 2002, 13(6): 853—864.

[84]Black S E, et al. "How workers fare when employers innovate"[J]. Industrial Relations: A Journal of Economy and Society, 2004, 43(1): 44—66.

[85]Buller P F, Napier N K. Strategy and Human Resource Management Integration in Fast Growth Versus Other Mid-sized Firms[J]. British Journal of Management, 1993, 4: 273—291.

[86]Cappelli P, Neumark D. Do "High-performance" Work Practices Improve Establishment-level Outcomes? [J]. Industrial and Labor Relations Review, 2001, 54(4): 737—775.

[87]Chadwick C. Examining non-linear Relationships between Human Resource Practices and Manufacturing Performance[J]. Industrial &Labor Relations Review, 2007, 60(4): 499—521.

[88]CHEN Chungjen, Huang Jingwen. Human Strategic Human Resource Practices and Innovation Performance the Mediating Role of Knowledge Management Capacity[J]. Journal of Business Research, 2009, 62(1): 104—114.

[89]Collins C J, Clark D K. Strategic Human Resource Practices, Top Management Team Social Networks, and Firm Performance: The Role of Human Resource Practices in Creating Organizational Competitive Advantage[J]. Academy of Management Journal, 2003, 46: 740—751.

[90]Collins C J, Smith K G. Knowledge Exchange and Combination: The Role of Human Resource Practices in the Performance of High Technology Firms[J]. Academy of Management Journal, 2006, 49(3): 544—560.

[91]Colvin A J S, Batt R ,Katz H C. “How High Performance Human Resource Practices and Workforce Unionization Affect Managerial Pay”[J]. Personnel PsychoLogy, 2001, 54(4): 903—934.

[92]Combs J, LIU Yong-mei. How Much do High-Performance Work Practices Matter? A Meta-analysis of their Effects on Organizational Performance[J]. Personnel Psychology, 2006, 59(3): 501—528.

[93]Daniel J J, Raquel S V. Innovation and Human Resource Management Fit: An Empirical Study[J]. International Journal of Manpower, 2005, 26(4): 364—387.

[94]Daniel J J, Raquel S V. Could HRM Support Organizational Innovation? [J] The International Journal of Human Resource Management, 2008, 19(7): 1208—1221.

[95]Datta D K, Guthrie J P, Wright P M. Human Resource Management and Labor Productivity: Does Industry Matter? [J]. Academy of Management Journal, 2005, 48(1): 135—145.

[96]Dastmalchian A, Blyton P, Adamson R. Industrial relations climate: testing a construct[J]. Journal of Occupational Psychology, 1989, 62(1): 21—32.

[97]Dastmalchian A. Industrial relations climate. In Blyton P, Bacon N, Fiorito J, Heery E. (Eds.) Sage handbook of industrial relations[M]. London: Sage, 2008, 29: 548—571.

[98]Dastmalchian A. Industrial relations climate. In Blyton P, Bacon N, Fiorito J, Heery E. (Eds.) Sage handbook of industrial relations[M]. London: Sage, 2008, 29: 548—571.

[99]Delaney J T, Huselid M A. The Impact of Human Resource Management Practices on Perceptions of Organizational Performance[J]. Academy of Management Journal, 1996, 39

(4): 949—969.

[100]Delery J E, Doty D H. Modes of Theorizing in Strategic Human Resource Management: Tests of Universalistic, Contingency, and Configurational Performance Predictions[J]. Academy of Management Journal, 1996, 39(4): 802—835.

[101]Delery J E, Shaw J D. The strategic management of people in work organizations: Review, synthesis, and extension [J]. Research in Personnel and Human Resources Management, 2001, 20(2): 165—197.

[102]Deery S J, Iverson R D. Labor-management cooperation: Antecedents and impact on organizational performance[J]. Industrial and Labor Relations Review, 2005, 58(4): 588—609.

[103]Dyer L A. strategic perspective human resource management: evolving role and responsibility[M]. Aspa: Bna Series, 1988: 20—21.

[104]Dyer L, Reeves T. Human Resource Strategies and Firm Performance: What do We Know and Where do We Need to go[J]. International Journal of Human Resource Management, 1995, 6(3): 656—670.

[105]Edwards P, Wright M. High-involvement Work System and Performance Outcomes: The Strength of Variable, Contingent and Context-bound Relationships[J]. International Journal of Human Resource Management, 2001, 12(4): 568—585.

[106]Evans W R, Davis W D. High-performance work systems and organizational performance: The mediating role of internal social structure[J]. Journal of Management, 2005, 31 (2): 758—775.

[107]Epitropaki O , Martin R. "The Role of Individual Differences in the Relation Between Transformational/transactional Leadership and Organizational Identification"[J]. The

Leadership Quarterly, 2005, 16:569—589.

[108]Farh J L, Tsui A S, Xin K, Cheng B S. The influence of relational demography and guanxi: The Chinese case[J]. Organization Science, 1998(9): 471—488.

[109]Ferris G R. , Arthur M M, Berkson H M, Kaplan D M, Harrell-Cook G, Frink D D. Toward a Social Context Theory of the Human Resource Management-Organization Effectiveness Relationship[J]. Human Resource Management Review, 1998, 8(3): 235—267.

[110]Gephart M, Buren M. Building Synergy: The Power of High Performance Work Systems[J]. Training & Development, 1996, 50(10): 21—36.

[111]Gerhart B, Wright P M, McMahan G C, Snell, S A. Measurement Error in Research on Human Resources and Firm Performance: How Much Error is there and How Does it Influence Effect Size Estimates? [J]. Personnel Psychology, 2000 (53): 803—834.

[112]Gil A. Preuss. High Performance Work Systems and Organizational Out comes. The Mediating Role of Information Quality[J]. Industrial and Labor Relations Review, 2003, 56 (4): 505—590.

[113]Gittellh J, Seidner R, Wimbush J. A Relational Model of High Performance Work Systems[J]. Academy of Management Proceedings, 2008(2): 154—170.

[114]Godard J. "High performance and the transformation of work? the implications of alternative work practices for the experience and outcomes of work"[J]. Industrial and Labor Relations Review, 2001, 54(4): 776—805.

[115]Grant D, Shields J. In Search of the Subject: Researching Employee Reactions to Human Resource Management[J].

Journal of Industrial Relations, 2002, 44(3): 313—334.

[116]Guerrero S. High-involvement Practices and Performance of French Firms[J]. International Journal of Human Resource Managemeat, 2004, 15(8): 1408—1423.

[117]Guest D. Human resource management and performance: a review and research agenda[J]. The International Journal Of Human Resource Management, 1997(8): 263—275.

[118] Guthrie J P. High Involvement Work Practices, Turnover, and Productivity: Evidence from New Zealand[J]. Academy of Management Journal,2001,44(1):180—190.

[119]Huselid M A, Jackson S E, Sehuler R S. Technical and strategic human resource management effectiveness as determinants of firm performance[J]. Academy of Management Journal, 1997, 40(1): 171—188.

[120]Handel M J, Gittleman M. "Is there a wage payoff to innovative work practices?"[J]. Industrial Relations: A Journal of Economy and Society, 2004, 43(1): 67—97.

[121]Harley B. Employee Responses to High Performance Work System Practices: An Analysis of the Awirs95 Date[J]. The Journal of Industrial Relations, 2002, 44(3): 418—434.

[122]Harley B, Allen, Belinda C, Sargent, Leisa D. High Performance Work Systems and Employee Experience of Work in the Service Sector: The Case of Aged Care[J]. British Journal of Industrial Relations, 2007, 45(3): 607—633.

[123]Harmon J, Scotti D, Behson S. Effects of High-involvement Work Systems on Employee Satisfaction and Service Costs in Veterans Healthcare[J]. Journal of Health Management, 2003, 48(16): 393—418.

[124]Hitt M A, Bierman L, Shimizu K, Kochhar R. Direct and Moderating Effects of Human Capital on Strategy and Perform-

ance in Professional Service Firms: A Resource-based Perspective [J]. Academy of Management Journal, 2001, 44(1): 13—28.

[125]Horgan J, Mühlau P. Human Resource Systems and Employee Performance in Ireland and the Netherlands: A Test of the Complementarity Hypothesis[J]. International Journal of Human Resource Management, 2006, 17(3): 414—439.

[126] Hsi-An Shih, Yun-Hwa Chiang, Chu-Chun Hsu. High involvement work system, work-family conflict, and expatriate performance-examining Taiwanese expatriates in China[J]. International Journal of Human Resource Management, 2010, 21 (11): 2013—2030.

[127]Huselid M A. The impact of Human Resource Management Practices on Turnover, Productivity, and Corporate Financial Performance[J]. Academy of Management Journal, 1995, 38(3): 635—672.

[128]Huselid M A, Jackson S E, Sehuler R S. Technical and strategic human resource management effectiveness as determinants of firm performance[J]. Academy of Management Journal, 1997, 40(1): 171—188.

[129]Ichniowski C, Shaw K, Prennushi G. The effects of human resource management practices on productivity: A study of steel finishing lines[J]. American Economic Review, 1997, 87 (3): 291—313.

[130]Inmaculada B M,Vicente R P, Ana E T, Juan C B L. Human Resource Flexibility as a Mediating Variable between High Performance Work Systems and Performance[J]. Journal of Management, 2008, 34(5): 1009—1044.

[131]Jackson S E, Schuler R S. Understanding Human Resource Management in the Context of Organizations and Their Environments[J]. Annual Review of Psychology, 1995, 46(1):

237—264.

[132]Jiang K, Lepak D P, Han K, et al. Clarifying the Construct of Human Resource Systems: Relating Human Resource Management to Employee Performance[J]. Human Resource Management Review, 2012, 22: 73—85.

[133]Jyoti J, Rani R, Gandotra R. The impact of bundled high performance human resource practices on intention to leave [J]. International Journal of Educational Management, 2015, 29 (4): 420—429.

[134]Kiniana M, Alonso A, Olaverri C. High-performance Work Systems and Firms, Operational Performance: The Moderating Role of Technology[J]. International Journal of Human Resource Management, 2006, 17(1): 70—85.

[135]Kim S, Wright P M, Su Z. Human Resource Management and Firm Performance in China: A Critical Review[J]. Asia Pacific Journal of Human Resources, 2010, 48(1): 58—85.

[136]Kirkman B L, Shapiro D L. The Impact of Cultural Values on Job Satisfaction and Organizational Commitment in Self-Managing Work Teams: The Mediating Role of Employee Resistance[J]. Academy of Management Journal, 2001, 44(3): 557—569.

[137]Koys D J. The Effects of Employee Satisfaction, Organizational Citizenship Behavior, and Turnover on Organizational Effectiveness: A Unit-level Longitudinal Study[J]. Personnel Psychology, 2001, 54: 101—114.

[138]Kuvaas, Bard, Dysvik, Anders. Does best practice HRM only work for intrinsically motivated employees? [J]. International Journal of Human Resource Management, 2010, 21 (13): 2339—2357.

[139]Laursen K, Foss N J. New Human Resource Manage-

ment Practices, Complementarities and the Impact on Innovation Performance[J]. Cambridge Journal of Economics, 2003, 27 (2): 243—263.

[140]Lawler E E. The Ultimate Advantage: Creating the High-Involvement Organization[M]. San Francisc: CA, Jossev-Bass, 1992.

[141]Lepak D P, Snell S C. Examining the human resource architecture; The relationships among human capital, employment, and human resource configurations[J]. Journal of Management,2002, 28(4):517—543.

[142]Lepak D P, LIAO H,CHUNG Y,et al. A Conceptual Review of Human Resource Management Systems in Strategic Human Resource Management Research [M]. Greenwich: JAI, 2006.

[143]LING T C, Nasurdin A M. "Human Resource Management Practices And Organizational Innovation: An Empirical Study in Malaysia"[J]. Journal of Applied Business Research, 2010, 26(4): 105—115.

[144]Lowe J, Delbridge R, Oliver N. High-performance Manufacturing: Evidence from the Automotive Components Industry[J]. Organization Studies, 1997, 18(5): 783—798.

[145]MacDuffie J P. Human Resource Bundles and Manufacturing Performance: Organizational Logic and Flexible Production Systems in The World Auto Industry[J]. Industrial and Labor Relations Review, 1995, 48(2): 197—221.

[146]Macky K. , Boxall P. The Relationship between High Performance Work Practice and Employee Attitudes: An Investigation of Additive and Interaction Effects[J]. International Journal of Human Resource Management, 2007, 18(4): 537—567.

[147]Macky, Keith, Boxall, Peter. The relationship be-

tween high-performance work practices′ and employee attitudes: an investigation of additive and interaction effects[J]. International Journal of Human Resource Management, 2007, 18(4): 537—567.

[148]Marchington M, Grugulis I. Best Practice Human Resource Management: Perfect Opportunity or Dangerous Illusion? [J]. International Journal of Human Resource Management, 2000,11: 1104—1124.

[149]Mendelson, Morris B, Turner, Nick, Barling, Julian. Perceptions of the presence and effectiveness of high involvement work systems and their relationship to employee attitudes[J]. Personnel Review, 2011, 40(1): 45—69.

[150]Meyer A D, Tsui A S, Hinings C R. Configurational approach to organizational analysis[J]. Academy of Management Journal, 1993, 36: 1175—1195.

[151]Mohr R D,Zoghi C. "High—involvement work design and job satisfaction"[J]. Industrial and Labor Relations Review, 2008, 61(3): 275—296.

[152]Noe R A, Hollenbeck J R, Gerhart B, et al. Fundamentals of human resource management[M]. London: McGraw-Hill, 2004.

[153]Ordiz M, Femandez E. Influence of the sector and the environment on human resource practices effectiveness[J]. International Journal of Human Resource Management, 2005, 16(8): 1349—1373.

[154]Osterman P. "Work reorganization in an era of restructuring:trends in diffusion and effects on employee wre"[J]. Industrial and Labor Relations Review, 2000, 53(2): 179—196.

[155]PENG M W. Institutional Transitions and Strategic Choices[J]. Academy of Management Review, 2003, 28(2):

275—296.

[156]Pfeffer J. Producing sustainable competitive advantage through the effective management of people[J]. International Journal of Human Resource Management, 1995, 8(3): 263—267.

[157]Pfeffer J. Seven Practices of Successful Organization [J]. California Management Review, 1998, 40(2): 96—124.

[158]Porter M E. Competitive advantage: Creating and sustaining superior performance[M]. New York: Free Press, 1985.

[159]Pyman A, Holland P, Teicher J, Cooper B K. Industrial relations climate, employee voice and managerial attitudes to unions: an australian study[J]. British Journal of Industrial Relations, 2010, 48(2): 460—480.

[160]Ramsay H, et al. "Employees and high-performance work systems: testing inside the black box"[J]. British Journal of Industrial Relations, 2000, 38(4): 501—531.

[161]Rebecca R, Kehoe, Patrick M, Wright. The Impact of High-Performance Human Resource Practices on Employees' Attitudes and Behaviors[J]. Journal of Management, 2013, 39(2): 366—391.

[162]Saari L M, Johnson T R, Zimmerle D M. A Survey of Management Training and Education Practices in US Companies [J]. Personnel Psychology, 1988, 41: 731—743.

[163]Schneider B, Bowen D E. Employee and Customer Perceptions of Service in Banks: Replication and Extension[J]. Journal of Applied Psychology, 1985, 70: 423—433.

[164]Schneider B, Ehrhart G M, Saltz J, et al. Understanding Organization-customer Links in Service Settings[J]. Academy of Management Journal, 2005, 48(6): 1017—1032.

[165]Schuler R, MacMillan I C. Gaining Competitive Ad-

vantage Through Human Resource Management Prac tices[J]. Human Resource Management, 1984, 23(3): 241—255.

[166]Schuler R S, Jackson S E. Linking competitive strategies with human resource management[J]. Academy of Management Executive, 1987, 1(3): 207—219.

[167]Sean A. Way. High Performance Work Systems and Intermediate Indicators of Firm Performance within the Us Small Business Sector[J]. Journal of Management, 2002, 28(6): 765—785.

[168]Sun L, Aryee S, Law K S. High-performance Human Resource Practices, Citizenship Behavior, and Organizational Performance: A Relational Perspective[J]. Academy of Management Journal, 2007, 50(3): 558—577.

[169]Susana P L, Jose M M, Peon C J V, Ordas. Human Resource Management as a Determining Factor in Organizational Learning[J]. Management Learning, 2006, 37(2): 215—239.

[170]Takeuchi Riki Chen Gilad Lepak David P. Through The Looking Glass Of A Social System: Cross-Level Effects Of High-Performance Work Systems On Employees' Attitudes[J]. Personnel Psychology, 2009, 62(1): 1—29.

[171]Takeuchi R, Lepak D P, Wang H, Takeuchi K. An Empirical Examination of the Mechanisms Mediating between High-Performance Work Systems and the Performance of Japanese Organizations[J]. Journal of Applied Psychology, 2007, 92(4): 1069—1083.

[172]Terpstra D E, Rozell E J. The relationship of staffing practices to organizational level measures of performance[J]. Personnel psychology, 1993, 46(2): 27—48.

[173]Thite M. Strategic Positioning of HRM in Knowledge-based Organizations[J]. The Learning Organization Journal, 2004, 11(1): 28—44.

[174]Thompson M, Heron P. Management capability and high performance work organization[J]. International Journal of Human Resource Management, 2005, 16(6): 1029—1048.

[175]Tsai C J. High Performance Work Systems and Organizational Performance: an Empirical Study of Taiwan's Semiconductor Design Firms[J]. International Journal of Human Resource Management, 2006, 17(9): 1512—1530.

[176]Tsui A. S. Contextualization in Chinese Management Research[J]. Management and Organization Review, 2006, 2(1): 1—13.

[177]Tsui A S, Pearce J L, Porter L W, Tripoli A M. Alternative Approaches to the Employee Organization Relationship: Does Investment in Employees Pay off? [J]. Academy of Management Journal, 1997, 40(5): 1089—1121.

[178]Tsui A, Wu J B. The "New Employment Relationship" versus the "Mutual Investment" Approach: Implications for Human Resource Management[J]. Human Resource Management Journal, 2005, 44(2): 115—121.

[179]Ulrich D. Strategic Human Resource Planning: Why and how? [J]. Human Resource Planning, 1987, 10(1): 37—57.

[180]Van Scotter J R, Motowidlo S J. Interpersonal facilitation and job dedication as separate facets of contextual performance[J]. Journal of Applied Psychology, 1996, 81(5): 525—531.

[181]Way S. High Performance Work Systems and Intermediate Indicators of Firm Performance within the US Small Business Sector[J]. Journal of Management, 2002, 28(6): 765—785.

[182]Whitener E M. Do High Commitment Human Resource Practices Affect Employee Commitment? A Cross-Level Analysis Using Hierarchical Linear Modeling[J]. Journal of Management, 2001, 27(5): 515—535.

[183]Wright P M, McMahan, G C. Theoretical Perspectives for Strategic Human Resource Management[J]. Journal of Management, 1992, 18(2): 295—320.

[184]Wright P M, Gardner T M, Moynihan L M, Allen M R. The Relationship between HR Practices and Firm Performance: Examining Causal Order[J]. Personnel Psychology, 2005, 58(2): 409—446.

[185]Wright P M, Boswell W R. Desegregating HRM: A Review and Synthesis of Micro and Macro Human Resource Management Research[J]. Journal of Management, 2002, 28(3): 247—276.

[186]Wright, P M, Dunford B B, Snell S A. Human Resources and the Resource Based View of the Firm[J]. Journal of Management, 2001, 27(6): 701—721.

[187]Wright P M, Gardner T, Moynihan T. The Impact of Human Resource Practices on Business Unit Operating and Financial Performance[J]. Human Resource Management Journal, 2003, 13(3): 21—36.

[188]Wright P M, Smart D L, McMahan G C. Matches between Human Resources and Strategy among NCAA Basketball Teams[J]. Academy of Management Journal, 1995, 38: 1052—1074.

[189]WU Pei-chuan, Chaturvedi, Sankalp. The Role of Procedural Justice and Power Distance in the Relationship Between High Performance Work Systems and Employee Attitudes: A Multilevel Perspective[J]. Journal of Management, 2009, 35(5): 1228—1247.

[190]Youndt M A, Snell S A, Dean J W, Lepak D P. Human Resource Management, Manufacturing Strategy, and Firm Performance[J]. Academy of Management Journal, 1996, 39

(4)：836—866.

[191]Youndt M A，Snell S A. Human Resource Configurations Intellectual Capital and Organizational Performance[J]. Journal of Managerial Issues，2004，16(3)：337—360.

[192]Youndt M，Snell S，Dean J，Lepack D. Human resource management，manufacturing strategy，and firm performance[J]. Academy of Management Journal，1996(39)：836—866.

[193]Zacharatos A，et al. High performance work systems and occupational safety[J]. Journal of Applied Psychology，2005，90(1)：77—93.

[194]ZHENG，C，Morrison M，O'Neill，G. An empirical Study of High Performance HRM Practices in Chinese SMEs[J]. International Journal of Human Resource Management，2006，17(10)：1772—1803.

[195]Delery J E. Issues of Fit in Strategic Human Resource Management：Implications for Research[J]. Human Resource Management Review，1998，8(3)：289—309.

后　记

本书是陕西省教育厅重点项目"高绩效人力资源管理实践视角的企业和谐劳动关系构建对策研究——以纺织服装企业为案例(15JZ031)"的成果之一。书中第二部分的理论综述与实证分析,证实了高绩效人力资源管理实践对企业劳动关系的积极影响及结果效应;第三部分提出的实务操作,也是从高绩效人力资源管理视角提出的构建和谐劳动关系的对策措施。本书也是教育部人文社会科学研究规划基金"企业员工分配公平判断的参照体选择机制研究——人力资本理论视角(13YJA630080)"的部分研究成果。高绩效人力资源管理实践不仅正向影响企业劳动关系及员工和组织绩效,也对判断企业员工分配公平时参照体的选择产生积极影响,通过实施高绩效人力资源管理实践,可以有效提升员工的公平感知,引导员工进行分配公平判断时合理选择参照对象。

本书得到西安工程大学工商管理学科建设经费资助(107091202)。本研究参考了学界同行的大量文献,这些研究成果给我们提供了很大帮助,在这里,对他们及他们的研究成果致以敬意和感谢!本书在完成过程中,笔者的几位研究生也参与了文献收集、数据整理、统计分析及文字校对等工作,他们是段伟玲、孟昕颖、王卿、胡雪妮。中国纺织出版社的编辑为本书的出版付出了很多心血,在此一并表示诚挚的感谢!

作　者

2016 年 12 月 20 日